JN301466

シリーズ　きこえとことばの発達と支援

特別支援教育における

構音障害のある子どもの理解と支援

編著 加藤正子・竹下圭子・大伴潔

学苑社

まえがき

　子どもたちの中には、構音（発音）に問題があるため、周囲とのコミュニケーションがスムーズでなく、声かけや会話が消極的になり、ひいては学習意欲が低下する子どもたちがいます。本書の目的は、構音の問題に特別な配慮が必要な子どもたちが主体的にコミュニケーション活動に参加できるように、指導・支援している担当者の一助となることです。

　構音障害には、「さ」行音が赤ちゃんことばである例から、語音の区切りがどこか分からない程発話不明瞭な例があります。また構音指導をして問題が完全に消失する場合や、改善することが難しい場合もあります。構音や発話の障害は原因となる病気（疾患）とも関連して、発話の不明瞭さや改善する見通しはさまざまです。

　本書では、このような多様な発話障害を示す子どもたちが、個々のもてる構音能力を最大限発揮できるように支援するために、何ができるか、何が必要か、新たに工夫しなければならないことは何かを最初に考えました。指導の前には、子どもの現在の能力を正確に評価することと、それに基づき今後引き出せる能力について、見通しをもった指導目標を立てることが必要です。次に指導の原則と注意すべきポイントを頭に入れて、実際に音をつくる指導法を理解していただくように本書を構成しました。同じ音（たとえば、さ行音）であっても、誤りを改善させるためにはいくつかのアプローチがあります。本書では、構音の状態と子どもの個性に最も適した指導法が選択できるように種々の構音指導法を紹介しました。

　一方、他の言語障害に構音障害が合併している子どもたちも少なくありません。そのような子どもたちのニーズにあわせて効果的に構音・発話を改善するためには、構音障害の原因となる病気の知識やその子どもたちの発達経過をよく知っておく必要があります。豊富な経験に基づいて合併症のある子どもたちの全体像と指導法、注意事項を紹介しました。また、構音指導を行なうためには、音声、特に日本語音の種類や音がどのようにつくられるかを体系的に理解することが必要です。臨床も視野に入れた日本語の音声学・音韻論を分かりやすく概説しました。

　多くの方々に本文の理解を深めていただくために、平易な文章を心がけ、豊富な図・イラスト、註、事例を挿入しました。

　本書の内容は以下の通りです。

まえがき

Ⅰ章　構音障害のある子どもたち
Ⅱ章　構音（発音）のしくみ
Ⅲ章　音声・構音の発達
Ⅳ章　機能性構音障害児の評価と指導
Ⅴ章　器質性構音障害児の評価と指導
Ⅵ章　運動障害を伴う構音障害児の評価と指導
Ⅶ章　発達障害を伴う構音障害児の評価と指導
Ⅷ章　吃音を伴う構音障害児の評価と指導

　構音（発音）に問題がある子どもたちを対象にしている通級指導教室、特別支援教室、特別支援学校の担当教員、特別支援教育コーディネーター、幼稚園教諭、保育士、言語聴覚士、臨床心理士、またこれから子どもたちに携わろうとしている各専攻の学生、さらに保護者の方々に、本書を参考にしていただければ幸いです。

　私たち執筆者のほとんどは言語の臨床家です。多くのことを学ばせていただいたお子様たちとそのご家族にお会いしなければ、この本は発刊できませんでした。声・構音をつくるという共同作業に協力していただいたお子様たちとそのご家族に心より感謝申し上げます。

　最後に、本書の出版に多大なご尽力をいただきました学苑社編集部の杉本哲也氏と木村咲子氏に深く謝意を申し上げます。

2012年5月　編者代表　加藤正子

目　次

まえがき

I　構音障害のある子どもたち

A　知的な発達に遅れはなく、発音の誤りだけが目立つＡさん（機能性構音障害）　8

B　口唇裂と口蓋裂があり、鼻に抜ける発音が特徴的なＢ君（器質性構音障害）　11

C　四肢に運動障害があり、発音が全体的に不明瞭なＣさん
　　（運動障害による構音障害）　14

D　自閉症スペクトラム障害の診断を受け、発音にも誤りのあるＤ君
　　（発達障害のある子どもにおける構音障害）　17

II　構音（発音）のしくみ

A　音の生成　20

B　音の種類　23

C　日本語の音声　33

D　音節とモーラ　41

E　音素　43

F　音声記号について　45

III　音声・構音の発達

A　子どもの音の発達　52

B　前言語期の音の発達──産声から最初のことばまで　54

C　幼児期の構音発達　57

IV　機能性構音障害児の評価と指導

A　機能性構音障害とは　62

B　機能性構音障害児の評価　64

C　機能性構音障害児の指導　74

D　複数音に誤りが見られる構音障害児の評価と指導　90

E　前段階に舌運動訓練を用いた側音化構音の指導　114

コラム1　音節のつながりが難しく、一貫性のない構音の誤りを示す子ども
　　　　　（発達性発語失行）／130

V　器質性構音障害児の評価と指導

A　器質性構音障害とは　134

B　口蓋裂・先天性鼻咽腔閉鎖不全症　135

C　口蓋裂・先天性鼻咽腔閉鎖不全症の言語評価　139

D　口蓋裂言語の治療・指導　150

E　舌小帯短縮症の評価と指導　164

F　咬合（咬み合わせ）の異常を伴う子どもの指導　171

VI　運動障害を伴う構音障害児の評価と指導

A　小児にみられる運動障害による構音障害　176

B　評価（構音以外に関する項目）　181

C　構音、発話指導の実際　188

コラム2　プレスピーチ（pre speech）　203

Ⅶ　発達障害を伴う構音障害児の評価と指導

A　発達障害児の構音の障害とは　206

B　発達障害児の評価　209

C　発達障害児の構音の指導　212

D　発達障害をもつ子どもたちの構音の指導に当たって　223

Ⅷ　吃音を伴う構音障害児の評価と指導

A　吃音について　226

B　診断・評価　227

C　吃音児の指導・支援　230

D　構音障害（機能性構音障害）を伴う吃音児の指導方法　232

E　事　例　235

索　引　247

装丁　有泉武己

I

構音障害のある子どもたち

A　知的な発達に遅れはなく、発音の誤りだけが目立つAさん（機能性構音障害）

　発音の誤りの原因にはさまざまなものがあります。また、発音に誤りのある子どもは、保育・教育・福祉のさまざまな場で支援を受けています。本章では4人の子どもを通して、障害のタイプや子どものニーズ、支援のあり方を概観します。各タイプの詳しい解説や支援の方法については、後の章で述べられています。

A　知的な発達に遅れはなく、発音の誤りだけが目立つAさん（機能性構音障害）

　Aさんは通常の学級に在籍する小学校1年生の女児です。魚のことを「オタカナ」と言うなど、幼児期から発音の誤りがありましたが、表情にあどけなさのあるAさんの発音は、幼稚園では違和感なく受け入れられていました。1年生の学級担任は、構音の誤りは気にはなりましたが、学級になじんでおり、特別な配慮が必要であるとは感じていませんでした。しかし、Aさん自身は、学校に入る前から、自分の発音が友達の発音と違っていることは気づいていました。たとえばこんなことがありました。幼稚園のクラスでは、その月に5歳の誕生日を迎えた子どもたちの誕生日会を行ないます。画用紙の真ん中にケーキのイラストを先生が描いてくれて、その周りに園児一人ひとりが絵を描き添えて、誕生日を迎えた子どもにプレゼントとして渡します。Aさんもケーキの絵をもらい、大喜びです。ただ、Aさんは「ケーキ」ということばがうまく発音できず、「チェーチ」のように聞こえてしまいます。ですから、クラスの全員の前で「大好きなイチゴケーキありがとう」とお礼のことばを言うときに、Aさんはつい小声になってしまいました。「チェーチ」に聞こえたかなと心配していると、先生が「『イチゴケーキありがとう』ですって。みんなも嬉しいよね」とすかさず続けてくれました。友達も笑顔で応じてくれたので、Aさんにはひときわ心に残る誕生日会になりました。

　小学校に上がってからも幼なじみの友達はAさんの発音について何も言いませんが、1年生になって出会ったクラスメートから「Aちゃんの言っていることってよく分かんないときがあるよね」と言われたことが気になっています。自分でも何とかしたいと思っていますが、どう言えば正しく聞こえるのかが分からないので、最近では、声が小さくなりがちです。また、Aさんは、自分がクラスで発言したり、国語の時間に音読したりするときに、担任の先生がふと困ったような表情をすることがあるのに気づいています。それでも先生は「よく読めました」と褒めてくれるので、本が好きなAさんには国語は楽しみな授業のひとつです。

1　Aさんの生育歴

　Aさんの発達には遅れや気になる点はありません。始語、始歩ともに12ヵ月と、全般的な発達は順調でした。語彙の習得や2語文・3語文の表出にも遅れは感じられず、3歳児健診のときにも何も指摘はありませんでした。しかし、4歳になっても「ジューチュちょうだい」のように、幼さの残る発音であることが母親にとって気がかりでした。近くの小児科の医師にも相談しましたが、大丈夫でしょうと言われたことと、家庭でのコミュニケーションに支障はなかったことから、改めて相談機関にかかることはありませんでした。学校に入学するまでには自然に改善することを期待しており、実際に誤りは減ったのですが、1年生になってからは、話し方が幼く聞こえることが仲間はずれのきっかけにならないかと母親は心配しています。同じころ、担任の先生が通級指導教室の教員に相談したことを契機に、通級指導教室（「ことばの教室」）で正式な構音検査を受けることになりました。

2　Aさんの構音の特徴

　Aさんは家族や仲の良い友達が相手のときは、自分からよくしゃべります。ただ、特定の音が一貫して別の音に置き換えられてしまいます。幼児期にはカ行の音とサ行の音のすべてに誤りがあり、例えば「かがみ」は「タダミ」、「そら」は「トラ」になっていました。現在はこれらの語は正確に発音できるようになっていますが、幼稚園で指摘のあった「ケーキ」は今も「チェーチ」に聞こえます。1年生の2学期の構音検査では、「き」と「し」がいずれも「ち」になり（「きりん」→「チリン」；「白」→「チロ」）、「け」と「せ」がいずれも「チェ」に置き換えられるパターンを示しています（「おまけ」→「オマチェ」；「せみ」→「チェミ」）。

　文章の音読や、自由会話でも同じパターンが認められます。また、「か・き・く・け・こ」「さ・し・す・せ・そ」という単音節を復唱してもらっても、それぞれ「カ・チ・ク・チェ・コ」「サ・チ・ス・チェ・ソ」となります。

　Aさんは「き」と「ち」や「せ」と「ちぇ」を聞き分ける力はもっています。例えば、「『き』と『ち』は同じ音、それとも違う音ですか？」のような異同判断は正確にできます。また、「ケーキ」は正しく、「チェーチ」は誤っていることも意識しており、自分の発音の誤りには気づいています。

A　知的な発達に遅れはなく、発音の誤りだけが目立つAさん（機能性構音障害）

3　Aさんのねがい

　Aさんは、学校では物静かな印象を与えますが、本当は話し好きです。家族や仲のいい友達と話をするときには気にならないのですが、人前で話をするときには、聞いている人たちが自分の間違いに気づいているのかどうかが気になることがあります。でも、「ことばの教室」で発音の仕方を教えてもらえるとお母さんから聞いて、早く通いたいと思うようになりました。正しく発音できるようになって、もっと大きな声で、好きなことを誰とでも話せるようになりたいと願っています。

4　Aさんの構音障害

　Aさんのような構音の誤りは**機能性構音障害**と呼びます。この構音障害では、舌や口蓋（口腔内の天井にあたる部分）に形態の異常はなく、麻痺などの神経学的な問題も認められません。しかし、Aさんのような何らかの一貫性のある音の置換や歪み、省略があるのが特徴です。**本書のⅣ章に詳しい解説と指導・支援のあり方が書かれています。**

B 口唇裂と口蓋裂があり、鼻に抜ける発音が特徴的なB君
（器質性構音障害）

　　B君は小学校の1年生で、通常の学級に在籍しています。B君は元気な男の子で友達もたくさんいます。しかし、国語の時間の音読や、発表のときに聞くB君の声は少し鼻にかかったような声になるので、しばしば先生や友達から聞き返されます。

　　B君は、生まれた直後から病院に通い、手術や歯科治療、発音の練習を受けていました。幼稚園の年長時に、友達に言われたり鏡で見たりして、自分の顔や話し方が友達と違うことに気づきました。ある日、思いきって、お母さんにこのことを尋ねました。お母さんは、「B君は、お母さんのお腹にいるときにお口がうまく閉じなかったの。それで生まれてから病院でお口の手術を受けてよくなったのよ。赤ちゃんだったけどとても頑張ったのよ」と話してくれたので、「ふーんそうなんだ、仕方ないな」と思いました。発音の練習は4歳から始めましたが、鼻声と「あいうえお」を区切ったような発音（声門破裂音）が無くならなかったので、年長児のときに口蓋をもう一度手術しました。再手術の後、話しやすくなり、ストローをコップの水にさしてブクブクと泡を出すという練習でも、吹ける時間が長くなりました。しかし、まだ鼻から空気が漏れる習慣が残っているので、もう少し発音の練習をした方が良いと言われ、現在通級指導教室に通っています。

1　B君の生育歴

　B君の出生体重はやや小さめでしたが、産声も聞かれ、両親とも安堵して分娩室で第一子の誕生の実感をかみしめていました。しかし、すぐに口唇口蓋裂（こうしんこうがいれつ）であることを知らされました。両親にとっては大きなショックでしたが、少し身体が大きくなってから手術を受けることで口唇裂、口蓋裂は閉じることができると医師から聞いて、前向きに育児に取り組む気持ちを取り戻しました。口蓋裂のあるB君の子育てに難しさを最初に感じたのは授乳のときでした。上手に乳を飲むことができないのです。裂を通して口腔と鼻腔がつながっているために、口の中に陰圧をつくって乳を吸えません。また、飲んでいるあいだに鼻から乳が出てしまい、1回の授乳に時間がかかってしまいます。身体が小さめだっただけに、たくさんお乳を飲んでもらいたいと思うだけに気持ちが焦り、授乳の度に母子ともにぐったりと疲れてしまうことがありました。口蓋裂のある乳児向け

B　口唇裂と口蓋裂があり、鼻に抜ける発音が特徴的なB君（器質性構音障害）

の哺乳ビンや哺乳床（柔らかい樹脂で作られた、口蓋にはめるプレート）により徐々に哺乳のコツがつかめ、B君も体力がついてきました。

　大学病院で、3ヵ月のときに口唇、1歳半のときに口蓋を閉じ、手術は無事に終わりました。しかし、赤ちゃんのときに口蓋が未閉鎖だったため、「ぱぱぱ」「だだだ」などの喃語が出せず、発声も少なく弱かった影響で、ことばを話すのが遅れました。2歳代には、ことばの数は増えましたが、発音は不明瞭で母親でないと分からないことばもたくさんありました。定期的に指導を受けている病院の言語の先生から、声を出したり、吹く力をつける練習方法を教えてもらい、ストローでコップの水をブクブク泡だてたり、ラッパのおもちゃを吹いたりすることを家での遊びに取り入れました。4歳過ぎから週1回の系統的な構音指導（V章参照）が始まりました。小学校に通う現在も、半年に1回程度定期的に病院を受診しています。顎裂部（がくれつ）（歯ぐきの骨のない部分）への骨移植、歯科矯正などの治療がこれからあり、治療は長期にわたると言われています。

2　B君の構音の特徴

　口の中の天井にあたる部分は口蓋と呼ばれ、口腔と鼻腔とを隔てています。この口蓋の後ろには、口腔と鼻腔とをつなぐ呼気の通路があるため、鼻からも息ができます（II章図II-1参照）。しかし、食物を食べたり、水分を飲んだりするときには、軟口蓋は持ちあがり、口腔と鼻腔とを完全に隔てます。また、発話のときも、ナ行・マ行の音や「ん」の鼻音のときを除いて、軟口蓋は挙上します。しかし、口蓋裂があったり、軟口蓋が十分に挙上しなかったり、軟口蓋が十分な長さをもたない場合には、常に鼻に息が抜ける状態になります（**鼻咽腔閉鎖機能不全**と呼びます）。この場合には、母音も子音も呼気が鼻に抜けて鼻音化してしまいます。B君は口蓋を閉じる手術を1歳代に受けていますが、軟口蓋の挙上が十分でなく、鼻咽腔閉鎖不全が認められました。特に子音がはっきりせず、「ぱ」は「ファ」（あるいは「マ」）、「ば」は「マ」に近い音に聞こえます。通常は、「ぱ」「ば」の音は唇を閉じ、口腔内の圧力を高め、唇を開くときに一気に圧力を逃がして[p][b]という破裂音を作ります。しかし、鼻に息が抜けてしまうので、口腔内で圧力が高くならずに「ファ」や「マ」のように変化してしまうのです。この他にも、鼻咽腔閉鎖不全によってダ（タ）行音はナ行音に、サ行音もハ（ナ）行音に近い音になります。

　母音や子音が鼻音化するだけで発話は不明瞭になりますが、口蓋裂のある子どもの場合には、これ以外に音の置換や歪みも頻繁に生じます。B君も、4歳の時点では、パ行音やバ行音は咳をするときのような声門破裂音（V章144ページ参照）に変わるという構

音障害になっていました。B君は唇を閉じることには何ら問題はないのですが、鼻咽腔閉鎖機能不全のため、代償的に、のどを詰めるような話し方が習慣化してしまったと考えられます。B君は口蓋の再手術を受け、その後の病院の言語室と通級教室での指導で、声が鼻に抜ける傾向は無くなりつつあります。また、声門破裂音も会話で少し出る程度になり、今では聞き返されることは少なくなりました。

3　B君のねがい

　B君はサッカーが大好きです。Jリーグのリトルチームに入りたいと思っていますが、これから顎裂部の骨移植手術があり、その後、矯正歯科治療のため高校まで病院に通わなくてはなりません。楽しく通っていた通級教室の発音の練習はもうすぐ終わりになりそうですが、まだまだ病院通いが続きます。チームの仲間との会話も楽しみのひとつなので、できるだけサッカーの練習時間がとれるように、病院へ行く時間が少なくなればいいのにと思っています。

4　B君の構音障害

　B君のように、口腔の構造上の問題に起因する構音障害を**器質性構音障害**と呼びます。器質性構音障害の中でもB君は口蓋裂による構音障害です。**本書のⅤ章に詳しい解説と指導・支援のあり方が書かれています。**

C 四肢に運動障害があり、発音が全体的に不明瞭なCさん
（運動障害による構音障害）

Cさんは肢体不自由のある子どものための特別支援学校に通う2年生の女児です。床には自力で座ることができますが、歩くことが困難で車いすで移動しています。手の操作にも難しさがあり、たとえばコップをゆっくり口にもっていくことはできますが、時間がかかり、頭を前方のコップに傾けながら口唇をコップの縁に合わせるのにも努力を要します。最近、ようやくコップの中の水をこぼさずに慎重に飲むことができるようになってきました。Cさんは人なつこく、誰にでも笑顔で接するので学校の中では人気者で、学校の廊下では通りすがりの教員からいつも声をかけられます。休み時間に、お気に入りのキーボードを先生に要求するときには、キーボードの方に手を伸ばし、首をかしげるようにしてやや上を向いて「キーボードください」とことばで表現します。ただし、不明瞭でとてもゆっくりとした発音になり、「キーボード」は「イーウォーオ」と聞こえます。全般的に、母音は聞き分けられますが、特に「イ」「エ」が強く歪んで聞こえます。子音は省略されるか、聞き分けが難しいくらいに曖昧になります。

1 Cさんの生育歴

Cさんは在胎28週、1,100g台で生まれた極低出生体重児でした。保育器に約1ヵ月半入っていましたが、体重増加に伴い一般病棟に移り退院しました。乳児期は眠りが浅く、夜泣きが頻発しました。また、母乳やミルクをうまく飲むことができないのもお母さんにとっては悩みでした。身体面では、身体が軟らかく首がなかなか座らないので、抱きづらく、ちょっとした音にもびくつき泣き出すことが多いのも気がかりでした。退院時に医師から発達面での問題が生じるかもしれないと言われていたので、ある程度は覚悟をしていました。しかし、その後、手の動きがぎこちなく足が突っぱってくるようになり、痙直型の脳性まひであると診断されました。両親はショックを受けましたが、長い目でCさんの発達を支えていこうと気持ちを切り替えるように努めました。口腔内の過敏性があり、離乳食の進みが悪く心配でしたが、2歳半前後からは固形物が食べられるようになってきました。また、手が自由に使えないので、おもちゃで遊ぶことは少なかったのですが、親がおもちゃを操作してみせると目で追いながら、笑うことが多かったので、周囲への興味が強い子どもであると母親は感じました。事実、幼児期から音

楽が好きで、好きな童謡には笑顔がみられ、音楽が止まると「アー」と声を出し、音楽を催促することもありました。理解できることばも３歳ころから増えてきて、絵本の読み聞かせも好んでいました。しかし、絵に手を伸ばして発声したり、面白いところで声を出して笑ったりすることはあるものの、声は小さく、長い発声にはならず、複数の音節がつながった発話にはなりません。そこで、地域の通園施設に通いながら、そこで行なっている理学療法や作業療法とともに言語指導も受けはじめました。口腔運動面では、平常は口を開けており、しばしばよだれが顎を伝っていました。口唇や舌の運動の模倣にも努力を要し、うまくできないこともあります。ＬＣスケールによる言語面の評価では、５歳時の言語理解は３歳程度であると示されました。言語表出面は発語が不明瞭なので正確に評価することは難しいのですが、この時点では２語文による表出ができるようになっていました。通園施設での言語指導は卒園とともに終了しましたが、理学療法を受けている医療機関での言語指導を１年生の後半から受けるようになりました。２年生になってから、病院での言語指導の様子を担任の先生が見学に来て、姿勢の修正や口の動きの練習などを自立活動の授業の中に取り入れてくれています。

2　Cさんの構音の特徴

　Cさんは、手足の筋緊張が高いのですが、腹部の緊張が低いため背中を丸めたような姿勢をして、顎を前に突き出して頭の安定を保っているような状態で、口唇はいつも開いています。舌を出したり舌先を持ちあげたりするといった運動もゆっくりで、努力を要し、正確さを欠きます。したがって発話においても、構音障害に加えて発話の速度が遅く、単調で声が小さくなってしまいます。一音ずつ模倣で発音してもらうと、母音は歪みがあるものの、おおむね近い音が出せます。子音は、口唇を閉じて発音する[m, p, b]が舌先で発音する[n]に近い音に置換したり、[t]や[k]のように呼気の流れを完全にいったん止める音（破裂音）が省略されたりしていました。また、複数の音節がつながる語の発音では、一つひとつの子音がいっそう不明瞭になります。日常生活場面での発話は、ゆっくり正確に発音するよりも、早く伝えたいという気持ちが勝るので、音節の省略も加わって明瞭度がさらに低下します。Cさんの発音に慣れている教員や家族でも、Cさんの身ぶりや文脈から発語の意味をなんとか推測できるといったことがしばしばあります。

3　Cさんのねがい

　社交的なCさんにとっては、教員や家族、友達とのことばを介したやりとりが楽しみ

C 四肢に運動障害があり、発音が全体的に不明瞭なCさん（運動障害による構音障害）

のひとつです。自分の伝えようとしていることが理解されず、「なに？」と聞き返されたり、自分の意図とは違った反応が相手からあったりしたときに、がっかりすることや、いらいらすることが最近増えてきました。気分のいいときには何度も繰り返し言おうと思うのですが、疲れているときや、あまり大事な内容ではない場合には、あきらめてしまうこともしばしばです。学校では、先生が絵カードなどを用いた表現方法（**AAC：補助・代替コミュニケーション**）を工夫してくれるようになったので、嬉しく思っています。絵カードの指さしなどで表現できる以上の語彙や伝えたい内容をCさんはもっており、ことばがもっとはっきりして、周りの人が聞きとりやすくなればCさんとのコミュニケーションはもっと深まるのではないかと先生やお母さんも考えています。病院で言語指導を担当している言語聴覚士からは、時間はかかるけれどはっきりしてくると言われていることや、食物を使った指導もあるので、Cさんは言語指導を毎回楽しみにしています。

4　Cさんの構音障害

　Cさんの構音障害は、脳性まひによる、運動障害を伴った構音障害です。**本書のⅥ章に詳しく解説されています。**

D 自閉症スペクトラム障害の診断を受け、発音にも誤りのあるD君
（発達障害のある子どもにおける構音障害）

　D君は小学校3年生の男児で、通常の学級に在籍しています。幼児のころから集団での活動が苦手でした。現在は、休み時間中に友達と遊ぶことは好きなのですが、勝ち負けのある遊びで自分の負けを認めずに友達とトラブルになるなど、集団のルールの理解や社会性に苦手さが見られます。それに加えて、最近のD君は「話すのが難しい」と発音の誤りを気にしています。担任の先生もD君のサ行音やラ行音が歪んでいると感じており、気がかりのひとつになっています。授業中に自分の席から先生に話しかけてしまうこともあり、D君の行動が学級全体の騒がしさにつながることがあるので、主に集団への適応を支援する自閉症・情緒障害通級指導教室を利用する方向で1学期は検討されました。しかし、構音について本人が気にしていることと、構音指導により改善が期待されることから、まずは言語障害通級指導教室（「ことばの教室」）で指導を受けることになりました。構音が改善してから、支援の場について再度検討するということで保護者と学校の意見が一致し、3年生の2学期から「ことばの教室」に通い始めました。

1　D君の生育歴

　D君は、始歩が12ヵ月ごろと身体運動面では順調に育っていましたが、ことばの育ちに遅れが見られました。1歳6ヵ月児健診の時点で有意味語がなく、親子で参加するグループの活動を紹介されました。2歳を過ぎて「ママ」「でんしゃ」などの有意味語が出始めましたが、人とのかかわりは苦手で、床に顔をつけるような格好で電車を動かして眺めていることの方がD君にとっては楽しいようでした。4歳から入った幼稚園でも一人遊びをする姿がよく見られました。音に対する過敏性もあるようで、楽器を使った活動では部屋を飛び出してしまいます。また、手先が不器用で折り紙やはさみを使った活動には参加しようとしませんでした。このような気がかりな点、とりわけ集団遊びの流れに入っていけないD君の姿に心配した両親が、D君を連れて地域の医療機関を受診したところ、自閉症スペクトラム障害と診断されました。発音の不明瞭さについて保護者は気づいていたものの、友達とのかかわりの難しさや、すぐにかんしゃくを起こすといった行動面の方が心配で、構音面については特に対応を求めることはありませんでした。入学後は、心身ともに成長が見られ、周囲の動きに合わせた行動がとれるようにな

D　自閉症スペクトラム障害の診断を受け、発音にも誤りのあるD君（発達障害のある子どもにおける機能性構音障害）

ってきましたが、苦手なことについては「できないもん」と拒否し、自己肯定感の低下もうかがわれるようになってきました。

2　D君の構音の特徴

「ことばの教室」での構音検査の結果、口腔器官や口腔運動面に特に問題は見られず、一貫性のある歪みや置換があるため、構音障害であると判断されました。D君の構音の特徴のひとつは、「さ・す・せ・そ」の子音が歪むことです。「しゃ・しゅ・しぇ・しょ」に聞こえるほどではありませんが、舌先よりもやや後方で構音されているようです。また、ラ行音がダ行音に置換されます。1年生のころは、D君は自分の構音の誤りについては気にしていなかったようですが、3年生になって構音の苦手意識も出てきたようです。「ことばの教室」を紹介されたときも、自分から進んで通う意欲を見せました。

3　D君のねがい

D君は友達とのトラブルを起こす自分が最近いやになることがあり、同時に、自分のことが十分に分かってもらえないことについても不満が出てきています。でも、まずは「ことばの教室」で話しことばの指導を受け、もう少しうまく人前で話したり音読したりすることができるようになりたいと思っています。

4　D君の構音障害

自閉症スペクトラム障害のあるD君の構音障害は、発達障害に伴う構音障害です。**発達障害のある子どもの構音についてはⅦ章に解説されています。**

また、D君のように一貫性のある置換を示す構音の誤りに対する指導・支援のあり方はⅣ章に詳しく解説されています。

II

構音(発音)のしくみ

A 音の生成

　私たち人間は口や鼻から音を出すことによってことばを話し、それによってコミュニケーションを行なっています。ふだんはほとんど意識しませんが、よく観察してみると私たちが話していることばには実にさまざまな種類の音が使われていることが分かります。では、そういった音はどのようにして作られるのでしょうか。

　しばらく話し続けると途中で息継ぎをします。息継ぎをしないでずっと話そうとすると苦しくなってしまいます。それは、話すときに私たちは肺から息を出しているからです[*1]。しかし、ただ息を出すだけでは呼吸をしているときと同じように、音は出ません。音が出るのは肺から出てくる空気が口や鼻を通って外に出るまでの間に何らかのことが行なわれているからです。

　図Ⅱ-1を見てみましょう。これは人間が話すときに使う器官の断面図です。ここから分かるように、肺から出た空気はすべて気管に流れます。気管はチューブのようなもので、それ自体が音を発することはありませんが、のどのところに喉頭とよばれる部分があってその中には声帯という筋肉が2本あります（図Ⅱ-2）。その2本の声帯はくっついたり離れたりすることができます。その動きによって喉頭で肺からの空気の流れに何らかの影響を与えることができますが、それを発声と言います。声帯が離れて通路が広く開いているときには空気がスムーズに通り抜けるので喉頭で音は出ません。かたく閉じられていれば肺からの空気はそこを通り抜けることができませんが、かたく閉じる一歩手前ぐらいだと次のような現象が起こります。まず、空気が声帯のふちを押し開いて上に抜けます。しかし、声帯は弾力のある組織からなっているので、すぐに元に戻ります。そして、また肺から上がってくる空気が声帯のふちを押し開きます。声帯のこの動きの繰り返し（声帯振動）によって音が発生します。この、開いて閉じて開いて閉じての繰り返しは声の低めの人でも1秒間に100回ほど、声の高い人だと300回ないしそれ以上になります。このように声帯が振動しているとき声が出ます[*2]。声帯が振動している状態を有声、そうでないものを無声とよびます。

　発声にはさまざまな種類があります。裏声やささやき声もその一種です。その他に、

　[*1] 肺を使わないで出す音もありますが、日本語では使われないのでここでは省略します。
　[*2] なお、男性は声帯の長さが長くなっており（その分が喉仏として前に出ています）、そのために振動が遅く、女性や子どもに比べて声が低く聞こえます。

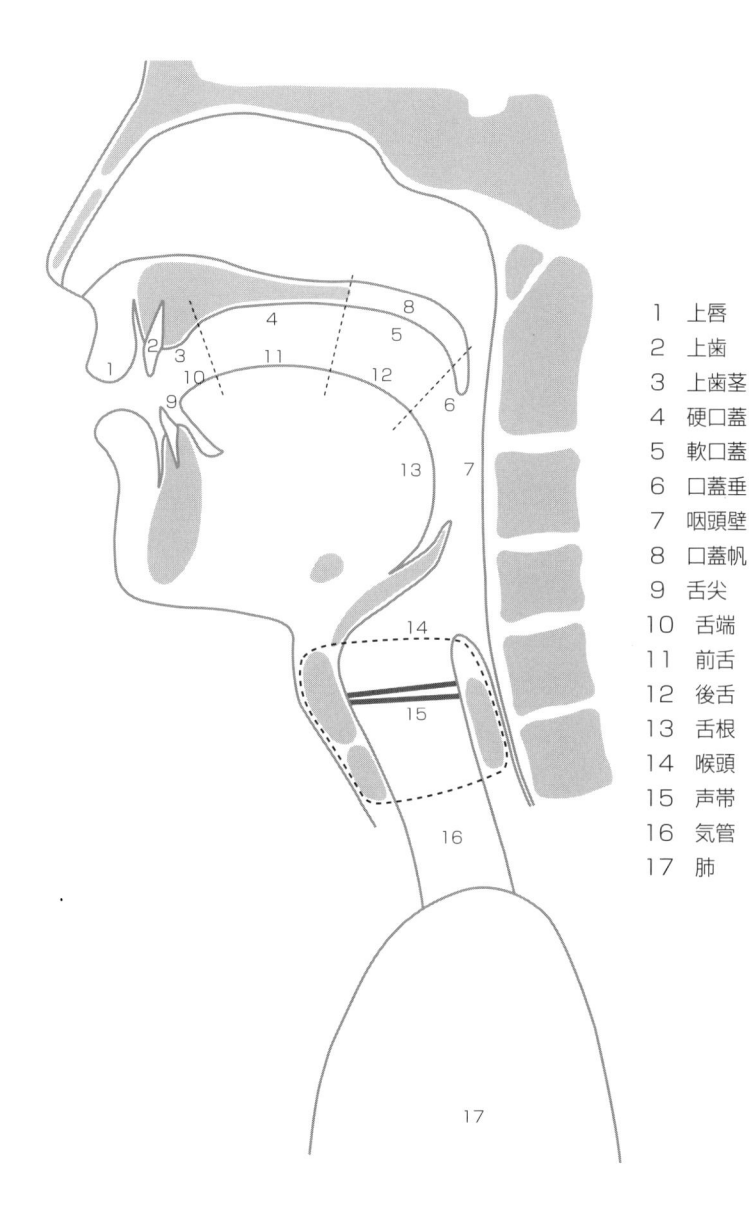

1	上唇
2	上歯
3	上歯茎
4	硬口蓋
5	軟口蓋
6	口蓋垂
7	咽頭壁
8	口蓋帆
9	舌尖
10	舌端
11	前舌
12	後舌
13	舌根
14	喉頭
15	声帯
16	気管
17	肺

図Ⅱ-1　音声器官の名称

Ⅱ　構音（発音）のしくみ

A　音の生成

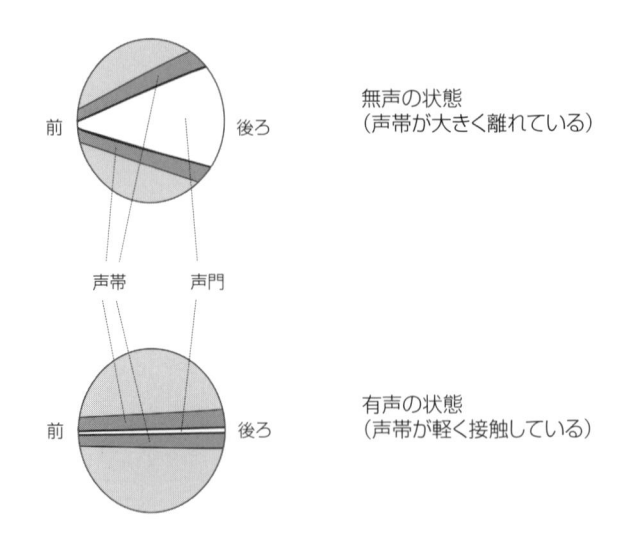

図II-2　声帯（上から見たイメージ）

無声の状態
（声帯が大きく離れている）

有声の状態
（声帯が軽く接触している）

前　後ろ　声帯　声門

　息が漏れるような声、きしんだような声、といった種類の発声もあり、これらを語の意味を区別するのに有意味な特徴として使っている言語もありますが、日本語では声帯の振動があるかないかだけが問題で、声帯の振動によって出る声はそれがどういった種類のものであってもその違いがことばの意味の区別にかかわることはありません[*3]。このような言語は世界にたくさんあります。
　したがって、日本語のような言語では、肺から出た空気が喉頭を通過した時点では、音があるかないかの違いしかないのです[*4]。つまり、音の区別の多くは喉頭より上の部分で作られていることになります。自分の口を観察すると分かるように、実際に話しているときには舌や唇を動かしていることが分かります。そのように、喉頭を通過した時点では2種類しか区別がなかったものがそれより上にある舌や唇の働きによっていくつもの種類の音が作り出されるのです。この、喉頭より上の器官によってさまざまな音を作り出すことを構音（もしくは調音）といいます。

[*3] 日本語では「あした」と言っても「あした」と言ってもことばの意味は変わらず、どちらも「明日」を意味しますが、言語によってはそれでまったく別の意味を表すものがあります。
[*4] 声帯振動の速さを変えることで声の高さを変えることはできます。また、発声上の特徴の違いでことばの意味を区別する言語の場合でもそれは多くても数種類です。

B 音の種類

　このようにして作り出されるさまざまな音は、2つのグループに分けて記述されます。その2つのグループとは母音と子音です。母音、子音ということばは中学生でも知っていて、どんな音が母音でどんな音が子音かと聞かれれば、母音は a, i, u など、子音は p, s, m など、というように簡単に例を出すことができます。しかし、両者の間にどういう違いがあるのか、またどういう違いによって両者は区別されているのかということになると、答えられる人は少ないようです。答えを言うと、喉頭より上で気流に妨害を与えずに作られる音が母音、そうでないものが子音です。母音と子音は、この構音（調音）上の特徴の違いから、以下に見るように、音声学的な記述も異なります。

　母音や子音を表記するのに一般にはアルファベットのような記号を使用します。これまでいくつもの記号体系が考案されましたが、「国際音声記号」と呼ばれるものがもっとも広く使用されており、現在、音声を表記するにはこの「国際音声記号」かそれに準じたもので行なうのがふつうです。この記号は英語名を International Phonetic Alphabet と言い、その略称の IPA という名前でよく知られています。日本でもこの英語の略称の「IPA」を使い、英語風に読んで「アイピーエー」と言います。ここでも音声の表記にはその IPA を使用します。IPA は主にローマ字をベースに作られた記号なので、ローマ字で書かれた一般の単語などと混同しないように、それを [ ] に入れて音声記号であることを示すのが決まりとなっています（48〜49ページの IPA の表を参照）。

1　子音とその分類

　子音は気流に妨害を与えることによって作り出される音というその性質から、妨害の作られる場所と妨害の作り方によって分類することができます。

　日本語式にパ・ファと言ってみましょう。これらはどちらも上下の唇で気流に妨害を与えています。しかし、その妨害の作り方が違います。パのときはいったん完全に空気の流れを遮断するのに対して、ファの場合は通路を狭くして通りにくくしているだけです。タとサの場合も同様の関係です。妨害を作っているのが舌と上の歯・歯茎のあたりであるという点がパ・ファとの違いです。この観察から、これら4つの子音は次のように分類できます。

B　音の種類

	上下の唇	舌と歯・歯茎
完全な閉鎖	パ	タ
狭い隙間	ファ	サ

このような分類をさらに拡大していくと、口腔内で作ることのできる妨害の位置と方法の組合わせによって人間が出せる子音全体が記述できます。

(1)　構音位置による子音の種類

　どこで妨害が作られるのかを記述するには、構音器官（調音器官）にそれぞれ名前をつけておく必要があります。「口の奥のほう」などと言っただけでは正確な位置が示せないからです。

　妨害を作るときは口の中の上の器官は基本的には動かず、下の器官が動きます。**図II-1**と**図II-3**を参照しながら動かない上のほうの器官からみてみましょう。まず、いちばん前に唇があり、その後ろに歯があります。それより後ろの部分は同じ色をしてずっと奥までつながっていて、はっきりとした区切りの目安となるものはありません。しかし、ここでいくつかに分けて名前をつけておかないと不便です。そこで、次のようにしています。まず、上歯のすぐ後ろの表面を舌先で後ろへなぞると角度が急に変わるところがあることがわかります。そのあたりを目印として、そこまでを歯茎とします。歯茎の後ろ全体を口蓋といいますが、それだけではまだ大きすぎて細かな記述ができないので、触ってみたときの硬さを目印に、前方の硬い部分と後方の柔らかい部分に分けます。それぞれ硬口蓋、軟口蓋と呼びます。前のほうが硬いわけは、中に骨があるからです。そして、次に口蓋垂です。これは軟口蓋のいちばん後ろの真ん中から垂れ下がっている小さな肉片です。口の前からつながっている器官はここでいったん終わりになりますが、口のいちばん奥の突き当たりの壁にも名前をつけてあります。咽頭壁です（なぜそう呼ぶかは後で分かります）。なお、軟口蓋の部分は骨がなく肉だけなので、全体が上下に動くことができます。その、表面だけでなく全体の動く部分を口蓋帆といいますが、それが上に上がると軟口蓋のふちが咽頭壁にくっついて鼻に気流が行かないようになり、下がると通路ができて、鼻・口・のどの空間（それぞれ鼻腔・口腔・咽頭）がつながります。

　では、下のほうの、動く器官に移ります。こちらもいちばん前は唇です。下の唇、すなわち下唇です。次は歯、そして歯茎と続きます。しかし、下の歯と歯茎は音声の記述には特に使いません。歯茎の後ろには舌があります。舌はそれ自体がひとつの器官で、いくら見てもそれ以上に分けられるようには思われませんが、それでは記述に不便なので何とか分けたいところです。そこで、舌そのものには基準を求められないので、舌と

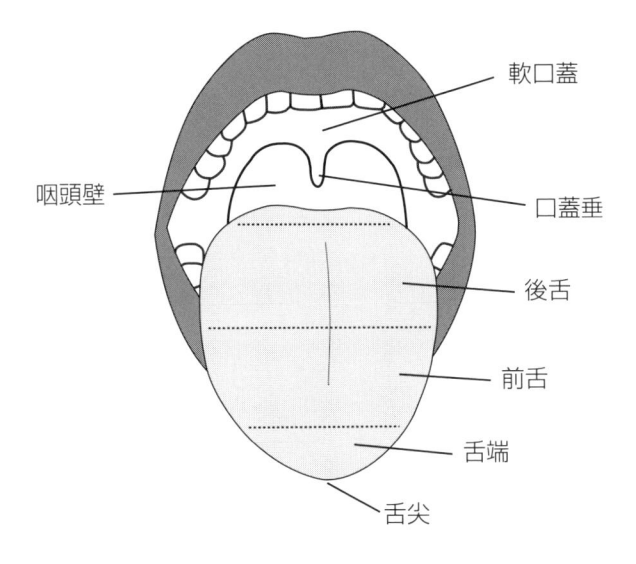

図II-3　口を前から見た図

向かい合っている上や奥の器官を基準として決めようということになっています。ものを食べたりゴリラのまねをしたりせず安静にしているときに上歯茎・硬口蓋・軟口蓋・咽頭壁に向かい合っている部分をそれぞれ舌端・前舌・後舌・舌根と名づけます。舌の先のほうはよく動くので、いちばん先っぽに舌尖という名前をつけています。舌尖と舌端を合わせて舌先といいます。ここで注意しなければならないのは「前舌」が舌のいちばん前ではないことです。前舌は真ん中寄りの位置にあります。

　空間にも名前がつけられています。喉頭から唇まで続いた空間がありますが、それを咽頭と口腔に分けます。咽頭は喉頭の上の部分で舌根と咽頭壁に挟まれたのどのほうの縦長の空間で、口腔は口の中の横に長い部分です。鼻の中にも空間があります。鼻腔と呼びます。そして、咽頭・口腔・鼻腔すべてを合わせて声道といいます。逆に言えば、声道をそのように3つの部分に分けてそれぞれに名前を与えているということになります。

　これらの器官が気流に対して妨害を与えることによってさまざまな子音を出すことができるわけですが、使用できる器官の組み合わせは限られています。そして、その妨害を作る場所、すなわち構音位置（調音位置）[*5]は図II-4の矢印で示したようなものを区別します。それぞれの場所で作られる子音は以下のように呼ばれています。

II　構音（発音）のしくみ

B 音の種類

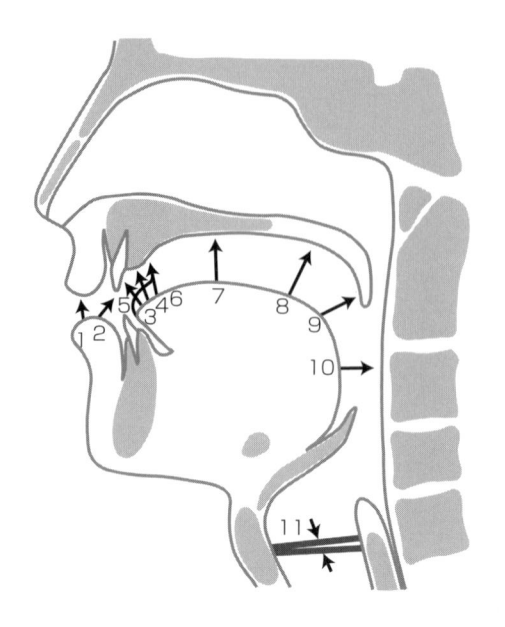

図Ⅱ-4　構音位置による子音の種類

	下側の動的な器官	上側の静的な器官	構音位置による子音の名称
1	下唇	上唇	両唇音（りょうしんおん）
2	下唇	上歯	唇歯音（しんしおん）
3	舌尖/舌端	上歯の裏	歯音（しおん）
4	舌端	歯茎	歯茎音（しけいおん）
5	舌尖	歯茎後部	そり舌音（そりじたおん）
6	舌端	歯茎後部	後部歯茎音（こうぶしけいおん）
7	前舌	硬口蓋	硬口蓋音（こうこうがいおん）
8	後舌	軟口蓋	軟口蓋音（なんこうがいおん）
9	後舌	口蓋垂/軟口蓋の縁	口蓋垂音（こうがいすいおん）
10	舌根	咽頭壁	咽頭音（いんとうおん）
11	声帯		声門音（せいもんおん）

*5 かつてはもっぱら「構音点（調音点）」という用語が使われていました。それは英語の point of articulation の訳でしたが、point は適当でないということで、その元の用語は place of articulation に改められています。そして、その日本語訳は「構音位置（調音位置）」とか「構音場所（調音場所）」ですが、昔からの慣習で現在でも「構音点（調音点）」という用語を使う人もあります。

(2) 構音方法による子音の種類

　次に妨害を作る方法、すなわち構音方法（調音方法）ですが、まず、完全に気流を遮断するものと通路を狭めるものとに分けられます。それぞれ以下のような種類があります（［　］内はふつう省略します）。

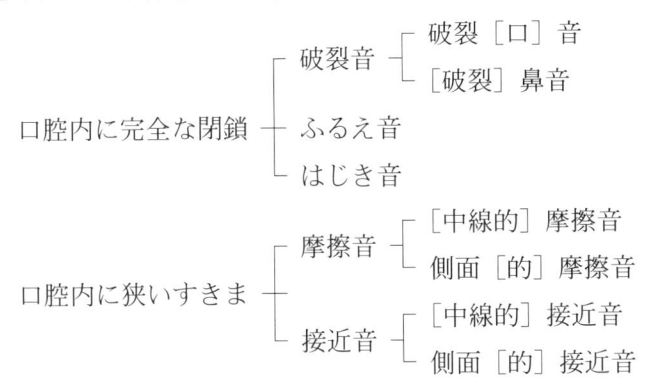

```
                    ┌ 破裂音 ┬ 破裂［口］音
                    │        └ ［破裂］鼻音
口腔内に完全な閉鎖 ┼ ふるえ音
                    └ はじき音

                    ┌ 摩擦音 ┬ ［中線的］摩擦音
口腔内に狭いすきま ┤        └ 側面［的］摩擦音
                    └ 接近音 ┬ ［中線的］接近音
                              └ 側面［的］接近音
```

　破裂音はパ・バ・タ・ダ・カ・ガなどのはじめに現れる子音です。そのような子音を出すためには、まず構音器官（調音器官）によって気流の通り道が閉鎖されます。たとえば、パの子音の場合だと、上下の唇で閉鎖を作って気流の通路をふさぎます。そしてその閉鎖が少し持続した後、閉鎖が解かれて気流が外に出ます。破裂音は、このように閉鎖の形成・持続・開放という3つの段階をもっています。

　破裂音のうち、同時に鼻に空気がぬけるものがあります。マ・ナなどの子音です。それらは喉頭や口腔内ではそれぞれバ・ダと同じことをしている破裂音ですが、口蓋帆が下がって同時に鼻腔にも空気が流れるものです。したがって、破裂鼻音ということになります。口蓋帆を下げることによって作られる鼻音は破裂音以外の音でも可能ですが、破裂音のものがよく見られ一般的なので、「破裂鼻音」は「破裂」の部分を省略して単に「鼻音」と言います。つまり、「鼻音」とだけ言ったら、口腔内では破裂の構音（調音）、すなわち閉鎖の形成・持続・開放が行なわれるということになります。

　破裂音以外に閉鎖音という名称が使われることもあります。その場合は、たとえば英語のcapの最後の子音が唇を閉じたまま、すなわち閉鎖の開放が行なわれないまま終わることがありますが、そのように3番目の段階である「閉鎖の開放」（破裂という名前に相当する段階）をもたない音も含まれます。

　また、直後に同じ構音位置（調音位置）の摩擦音をともなった破裂音（すなわち、破擦化した破裂音）があります。ツ・チャ・ズ・ジャなどに現れる子音です。このような子音は略して「破擦音」とよばれます。

　ふるえ音はいわゆる巻き舌の音がその一種です。瞬間的な閉鎖を2〜3回繰り返しま

す。日本語にはふつう現れません。

　はじき音は、日本語のラ行の子音がその例です。1回接触してすぐに離れます。

　摩擦音はサ・シャ・ハ・ファなどのはじめに現れる子音です。気流の通路を狭めて通りにくくします。それによって乱気流が生じ、音が出ます。英語の zone、pleasure などに現れる音もその一種です。

　接近音はヤ・ワなどのはじめに現れる子音です。「接近」という名前がついていますが、構音器官（調音器官）の接近の度合いは摩擦音のほうが強く、接近音のほうが広いすきまを残します。

　なお、摩擦音や接近音には中線的と呼ばれるものと側面的と呼ばれるものがありますが、それについてはすぐ後で説明します。

(3) 各子音の音声学的名称

　これらの子音を簡単にまとめたものが IPA（国際音声記号）のいちばん上の大きな表です。この表に示されたものはすべて肺からの気流を使用する子音です。横が構音位置（調音位置）、縦が構音方法（調音方法）となっています。一つひとつのマス目の中の左右の位置で有声・無声という発声の違いを表していますので、この表を見れば、発声と構音（調音）の種類が一目で分かります。

　各子音は音声学的な名称で呼ばれます。その際に、以下の順番に特徴を指定していくとその名称ができあがります。

[1] 気流の起こし

　肺から出る気流を使用する子音をもたない言語はなく、それ以外の気流の子音をもつ言語でも肺気流による子音が多く使われるので、肺気流の場合はそのことを指定しません。つまり、気流の種類について何も言わなければ、それは最も一般的である肺からの気流を利用した音であるということになります[*6]。日本語には肺からの気流を使用する子音しかありません。

[2] 発　声

　日本語を含めた多くの言語にとって声帯の振動があるかないかが重要です。声帯の振動をともなう音を有声音、そうでない音を無声音とよび、音のこの点についての特徴を言うときには「音」をとって、単に有声・無声とよびます（「A 音の生成」および図II-2を参照）。

[*6] 他の気流を使用する音のときは、その気流の種類による名称をいちばん最後につけます。

[3] 構音位置

　構音（調音）の位置（上下の構音器官が接近・接触することによって気流に妨害をあたえる場所）によって分類した音の種類で、いちばん前の両唇音からいちばん奥の声門音までを区別します（Ｂの1「(1)構音位置による子音の種類」および図Ⅱ-4を参照）。

[4] 構音方法
[4-1] 気流の通路

　いわゆるl（エル）の発音のとき、気流の通路の真ん中が舌によってふさがれていて、気流はその脇を通って外に出ますが、そのような構音（調音）のしかたを側面的と言います。それに対してｓのような音は気流の通路の真ん中にすきまがあいていて、気流はそこを通ります。そのようなものを中線的といいます。ただし、中線的な音のほうが多いので、わざわざ中線的と言うことはふつうはありません。この区別は完全な閉鎖を作らない摩擦音と接近音にのみ関係があります[*7]。ですから、順番としてはこの[4-1]より次の[4-2]が先に来ないとなりませんが、慣習でこのようになっています。

[4-2] 接近の度合など

　上下の器官が気流に対してどのように妨害をつくるかということで、破裂音・ふるえ音・はじき音・摩擦音・接近音の別を指します（Ｂの1「(2)構音方法による子音の種類」を参照）。

[4-3] 口蓋帆の位置

　気流が鼻腔に抜けるか抜けないかに関係します。口蓋帆がもち上がると鼻腔への通路がふさがれて空気が鼻腔に抜けませんが、それが下がっていると鼻腔への通路が開いて空気が鼻からも出ます。気流が鼻腔に行かないものを口音、鼻腔にも入るものを鼻音といいます。IPA（国際音声記号）の表では破裂の鼻音のみが単に「鼻音」という名称で表の中に入れられています。

　各子音の名称はこの[2][3][4-1][4-2][4-3]の順に付けていきます。IPAの子音の表で、たとえば[b]は

　　[2]マス目の右にあるから有声音、

　　[3]構音位置での分類は両唇音、

　　[4-2]構音器官がどう働くかでは破裂音、

　　[4-1]破裂音だから中線的か側面的かは関係なし、

　　[4-3]表で鼻音となっているもの以外は口音、

[*7] 完全な閉鎖ができた場合は、その瞬間、通路そのものが存在しなくなるので、通路が真ん中か脇かということ自体が意味をもちません。

B　音の種類

ということで、有声・両唇・破裂・口音となりますが、「口音」の「口」は特に言わなくていいので、「有声両唇破裂音」がその名称です。

　[s]は同様に
　　　[2]マス目の左にあるから無声音、
　　　[3]構音位置での分類は歯茎音、
　　　[4-2]構音器官がどう働くかでは摩擦音、
　　　[4-1]摩擦音だから中線的か側面的かを言わなければなりませんが、
　　　　　表の中で「側面」と書いていないものはすべて中線的、
　　　[4-3]表で鼻音となっているもの以外は口音、
ということで、無声・歯茎・中線的・摩擦・口音となり、「中線的」と「口」は省略するので、「無声歯茎摩擦音」です*8。

　[m]は
　　　[2]マス目の右側に書かれているので有声音、
　　　[3]構音位置での分類は両唇音、
　　　[4-2]構音器官がどう働くかでは破裂音（単に「鼻音」となっているのは
　　　　　破裂音の鼻音）、
　　　[4-1]破裂音だからここは関係なし、
　　　[4-3]鼻音、
ということで、有声・両唇・破裂・鼻音となり、破裂鼻音の場合は「破裂」を省略して単に「鼻音」と言うので、「有声両唇鼻音」となります。

2　母音とその分類

　子音の多くは気流への妨害によって口の中で音を作るので、無声でも（すなわち声帯振動がなく喉頭の部分で音が出ていなくても）その音が聞こえます。つまり、有声子音も無声子音も口腔内で音が出ており、有声子音の場合はその音に加えて声帯振動による音があるということになります。それに対して、母音は子音とちがって口腔内に妨害がな

---

*8 「歯茎音」は、言語治療では「舌先音」と呼ばれることがあるようです。舌先を使用する音には歯茎以外の構音位置（調音位置）のものもあって「舌先音」と言うとそれらとの区別ができなくなることと、構音位置は基本的には動かない上のほうの器官の名称で決められるので、**音声学では**「歯茎音」という名称でなければなりません。しかし、言語治療においては動くほうの器官に注目して訓練を行なうということで、「舌先音」と言ったほうがイメージがつかみやすいようです。日本語においては舌先を使用する音は歯茎音だけですし、言語訓練がより効果的に行なわれるのであれば、その分野で「舌先音」などの名称を使ってもいっこうに差し支えありません。

いので、そこで何らかの音を作り出すということができません。肺からの空気は特にじゃまされることなく外に出るので、声帯の振動による音がなければ呼吸の際に息を吐いているのと同じで、音は聞こえません。したがって、ふつう母音は有声です[*9]。

　子音は声道内における気流に対する妨害の場所と方法に注目して分類・記述できましたが、そういった妨害のない母音の場合はそのような方法で記述することができません。実際に母音の違いは何によって作られているかというと、声道全体の、すなわち喉頭から口（や鼻）の先まで続いた空間の形によるのです。ですから、母音の記述は声道の形状によって行なうことができます。といっても、それは簡単なことではない上、数学的な手法で表しても実用的ではありませんので、構音音声学（調音音声学）では、その空間そのものではなく、動かすことによってその空間の形を変化させている唇や舌の形状を基準として記述します。結果的にそれが声道の形の違いを表すことになるからです。

(1)　唇の形状による母音の種類

　まず、唇を丸めて突き出すかどうかによって口の前の部分の空間を変えることができます。丸めの程度はいろいろ可能ですが、丸めてかなり突き出した円唇とまったく丸めず突き出さない非円唇（もしくは平唇）の２つを区別して、中間段階を記述するときはそれらを基準とします。

(2)　舌の形状による母音の種類

　母音を発するとき、舌は、硬口蓋と向かい合った部分である前舌とその後ろの軟口蓋に向かい合った後舌のあたりの部分が盛り上がることによって声道の形を変えます。その範囲内において前のほうがいちばん高くなっているものを前舌母音、後ろの部分がいちばん高いものを後舌母音とよびます。前舌母音には[i]や[e]、後舌母音には[u]や[o]があります。前舌母音と後舌母音の中間的なものとして中舌母音というものも区別できます。この前舌母音・中舌母音・後舌母音の３種類の区別は舌のいちばん高い部分の前後の位置によるものですが、それ以外に、盛り上がりの程度による区別、つまり口の中の空間の一部分をどの程度狭くするかによる区別があります。iとeはどちらも前舌部分が盛り上がる母音ですが、iのほうがeよりもその盛り上がりの程度が高いです。uとoも同様に、どちらも後舌母音ですが、uのほうがoよりも舌の位置が高くなっています。IPA（国際音声記号）では、その舌の高さに４つの段階を区別しています[*10]。IPA

[*9] 日本語も含め、母音が無声で発せられることのある言語もあります。日本語のものについては「C 日本語の音声」を参照してください。

B　音の種類

の母音は、実際の言語の母音を記述するときに基準となる母音として規定されたものです。

(3)　各母音の音声学的名称

　　IPAの母音図において縦横の線が交わるところの母音は、次のような順番で音声学的な名称がつけられます*11。

[1]　唇の丸めの有無

　　丸めがあるのが円唇母音、ないのが非円唇母音です。IPA（国際音声記号）の図では、縦の線の右側に円唇母音、左側に非円唇母音がおかれています*12。

[2]　舌のいちばん高い部分の前後

　　これにより、前舌母音・中舌母音・後舌母音が区別され、IPA（国際音声記号）の図の縦の3本の線がそれを表しています。

[3]　舌のいちばん高い部分の高さの程度

　　舌の盛り上がりの程度が大きいとその分空間が狭くなりますが、空間の広さによって、狭母音・半狭母音・半広母音・広母音の4つを区別します。

　　たとえば[i]は、

　　　　[1]縦の線の左側にあるので非円唇母音、

　　　　[2]3本の縦の線のうちいちばん左のところにあるので前舌母音、

　　　　[3]図のいちばん上の段にあるので狭母音

です。これらを合わせて、「非円唇前舌狭母音」となります。

　　同様に、[o]は、

　　　　[1]縦の線の右側なので円唇母音、

　　　　[2]いちばん右の縦の線のところにあるので後舌母音、

　　　　[3]図の上から2番目の段にあるので半狭母音

です。これらを合わせると、「円唇後舌半狭母音」となります。

---

*10　実は、厳密にそれを規定するのはむずかしいところがあり、4段階のうちの真ん中の2段については、実際の舌の盛り上がりの高さではなく聞いたときの聴覚的なイメージによって定められています。

*11　線が交わらないところはこのような形式での名称はありません。

*12　ただし、一部例外があります。

C 日本語の音声

1 母　音

　母音はアイウエオの5つが区別されます。アは前舌の[a]と後舌の[ɑ]の中間です。記号は簡略に前舌の[a]と同じものを使っておくのがふつうです。イはIPA（国際音声記号）の[i]よりやや広めで唇の張りも強くありませんが、記号は[i]を使って表しておきましょう。ウは唇の丸め・突き出しが非常に弱く、それが強い[u]ともそれがない[ɯ]とも異なります。IPAに用意されている記号で記せば、[u]に唇の丸めが弱いことを表す[̜]を付けて[u̜]とするのがいちばん近いでしょうが、簡略に[u]と表記しておきます*13。エはIPAの[e]と[ɛ]の間あたりの音ですが、これも簡略に[e]で表します。オは唇の丸めと突き出しがややあります。[o]の範囲内と言っていいでしょう。

　日本語の母音は長短の区別があります。短い母音（短母音）は上のアイウエオですが、長い母音（長母音）も短母音と同じ5種類があります。アー[a:]、イー[i:]、ウー[u:]、エー[e:]、オー[o:]です。

　アイ、オイ、ウイ、アエ、アウ、オウ、アオは、丁寧に発音されないとき、音声的には二重母音になることがあります（例：痛い[itai]、重い[omoi]、寒い[samui]、安い[jasui]、帰る[kaeɾu]、飼う[kau]、揃う[soɾou]、青[ao]）。しかし、ある程度以上丁寧に発音されると短母音の連続[a.i] [o.i] [u.i] [a.e] [a.u] [o.u] [a.o]となります。これは英語や中国語などの二重母音と大きく異なる点です。二重母音は、短い母音の記号を2つ並べて表記しますが、音声としては1つの母音で、発音上それを分けることはできません。英語のeye [aɪ]や中国語の「愛 [aɪ]」では[aɪ]が常にひとつの固まりであって、英語や中国語の話者はそれを分けて発音することはできません。二重母音というのは始まりと終わりの口の形が違うだけで、それ自体としては分けられないひとつの母音なのです。ダイコンは元が太く先が細くなっていますが、その途中のどこかに切れ目があるわけではなく、全体でひとつのダイコンです。それと同じように二重母音もはじめと終わりが違っていても途中に切れ目はなく、全体でひとつの母音で、2つの母音が並んでいるのではないのです。しかし、日本語の「愛 [ai]」はひとつの二重母音のように発

---

*13 英語などと比べて唇の丸め・突き出しが少ないという点を際立たせるために非円唇の[ɯ]の記号を使用することもありますが、事情を理解していれば簡略表記ではどちらを使ってもかまいません。

C 日本語の音声

音することもありますが、二重母音ではなく別々の母音[a]と[i]の連続として発音されることもあります。これは、日本語の場合は2つの異なった母音の連続が丁寧でない発話で二重母音的に発音されることがあると言ったほうがいいかもしれません。長母音もひとつの母音ですが、日本語では特別な場合、区切りながら発音すると2つの短母音の連続として現れることがあります。

　日本語の短母音は無声化することがあります。無声化するということは声帯の振動がなくなるということですから、声帯が離れ声門が広く開いて空気がスムーズに通る状態になります。母音は喉頭より上の部分に気流を邪魔するものがないわけですから、このような場合、声門においても口腔においても気流に対してはほとんど何も起こりません。ということは、音は出ないということです。音がないのになぜどの母音か分かるのでしょうか。それは聞こえない母音を聞くための情報がその前の子音に含まれているからです。現代日本語（共通語*14）において無声化が頻繁に起こるのは、狭母音（イとウ）が無声子音に挟まれたときです。シキ（式）とスキ（鋤）を比べてみましょう。下線部の母音イとウが無声化していて母音としては聞こえませんが、子音が異なっているので、それだけを聞いて頭の中で母音を補って解釈しています。キシ（岸）とクシ（串）も同様です。よく観察するとキの子音とクの子音は異なっていることが分かります。その子音の違いによって、実際には聞こえないイとウを頭で聞いているわけです。実際には子音のみになっていることも多いですが、母音が無声化されたということで、音声表記としては母音の記号の真下に無声化の印である[̥]をつけて、[i̥] [u̥]のようにします。

2　子音

(1)　音節*15の始めに現れる子音

　日本語にはどういう子音があるのでしょうか。本来は実際の音声の観察からはじめるべきですが、ふだん使用している仮名文字にまどわされないように仮名表記と音声の対応・非対応を知っておく必要もあるので、ここでは50音図の順番を借りて説明することにします*16。

---

*14　方言によっては近畿方言のように無声化があまり現れないものもあります。
*15　「音節」については、このあとの「D 音節とモーラ」を参照してください。
*16　日本語の50音図は、高度に発達した古代インドの音声学が根底にあり、子音は口の奥のほうの構音から前のほうの構音へと並んでいます。ハヒフヘホは古代においてはパピプペポであったことが分かっていますから、カ行の子音は軟口蓋、サ行は歯茎、タ・ナ行は歯・歯茎、ハ（p）・マ行は両唇、という順番であることが分かります。

1）カ・ガ行の子音

　カ行の子音は無声・軟口蓋・破裂音が現れますが、カとキャ、クとキュ、コとキョの違いから、硬口蓋化のない[k]とそれをもつ[kʲ]*17が区別されます。前者はカ・ク・ケ・コに、後者はキャ・キ・キュ・キョに観察されます（例：課題[kadai]、巨大[gʲodai]、串[kuʃi]、岸[kʲiʃi]）。

　ガ行の子音は有声・軟口蓋・破裂音ですが、カ行と同様に硬口蓋化のない[g]とそれを持つ[gʲ]が区別されます。前者はガ・グ・ゲ・ゴに、後者はギャ・ギ・ギュ（・ギェ）・ギョに見られます（例：ゴム[gomu]、逆[gʲaku]）。

　カ行とガ行の子音は基本的には無声か有声かの違いと言っていいですが、母音に挟まれた場合、ガ行の子音は摩擦音化することがあります。その音を[ɣ]で表します（例：鏡[kagamʲi][kaɣamʲi]、鍵[kagʲi][kaɣʲi]）。[g]と[ɣ]は異なった子音ですが、その違いで意味の区別をすることがないので、「母音→ガ行子音→母音」と移っていくときに構音器官が完全な閉鎖を作るのを省略し[g]まで行かずに[ɣ]まで来たところでやめてしまうのです。[ɣ]が聞こえればガ行子音だということが分かるからです*18。カ行の子音の場合は同様にすると[x]が現れて、それは日本語ではハ行の子音と解釈されてしまうので、しっかりと閉鎖を作って[k]として破裂させます（例：赤[aka]）。

　また、ガ行子音は切れ目のあと（直前に切れ目を感じるところ）以外で有声・軟口蓋・鼻音として現れる方言もあります。いわゆる「ガ行鼻濁音」です。東京ではかつてそうでしたが、現在はほとんど使われません。しかし、アナウンスなどでは使われることもよくあります。「しょうがっこう（小学校）」はそれ全体がひとまとまりに感じられ、「しょう＋がっこう」という意識がうすいので、「ガ行鼻濁音」をもつ人はそれで発音し、[ʃoːŋakkoː]とします*19。「こうとうがっこう（高等学校）」は「こうとう＋がっこう」と意識されるので、「ガ行鼻濁音」をもつ人も[koːtoːgakkoː]と[g]で発音します*20。助詞の「が」は、文法の説明などでそれだけを取り出して言う場合は切ることができますが、ふつうは前の語にくっついて現れるので、その前に切れ目が感じられず、日本語文法の話をしているときのようにそれだけを取り出して言わない限り「ガ行鼻濁音」となります。

*17 [kʲ]は簡略に[kj]と書いてもかまいません。以下、同様です。
*18 丁寧に発音されない場合は単語によってはこの子音自体が落ちてしまうことがあります。たとえば、「科学」は発音のしかたによっては[kaaku]のようになることがあります。
*19 それをもたない人の発音では[ʃoːgakkoː][ʃoːɣakkoː]の双方が可能です。
*20 もちろん可能性としては摩擦音で[koːtoːɣakkoː]とすることもあります。

2）サ・ザ行の子音

サ行の子音は無声の摩擦音です。サとシャ、スとシュ、ソとショの違いから、2種類の子音があることが分かります。前者はサ・ス・セ・ソに、後者はシャ・シ・シュ・シェ・ショに見られます。記号ではそれぞれ[s]と[ʃ]で表されます*21（例：境[sakai]、社会[ʃakai]）。

ザ行の子音は基本的には破擦音（破擦化した破裂音）で、完全な閉鎖を作ってから発せられます。ザとジャ、ズとジュ、ゾとジョの違いから、[dz]と[dʒ]があることが分かります*22。前者はザ（・ズィ）・ズ・ゼ・ゾに、後者はジャ・ジ・ジュ・ジェ・ジョに観察されます（例：座席[dzasekʲi]、ジュース[dʒuːsu]）。母音と母音の間に現れた場合、ザ行の子音は摩擦音化することがよくあります。その場合のザ（・ズィ）・ズ・ゼ・ゾの子音は[z]、ジャ・ジ・ジュ・ジェ・ジョは[ʒ]*23で表します（例：風[kadze][kaze]、火事[kadʒi][kaʒi]）。

3）タ・ダ行の子音

タ行の子音は、タ・テ・トの[t]、チの[tʃ]*24、ツの[ts]の3種類があります。これら3種類の子音は母音との組み合わせでは、[t]はタ・ティ・トゥ・テ・ト、[tʃ]はチャ・チ・チュ・チェ・チョ、[ts]はツァ（・ツィ）・ツ・ツェ・ツォに現れます（例：縦[tate]、お茶[otʃa]、松[matsu]）。

ダ行の子音にはダ・デ・ドの[d]、ヂの[dʒ]、ヅの[dz]の3種類がありますが、[dʒ]と[dz]はザ行の子音と同じです。昔は異なっていたのですが、ほとんどの方言で同じ音になりました。現代仮名遣いでは特別な場合を除いてザ行のほうの仮名で書きます*25。

4）ナ行の子音

ナ行の子音は有声・歯茎・（破裂）鼻音です。ナとニャ、ヌとニュ、ノとニョの違いから、硬口蓋化のない[n]とそれをもつ[nʲ]が区別され、前者はナ・ヌ・ネ・ノに、後者はニャ・ニ・ニュ・ニョに現れます（例：梨[naʃi]、西[nʲiʃi]）。

5）ハ行の子音

ハ行の子音はハ・ヘ・ホでは声門音の[h]、ヒャ・ヒ・ヒュ・ヒョでは硬口蓋音の[ç]、フでは両唇音の[ɸ]と多くの本に書かれていますが、実際にはハ・ヘ・ホは軟口

---

*21 IPAの記号では[ɕ]がいちばん近いですが、日本語について述べているという了解のもとでは[ʃ]でかまいません。
*22 IPAの記号では[dz̺]がいちばん近いですが、同様に[dʒ]でかまいません。
*23 IPAの記号では[ʑ]がいちばん近いですが、同様に[ʒ]でかまいません。
*24 IPAの記号では[tɕ]がいちばん近いですが、同様に[tʃ]でかまいません。
*25 たとえば、藤「ふぢ」も富士「ふじ」も現代仮名遣いでは「ふじ」となります。

蓋の[x]として（ハ・ホでは口蓋垂の[χ]としても）出てくることが頻繁にあります[*26]（例：本当[hontoː][χontoː]、ひどい[çidoi]、降る[ɸuɾu]）。外来語の影響でファ・フィ・フェ・フォもありますが、フォについては、「フォント」と「ほんと（本当）」のように意味の対立がある場合以外は、ファなどと比べて定着度は低いようです。英語のsmartphoneから来た語も表記の上では「スマートフォン」「スマートホン」の両方が見られますが、発音の上では原語を意識せずに言った場合は［ホ］もよく聞かれ、電話会社の使用している略称も「スマホ」となっています。

6）マ行の子音

マ行の子音は有声・両唇・（破裂）鼻音です。マとミャ、ムとミュ、モとミョの違いから、硬口蓋化のない[m]とそれをもつ[mʲ]が区別できます。前者はマ・ム・メ・モに、後者はミャ・ミ・ミュ・ミョに現れます（例：釜[kama]、紙[kamʲi]）。

7）ヤ行の子音

ヤ行の子音は有声・硬口蓋・接近音で、ヤ・ユ・（イェ・）ヨに現れる子音[j]です（例：山[jama]）。

8）ラ行の子音

ラ行の子音は、母音と母音の間でさっと発音された場合は有声・歯茎・はじき音の[ɾ]が現れます（例：あられ、ひろい、このレモン）。ラ行子音でことばが始まる場合もさっと発音すればそのような音が出ます。

いわゆる撥音や促音のあとでは舌と歯茎の接触時間が長いので、はじき音とは言えない音になります（例：せんろ、ふっらふら）。ラ行の子音ではじまる語をゆっくり発音しはじめた場合も同様ですし、語をゆっくり区切って発音する場合やゆっくりとしたテンポの歌でもこの子音が現れます。これは一種の破裂音と言えますが、[d]と違う点は接触部分です[*27]。この子音では舌のいちばん先っぽの部分を歯茎の後半部分に当てています。[d]は舌端（舌の表面の先端部分）を歯や歯茎にべったりとくっつけています。ラ・ル・レ・ロとリャ・リ・リュ・リョの間には硬口蓋化の有無による違いが見られます（例：空[soɾa]、考慮[koːɾʲo]）。

9）ワ行の子音

ワ行の子音は、ワ・ウィ・ウェ・ウォに現れる接近音の[w]です。記号は[w]ですが、英語などのものと違って唇をあまり突き出しません。この子音は、特に前後を[a]で挟

[*26] ヒやフも[h]で現れることがありますし、フが[x]で現れてもおかしくありません。
[*27] 日本語のダの子音とラの子音を混同する子どもや外国人もいます。また、方言でも混同しているものがあります。

C　日本語の音声

まれたとき消失することがよくあります（周り [mawaɾi] [maaɾi] [maːɾi]、行なわれる [okonawaɾeɾu] [okonaaɾeɾu] [okonaːɾeɾu]）。

　ワ行子音とヤ行子音は音声的な性質としてはそれぞれ母音のウとイと同じです。それが音節の中心となれば母音（たとえば、巣 [su]、血 [tʃi]）、そうでなければ子音（たとえば、輪 [wa]、世 [jo]）となります*28。

（2） 音節*29の終わりに現れる子音
1）撥　音

　やや長めに発音された鼻音で、閉鎖の開放はありません。句の終わりでは、前舌母音に続くときは[ŋ]に近く、後舌母音のときは[ɴ]に近くなりますが、そのどちらであるかが問題なのではなく、その辺りで作られる鼻音だということが重要です。簡略にどちらも[ɴ]で記述しておきます*30。

　　　き<u>ん</u>。（金）　[kʲiɴ]
　　　か<u>ん</u>。（缶）　[kaɴ]

　後ろに破裂音（鼻音も含む）が来るときは、有声で鼻腔に気流が抜ける（有声の鼻音である）ということ以外の特徴は後続の音に同化しています。

　　　さ<u>ん</u>ばい、お<u>ん</u>ぱ、さ<u>ん</u>ま　　　　[m]
　　　さ<u>ん</u>だい、せ<u>ん</u>たく、み<u>ん</u>な　　[n]
　　　さ<u>ん</u>がい、と<u>ん</u>かつ　　　　　　　　[ŋ]

　摩擦音、接近音、母音が続くときは鼻音化した母音（鼻母音）のような発音になります。これを記号で表すのはむずかしいですが、どの記号かを覚えるのではなく構音器官（調音器官）の動きを考えて理解することが必要です。ここでは簡略に前の母音と同じ記号に鼻音化の補助記号[˜]を付けて書いておきます。

---

*28 接近音（子音）と母音は次のような関係です。

	子音	母音
円　唇	[w]	[u]
非円唇	[ɰ]	[ɯ]

日本語のものは[w]や[u]ほど唇の丸めはありませんが、[ɰ]や[ɯ]のようにまったく唇の突き出しがないわけではありません。記号としては[w][u]に「唇の丸めが弱い」という意味を表す補助記号をつければ正確です。簡略に表記するときは統一を取るなら、[w]と[u]を使うか[ɰ]と[ɯ]を使うかですが、[w]と[ɯ]を使用している本や論文も多く見られます。

*29 「音節」については、このあとの「D 音節とモーラ」を参照してください。

*30 長くて（ː）閉鎖の開放がない（˺）というのを記号で表そうとすれば、[ɴː˺]となります。以下の例も同様で、[mː˺]、[nː˺]、[ŋː˺]のようになります。

けんさ　　（検査）　　［keẽsa］
　　かんし　　（監視）　　［kaãɕi］
　　きんよう　（金曜）　　［kiĩjoː］
　　こんや　　（今夜）　　［koõja］
　　たんい　　（単位）　　［taãi］
　　よんおく　（四億）　　［joõoku］

　上記の音の違いは語によるのではなく音の環境によっています。ですから、「本。」「本も」「本と」「本が」「本を」における「本（ほん）」の「ん」に相当する部分の音はすべて異なります。

　また、いつも必ず上のようになると考えてはいけません。発音の仕方によって変わってきます。ゆっくり発音したり区切って発音すると、この子音の直後に切れ目ができるわけですから、たとえば考えながら「さん…ばい」のように発したときは［sambai］ではなく［saN bai］、「こん…や」と言えば［koõja］ではなく［koN ja］ようになります。

　以上のようなことをわきまえた上で、言語学的な記述や構音検査などにおいてはこれらをひっくるめてすべてNで表すことが行なわれています（「E音素」を参照）。

２）促　音

　いわゆる促音と呼ばれるものは、現代仮名遣いでは小さな「っ」で書かれますが、音声的にはいろいろな種類があります。

　　いっぽ　　（一歩）　　［ippo］
　　いっとう　（一頭）　　［ittoː］
　　いっこう　（一校）　　［ikkoː］
　　いっちょう（一丁）　　［ittʃoː］
　　いっそう　（一層）　　［issoː］
　　いっしょう（一升）　　［iʃʃoː］

促音の部分では子音そのものが長く発音されます。破裂音および破擦音は、その閉鎖の持続部分が長くなっています（例：一歩、一頭、一校、一丁）[31]。摩擦音はそれ自体が長くなります（例：一層、一升）[32]。長さによる違いは次のような語を言い比べてみればよく分かります。

　　　　いた（居た）　　　いった（行った）

---

[31] この場合、記号を２つ並べて［pp］のように示すのがいちばん簡略ですが、実際の構音は閉鎖部分の長い子音です。

[32] 摩擦音の場合も記号を２つ並べて［ss］のように表しますが、長い摩擦音で、［sː］とも表せます。

C　日本語の音声

　　　さか（坂）　　　　さっか（作家）
　　　スパイ　　　　　　すっぱい

　この長い子音は無声子音のみです。ただし、外来語は例外で、「ベッド」「ビッグ」「バッグ」「ホットドッグ」のように有声音の場合もあります。しかし、それらを「ベット」「ビック」「バック」「ホットドック」などと無声音で発音する人も多く、看板などでそう書かれているのをよく見かけます。有声音で発音するのは、「レッド」「スモッグ」「ハッブル」などいくつかの語を除いて、原語を意識した場合だけでしょう。
　以上のようなことをわきまえた上で、言語学的な記述や構音検査などにおいてはこれらをひっくるめてすべてQで表すことが行なわれています（「E 音素」を参照）。

D 音節とモーラ

　上で見たように、単語や文は母音や子音の連続から成り立っていますが、それら一つひとつの音は前後の音とすべて同じように結合しているわけではありません。たとえば、「閉めた」「並んだ」「安心した」「思った」「聞いた」「空いた」といった語はそれぞれ「シ｜メ｜タ」「ナ｜ラン｜ダ」「アン｜シン｜シ｜タ」「オ｜モッ｜タ」「キー｜タ」「アイ｜タ」のように分けることができます。このように区切った一つひとつのまとまりの単位を音節といいます。音節は、母音だけ（オ、アイなど）、子音プラス母音（シ、メ、タ、ナ、ダ、キーなど）、母音プラス子音（アンなど）、子音プラス母音プラス子音（ラン、シン、モッなど）というタイプがあります。英語では strengths のように、母音の前に3つ、後ろに4つの子音をもつ音節もあります[*33]。

　上の語を発音上の区切りとは別に、その単語の長さを測るように数えると、「シ・メ・タ」「ナ・ラ・ン・ダ」「ア・ン・シ・ン・シ・タ」「オ・モ・ッ・タ」「キ・イ・タ」「ア・イ・タ」のようになりますが、そのような単位をモーラもしくは拍といいます。このような意味でのモーラは、物理的にぴったりと一致するわけではありませんが、それぞれがだいたい同じ長さと感じられています。

　音節は世界のどの言語にも存在しますが、モーラはそうではありません。日本語の中にもモーラをもたない方言があることが報告されています。モーラをもつ日本語において、モーラと音節は一致する部分もありますが、そうでないところもあります。「短母音のみ」の音節と「子音プラス短母音」の音節は1モーラ、長母音・二重母音・撥音・促音を含む音節は2モーラと数えられます。以下にいくつかの語の音節数とモーラ数を示してみます。

例	音節数	モーラ数
い（胃）	1（イ）	1（イ）
か（蚊）	1（カ）	1（カ）
しゅ（朱）	1（シュ）	1（シュ）

[*33] このように、音節は母音が中心をなすのがふつうですが、言語によっては母音を含まず子音だけからなる音節をもつものもあります。その場合は m, n, ŋ, l, r といった種類の子音が含まれていて、それが音節の核となります。たとえば、チェコ語の「オオカミ」は [vlk]、広東語の「5」は [ŋ:] です。

D　音節とモーラ

ひゃく（100）	2（ヒャ｜ク）	2（ヒャ・ク）
ひゃっく（100句）	2（ヒャッ｜ク）	3（ヒャ・ッ・ク）
さかな（魚）	3（サ｜カ｜ナ）	3（サ・カ・ナ）
とお（10）	1（トー）	2（ト・オ）
きょう（今日）	1（キョー）	2（キョ・オ）
かい（貝）	1（カイ）	2（カ・イ）
あん（案）	1（アン）	2（ア・ン）
さか（坂）	2（サ｜カ）	2（サ・カ）
さんか（酸化）	2（サン｜カ）	3（サ・ン・カ）
さんかん（参観）	2（サン｜カン）	4（サ・ン・カ・ン）
さっか（作家）	2（サッ｜カ）	3（サ・ッ・カ）
サッカー	2（サッ｜カー）	4（サ・ッ・カ・ア）
おばちゃん	3（オ｜バ｜チャン）	4（オ・バ・チャ・ン）
おばあちゃん	3（オ｜バー｜チャン）	5（オ・バ・ア・チャ・ン）

E 音素

　言語で使われている音については、上で見たような、音そのものを観察して記述するという音声学的なものの他に、その音が或る特定の言語の中でどう働いているかといった観点から見る音韻論的なものが区別できます。

　日本語の音節末の鼻音（いわゆる撥音）を例に取って考えてみましょう。この音節末鼻音は、上で見たようにいろいろな種類の音として現れます。しかし、どの音がどこで現れるかが決まっているので、それらを入れ替えて発音することはできません。たとえば、「3台 [sandai]」の[n]を[m]に入れ替えて[samdai]とすることはできません。音節末の位置で[m]が現れるのは「3杯 [sambai]」、「添付 [tempu]」、「兼務 [kemmu]」のように両唇音（[b][p][m]）の前に、[n]が現れるのは「3台 [sandai]」、「本当 [honto:]」、「あんな [anna]」のように歯（歯茎）音（[d][t][n]）の前に限られているからです。この位置の音は後ろに来る音の種類によってどんな音になるかが決まっているので、別の音に入れ替えることができないわけです。それに対して、音節頭の場合、たとえば、「仮名 [kana]」の[n]の場合はそれを[m]と入れ替えることができます。すると、「釜 [kama]」という別の単語になります*34。この「仮名」と「釜」という2つの単語は[n]と[m]の違いによって区別されています。「泣く [naku]」と「巻く [maku]」も同様です。つまり、この[n]と[m]の2音は同じ場所に現れることができ、どちらが現れるかによって語の意味が異なる、すなわち、それら2音の違いが語の意味を区別するのに役立っている、というわけです。ですから、「仮名」と「釜」のように音節の初めの位置では、[n]と[m]は区別されなくてはなりません。しかし、「3杯」と「3台」における場合のように音節の終わりではその2音を区別して別物とせず、同じひとつの音がその現れる環境によって（この場合は直後の音の種類によって）姿を変えたと解釈できます。このような、意味の区別に役立っているかどうかという点から見ると、音節のはじめの位置では/n/と/m/の2音、音節末では/N/の1音を認めればいいということになります。このようにして区別される音を音素と言い、ここに示したように/ /で囲んで表します*35。

---

*34 すべての音の組合わせの単語があるとは限らないので、音を入れ替えることによって存在しない語ができることもあり得ますが、その場合でも入れ替えることができるということは変わりません（現在存在しなくても将来作られる可能性もあります）。

E　音素

　　音素は意味を区別する働きをもつ最小の単位というわけですが、意味がかかわっているので、音声学的に同じ音が現れても言語によって音素は異なり得ます。「かぜ」という単語を発音するときにゼの部分の子音として舌先が上の歯や歯茎にくっつく[dz]が現れることもあれば、完全にはつかずにすきまを残す[z]が現れることもあります。音声学的観察による記述ではそのときそのときで[dz]と[z]のどちらで発音されたかを区別しなければなりませんし、日本語音声一般の記述ではそのような場合に両方の可能性があるということを言わなければなりません。しかし、この[dz]と[z]の音の違いは英語では cards と cars の意味の区別に役立っていますが、日本語の中ではどちらを使っても意味が異なることはありません。したがって、英語では何らかの形でこれらを常に区別しないといけませんが[36]、日本語話者は[dz]と[z]のどちらを使ってもその違いで語を区別することはありませんから、ここで2つの音素をたてる必要はなく、それらは日本語という言語においては同じ1つの音素/z/に属するメンバーとして考えればよいということになります[37]。

---

[35] 音素/N/は、両唇音の前では[m]として実現し、歯（歯茎）音の前では[n]として実現する、というように言います。同様に、音素/m/は[m]として、音素/n/は[n]として実現します。
[36] 英語の場合は、それぞれ、/d/＋/z/（2音素）、/z/（1音素）と考えられています。
[37] 日本語のザズゼゾの子音であることを示せばよい場合は常に同じ記号で記述してかまいません。音素表記としては、1音素であり、できるだけ簡略に表記するという観点から、ふつう/z/と表しますが、構音検査では dz が使用されているようです。

F 音声記号について

　母音や子音は、その音声学的名称や音声学的特徴によって特定することができますが、毎回毎回そのような名称や特徴を言っていたのでは大変なので、一般にはアルファベットのような記号で表します。その際、「B 音の種類」のはじめにも書きましたが、IPA（国際音声記号）が使われるのが一般的です。そのようなアルファベットタイプの記号では、「無声＋両唇＋破裂」の特徴をもつ音は[p]、「無声＋歯茎＋破裂」の特徴をもつ音は[t]といったように、いくつかの特徴をもった音一つひとつをひとつの記号で表すようになっています。

　しかし、IPA なら IPA といった同じ記号体系を使えばだれが記述しても同じになるかというと、そうではありません。記述の目的などによって変わってきます。たとえば、日本語のシの子音とそれに近い英語の音（たとえば、ship の最初の音）との違いを表そうとする場合には、前者を[ɕ]、後者を[ʃ]と表し分けたほうが便利でしょう。日本語のシの子音がどういう音かを日本語を知らない外国の音声学者や言語学者に正確に示す場合にも、やはり[ɕ]を使ったほうがよいでしょう。しかし、日本語の音声について知識がある人たちの間で、しかもそれが日本語の記述であると了解されている場合であれば、[ɕ]と[ʃ]のどちらで書いてもかまいません。一般的になじみの薄い記号[ɕ]を使う代わりに、より一般的な記号[ʃ]を使ってよいのです*38。さらに、そのような場合は IPA（国際音声記号）にこだわる必要もなく、たとえばチェコ語で使われている文字を利用してšで表してもよいですし、トルコ語のように ş を使っても問題ないのです。重要なのは、記号を使用する人たちの間で共通の理解があり、その人たちの間では同じ記号を見たら同じ音を思い起こし別の音を考えることがない、ということです。しかし、言語学者、言語聴覚士、日本語教師、その他、それぞれのグループごとにあまりに異なった記号を使用しているとお互いの間のコミュニケーションがとれませんから、基盤はできるだけ同じほうがよいでしょう。したがって、IPA（国際音声記号）かそれに準拠したものを使用するのが望ましいと考えられるわけです。その際、記号の使い方は目的によっ

---

*38 活字を組んでいた時代には、特殊な活字を備えている印刷所はまれだったので、このようなことが一般的に行なわれていました。しかし、パソコンですべてを行なうようになり、さらにユニコードが確立して（ほぼ）どんな記号もパソコン上で使えるようになった現在では、この「より一般的な」という理由はあまり意味をもたないかもしれませんが、これまで慣用的に用いられてきたやり方があります。

F　音声記号について

て少し異なり得ます。日本語の音声を記述する場合も同様です。以下に現在見られる記号の使用法の主なものをあげてみます。

現在のIPAの規定に 忠実な表記	日本語であることが了解されている場合に 慣用的に使われることのある表記
[ɕ]	[ʃ]
[tɕ]	[tʃ]
[dʑ]	[dʒ]
[ɾ]	[r]
[ɲʲ]	[ɲ]

これらの他にも、次のようなものがあります。

　キャなどの硬口蓋化子音を表すときにも、子音の記号に補助記号[ʲ]を付ける方法以外に子音の記号の後に[j]を付けるやり方があります。

		現在のIPAの規定に 忠実な表記	慣用的に使われる ことのある表記
例	キャ	[kʲa]	[kja]
	ビョ	[bʲo]	[bjo]
	ニュ	[ɲʲu]	[nju]
	⋮	⋮	⋮

　[i]の前では、子音が硬口蓋性をもつことは一般的で、硬口蓋性をもつかもたないかによる対立はありません*39。そのため、この硬口蓋性を表す記号[ʲ]を省略して書くこともあります。

		現在のIPAの規定に忠実で より精密な表記	慣用的に使われる ことのある表記
例	キ	[kʲi]	[ki]
	ビ	[bʲi]	[bi]
	ニ	[ɲʲi]	[ni]
	⋮	⋮	⋮

　ウに関しては[u]と[ɯ]、どちらを使うかは人によるようです。

　有声・軟口蓋・破裂音の記号は[ɡ]ですが、[g]を使用してもよいことになっていま

---

*39 たとえば[a]の前だったら、カとキャが区別されますが、[i]の前ではそういうことはありません。

す。

　音声記号はこのように使われていますから、記号を丸暗記するといったことで音声は理解できません。反対に、日本語の音声と記号の性質についてきちんと理解していれば、本によって、また分野によって、多少異なった記号が使われていても混乱することはありません。

参考図書
今泉敏編（2009）言語聴覚士のための基礎知識　音声学・言語学．医学書院．
斎藤純男（2006）日本語音声学入門　改訂版．三省堂．

　これらの他に日本語学や外国人に対する日本語教育を念頭に日本語の音声について書かれたものがいくつかあります。観点は違いますが、音声そのものについては変わりませんので、それらを参考にしてもよいでしょう。また、何語（なにご）ということではなく人間の言語の音声一般について書かれた一般音声学の本も構音（調音）のしくみを理解するのに役に立ちます。

　牧野耳鼻咽喉科医院（静岡県島田市）のホームページでは、声帯振動の動画を見ることができます。http://www.venus.dti.ne.jp/~memikami/

　東京外国語大学の「IPAモジュール」では、IPAの表す音が聞けるだけでなく、それぞれの音を発するときの構音器官（調音器官）の簡略な図や各音の音声学的名称が見られます。http://www.coelang.tufs.ac.jp/ipa/index.htm

F　音声記号について

国　際　音　声　記　号　(2005年改訂版)
THE INTERNATIONAL PHONETIC ALPHABET (revised to 2005)

子音（肺臓気流）

	両唇音	唇歯音	歯音	歯茎音	後部歯茎音	そり舌音	硬口蓋音	軟口蓋音	口蓋垂音	咽頭音	声門音
破裂音	p b			t d		ʈ ɖ	c ɟ	k ɡ	q ɢ		ʔ
鼻音	m	ɱ		n		ɳ	ɲ	ŋ	ɴ		
ふるえ音	ʙ			r					ʀ		
はじき音		ⱱ		ɾ		ɽ					
摩擦音	ɸ β	f v	θ ð	s z	ʃ ʒ	ʂ ʐ	ç ʝ	x ɣ	χ ʁ	ħ ʕ	h ɦ
側面摩擦音				ɬ ɮ							
接近音		ʋ		ɹ		ɻ	j	ɰ			
側面接近音				l		ɭ	ʎ	ʟ			

マス目の右側が有声音、左側が無声音　網かけは構音が不可能と考えられる部分

子音（非肺臓気流）

吸着音		有声入破音		放出音	例：
ʘ	両唇	ɓ	両唇	ʼ	
ǀ	歯	ɗ	歯(茎)	pʼ	両唇
ǃ	(後部)歯茎	ʄ	硬口蓋	tʼ	歯/歯茎
ǂ	硬口蓋歯茎	ɠ	軟口蓋	kʼ	軟口蓋
ǁ	歯茎側面	ʛ	口蓋垂	sʼ	歯茎摩擦

母音

```
        前舌        中舌        後舌
狭     i•y ――――― ɨ•ʉ ――――― ɯ•u
             ɪ Y              ʊ
半狭   e•ø ――――― ɘ•ɵ ――――― ɤ•o
                   ə
半広   ɛ•œ ――――― ɜ•ɞ ――――― ʌ•ɔ
                   ɐ
広     a•ɶ ―――――――――――― ɑ•ɒ
```

縦の線の右が円唇、左が非円唇
記号が2つ並んでいるものは、右が円唇、左が非円唇

他の記号

ʍ	無声両唇軟口蓋摩擦音	ɕ ʑ	歯茎硬口蓋摩擦音
w	有声両唇軟口蓋接近音	ɺ	歯茎側面はじき音
ɥ	有声両唇硬口蓋接近音		
ʜ	無声喉頭蓋摩擦音	ʃ と x の同時調音	
ʢ	有声喉頭蓋摩擦音	二重調音と破擦音は、必要があれば2つの記号を結合記号でつないで表すことができる
ʡ	喉頭蓋破裂音	k͡p t͡s	

補助記号　下に伸びた記号にはその上に付けてもよい　例: ŋ̊

̥	無声の	n̥ d̥	̤	息もれ声の	b̤ a̤	歯音の t̪ d̪
̬	有声の	s̬ t̬	̰	きしみ声の	b̰ a̰	舌尖で調音する t̺ d̺
ʰ	帯気音化した	tʰ dʰ	̼	舌唇	t̼ d̼	舌端で調音する t̻ d̻
̹	より丸めの強い	ɔ̹	ʷ	唇音化した	tʷ dʷ	鼻音化した ẽ
̜	より丸めの弱い	ɔ̜	ʲ	硬口蓋化した	tʲ dʲ	鼻腔開放の dⁿ
̟	前寄りの	u̟	ˠ	軟口蓋化した	tˠ dˠ	側面開放の dˡ
̠	後ろ寄りの	e̠	ˤ	咽頭化した	tˤ dˤ	開放のない d̚
̈	中舌寄りの	ë	̃	軟口蓋化あるいは咽頭化した ɫ		
̽	中央寄りの	ĕ	̝	狭い	e̝ (ɹ̝ =有声歯茎摩擦音)	
̩	音節主音の	n̩	̞	広い	e̞ (β̞ =有声両唇接近音)	
̯	音節副音の	e̯	̘	舌根が前に出された	e̘	
˞	r音色の	ɚ a˞	̙	舌根が後ろに引かれた	e̙	

超分節音

ˈ	第1ストレス	
ˌ	第2ストレス	ˌfoʊnəˈtɪʃən
ː	長い	eː
ˑ	半長の	eˑ
̆	特に短い	ĕ
|	小（フット）グループ	
‖	大（イントネーション）グループ	
.	音節境界	ɹi.ækt
‿	結合した（切れ目のない）	

声調とアクセント

平ら				曲線		
e̋ または ˥	超高平ら		ě または ˩˥	上がり		
é ˦	高平ら		ê ˥˩	下がり		
ē ˧	中平ら		e᷄ ˧˥	高上がり		
è ˨	低平ら		e᷅ ˩˧	低上がり		
ȅ ˩	超低平ら		e᷈ ˧˥˧	上がり下がり		
↓ ダウンステップ			↗	全体的上昇		
↑ アップステップ			↘	全体的下降		

II 構音（発音）のしくみ

III

音声・構音の発達

A 子どもの音の発達

　人は成長するに従って、顔面の上部より下顎が下方に成長し顔も縦長になります。それとともに**喉頭が下がる**ことで口腔が広く深くなり、舌を前後・上下・左右と自由に動かすことができるようになります。このような口腔・咽頭の変化は人類に特有なもので、他の動物、チンパンジーやボノボのような類人猿であっても見られません。類人猿は成長しても、喉頭が下がらないため、人のようにいろいろな音を作り出すことが不可能です（図Ⅲ-1）。

　他者とコミュニケーションをする場合、文字やサインに比べ音声の使用は短時間でたくさんの情報を伝達できるため、最も優れた手段と言われています。世界で文字言語が無い民族はいますが、**音声言語**をもたない民族はいません。

　反射的にだされる単純な音声が母語に含まれる意味のある音になり、周りの人とコミュニケーションができるようになるためには、発声発語器官・聴覚・身体の運動感覚、認知、情緒など他のさまざまな発達や豊かな言語環境が必要です。また、乳児期に多く出される音は、その後の有意味語の中においても優位に使われると言われています。それ故、有意味語のない**前言語期**から音の発達を理解することは、発声発語に何らかの理由で困難を示す子どもたちの支援をするときの助けとなります。

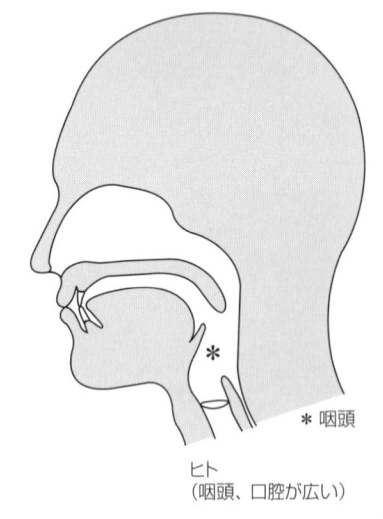

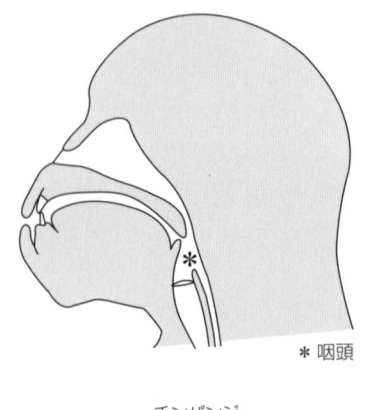

ヒト
（咽頭、口腔が広い）

チンパンジー
（咽頭、口腔が狭い）

＊咽頭

図Ⅲ-1　声道の比較

出生直後の子どもたちが最初のことばを話すまでの前言語期は、出される音声の特徴、音の種類や使用法によりいくつかの時期に分けられます。各時期の内容は、その時期になると前の時期の音声特徴が消失するのではなく、前の時期の内容と重なり合って次に進んでいきます。

　また、音が正しく出せる時期や使用頻度は音の種類によって違います。年齢の小さい子どもでも簡単に構音ができる易しい音や成長しないと構音ができない難しい音があります。音をことばの中で正確に使用できるようになるまでには、生まれてから5～6年かかります。それに加えて、音を獲得する初期は、子どもによって使う音に選好（好み）があり、限られた音で語を表現する子どももいます（例：車をbibi、テレビもbibi）。子どもがどのような音を獲得しているか、反対にどのような音をまだ獲得していないかを調べることで、その子どもの**構音発達（音の獲得状況）**が分かります。

B 前言語期の音の発達――産声から最初のことばまで

　子どもは、食物を見て「マンマ」と言えるようになるまでにさまざまな音を発声します。発声行動は声の出し方や音の種類によっていくつかの段階に分けられますが、その段階は口腔器官の発達だけではなく、身体、精神、情緒の発達と対応しています（図Ⅲ-2）。

1　反射的発声

　新生児は生まれて始めて空気を吸って吐きます。1回目の空気を吐き出すときに反射的にでる声が日本語では「オギャー」と表現される産声で、叫喚声とも言います。1ヵ月くらいまでは、発声時に舌はほとんど動きません。不快なときに大きな声で泣きますが、泣き声は単調で、鼻腔と口腔が開いているため鼻声が混じった曖昧な声です。その後、泣き声にもいろいろな変化がみられようになります。

2　クーイング

　2～3ヵ月になると、泣かずに声が出せるようになります。また、クークー、グーグーというような、喉の奥の音（喉音）を出します。また、舌が口腔の中で動くようになり、後舌や中舌の母音に似た音も出てきますが、舌が動くと不随的に声が出るなど舌の動きと声は独立していません。**CV（子音：consonant と母音：vowel）からなる音節**はまだ出せません。

3　喃語の始まり

　4～6ヵ月、首が座るようになり、喉頭が下がってくると、口腔のスペースが広がり、舌が動きやすく声も出しやすくなります。また、反射的な哺乳から顎や口唇・舌を随意的に動かして哺乳できるようになります。鼻腔と口腔の閉鎖ができるようになり、共鳴も明瞭になります。舌が動いても声が出なくなるなど舌の動きと声は独立し、発声をコントロールできるようになります。

　母親の顔をじっとみて、あやされると声をだして笑います。発声持続が長くなり、アーウーアーなどと一人で声を出して遊びます（vocal play）。まだ母音が多いですが、時々、ププーと口唇を震わせたり、バブーなど口唇音がみられ、CV［bu:］、VC［ab］

①反射的発声　　　　　　②クーイング

オギャー

クークー、グーグー

③喃語の始まり　　　　　　④反復喃語

アーウーアーウー

ババババ、ババババ、ダダダ

⑤初めてのことば

マンマンマ、マンマ

図Ⅲ-2　産声から最初のことばへ

音声・構音の発達

音節が出始めます。高低や強弱のある様々な音が出せるようになります。**喃語**の始まりです。

　6ヵ月近く、寝返りや手を出してものをつかめるようになると、おもちゃや人に向かって声を出して注意を引くようになります。コミュニケーションの手段として音声を使う始まりです。

4　反復喃語

　6～8ヵ月になりお座りができるようになると一人で座っておもちゃで遊んだり、絵本を見たりします。人を見て笑いかけたり話しかけたりもします。また、唇を使って食べ物を取り込み、舌を上顎に押し付け食べ物をつぶし、もぐもぐと咀嚼できるようになるので離乳食が開始できます。

　音声はパパパ、ママママ、ババババ、ダダダなど音節（CV）の繰り返しが多くなり、反復喃語の時期に入ります。音は[p, b, m]など口唇音が最も多いですが、[t, d]など歯茎音の反復も見られるようになります。

5　喃語から最初のことば

　10ヵ月近くになると、つかまり立ちや伝い歩きができるようになります。手をたたくなど大人の動作の模倣も盛んですが、音声も積極的に模倣します。

　発声については、**抑揚やリズム**がでてきます。また舌先の挙上ができるようになり、反復される音節の中の子音や母音の種類は複雑さと多様性を増します。この時期の喃語には摩擦音が少なく、口唇音、破裂音、鼻音が多いという特徴は個々の言語にかかわらず共通しています。しかし、徐々に母語の影響で、発声する音の多様性は制約を受けて限定され、その国の言語に固有の特徴がでてきます。高さやリズムも同様で、子どもの音声は成人が使う音声に似てきます。時には成人の発話と同じような抑揚で、あたかも会話をしているように長くしゃべりますが意味は全く不明です。このような発話はジャーゴンとも言われます。

　産出できる音の中で、意味と結びつき、一貫して自発的に出せる音声が初めてのことばとなります。初語はママ、パパ、マンマンなど[p, b, m]の口唇音でCVCV（2音節）形が産生され、その中でも[m]の使用が初語として最も多く見られます。

C 幼児期の構音発達

1　喃語の中から語の拡大（50語まで）

　子どもは最初のことばが話せるようになると語彙が拡大していきます。語の音節構造はほとんどが CVCV の2音節です。語彙が30語くらい（1歳）の時期は、全体の発声の中で語よりもまだ喃語のほうが多く産生されます。出される音は破裂音（閉鎖音）が最も多いことは変わらないのですが、音の種類に変化が見られるようになります。同じ破裂音でも、[p,b]などの口唇音は減少し、代わりに[t,d]などの歯茎音が多くなります。また、奥舌の破裂音[k]や破擦音[tʃ]の産生もみられるようになります(市島, 2003)。

2　2語連鎖の出現（喃語の消失）

　単語が50語以上になると2語連鎖（パパ　バイバイ、ワンワン　キタ）が始まります。語の音節構造は今までと同様2音節が多いですが、3音節語も見られるようになります。喃語は2割くらいに減少し、有意味語が発声全体のほとんどを占めます。

　子ども10人の会話における構音を1歳から4歳まで縦断的に調査した報告(中西, 1982)があります。10人の子どもたちは、ほとんどの音を1歳代から2歳代に獲得しますが、2歳前半に全員獲得する音（母音、鼻音）と4歳になっても全員は獲得しない音[r,ʃ,s,ts,dz]があります。また、獲得時期に個人差の大きい音があります（**表Ⅲ-1**）。また、2歳前後の子どもに構音検査を行なった報告では、7人の内5人は検査語に含まれる口唇音[p,b,m]と歯茎音[t,d]の破裂音を80%以上産生していました。反対に2歳で摩擦音[s]を初発したのは2人のみで、5人は全く産生していませんでした(山本ら, 2010)。

　2歳前後の子どもが獲得していない音をどのように構音しているかについては以下のような特徴があります。

　置換（目標音が他の音に置き換わる。ネコがネト：neko → neto）、**省略**（子音が削除される。ハッパがアッパ：happa → appa）、**歪み**（目標音が明瞭でなく歪む）の3つの誤り方の内、置換が最も多く、ついで省略、歪みでした。

　置換では、舌先・舌端のサ行音、シャ行音（摩擦音）がタ行音（破裂音）やチャ行音（破擦音）に置換される例（サカナがタカナ、チャカナ：sakana → takana, tʃakana）が多く

C 幼児期の構音発達

表Ⅲ-1 構音発達（完成年齢）（10人の子どもの1歳から4歳までの縦断的研究）

（中西ら，1982を改変）

1歳〜3歳		〜4歳		4歳以降	
m	1歳10ヵ月〜2歳9ヵ月（2歳2ヵ月）	j	1歳4ヵ月〜4歳0ヵ月（2歳5ヵ月）	dʒ	1歳11ヵ月〜
b	1歳3ヵ月〜2歳9ヵ月（2歳3ヵ月）	w	1歳6ヵ月〜4歳0ヵ月（2歳7ヵ月）	r	2歳0ヵ月〜
母音	1歳10ヵ月〜2歳3ヵ月（2歳1ヵ月）	h	2歳6ヵ月〜4歳0ヵ月（3歳1ヵ月）	ʃ	2歳9ヵ月〜
n	1歳10ヵ月〜2歳3ヵ月（2歳0ヵ月）			s	3歳0ヵ月〜
p	1歳8ヵ月〜2歳6ヵ月（2歳1ヵ月）			ts	3歳0ヵ月〜
t	1歳10ヵ月〜2歳9ヵ月（2歳3ヵ月）			dz	3歳0ヵ月〜
k	1歳10ヵ月〜2歳6ヵ月（2歳2ヵ月）				
g	1歳7ヵ月〜2歳9ヵ月（2歳3ヵ月）				
d	1歳11ヵ月〜3歳0ヵ月（2歳5ヵ月）				
tʃ	1歳8ヵ月〜2歳9ヵ月（2歳5ヵ月）				

完成年齢：一番早い子ども〜遅い子ども（ ）：平均年齢

みられます。また、構音位置が奥舌と軟口蓋で作られるカ行音、ガ行音を出すことは難しく、タ行音、ダ行音に置換（kame → tame, gamu → damu）します。

省略はハ行音、ラ行音に多く見られます（ハッパがアッパ：happa → appa、トラがトア：tora → toa）。子音の省略だけではなく、音節全体が省略（ハサミがハミ：hasami → hami）される誤りもあります。

その他、有声音と無声音の誤り（ブドウがプトウ：budo: → puto:）、鼻音と非鼻音の誤り（マメがバベ：mame → babe）があります。また、単語の中で、目標音が前後の音によって影響を受けたり（同化　ハッパがパッパ：happa → pappa）、音の順序が入れ替わる（音位転換　テレビがテビレ：terebi → tebire）誤りも2歳代にはよくみられます（Ⅵ章参照）。

3　構音の完成期

3歳代になると、同年齢の子どもと会話ができるようになります。助詞の使用も増え、「明日」という時制や「ご飯食べてから、遊ぶ」などの複文も出てきます。

構音に関しては、この時期になると構音操作の難しい音を除けばほとんどの音が産生できるので、「構音のほぼ完成期」と言われています。しかし、4歳までの音の初発年齢、完成年齢や習得する音の順番は個人差が大きく、子どもによってさまざまです。

いずれの報告でも、早期獲得音は4歳代までに出現総数の90％以上正しく産生されます。一方、後期獲得音は5歳から6歳後半にならないと90％以上正しく構音されま

せん（中西ら，1972）。

①早期に獲得する音群：母音、鼻音（m, n）、破裂音（p, b, t, d, k, g）
②後期に獲得する音群：摩擦音（ʃ, s）、破擦音（ts, dz）、弾音（r）

この時期の音の誤り方は、後期の音が早期の音に置き換わる、いわゆる**発達途上に見られる音の誤り**、俗に「赤ちゃんことば」と言われる誤りがほとんどです。反対に早期音が後期音に置き換わる例（タイコがサイコ：taiko → saiko）はほとんどみられません。

[s, ʃ, ts, dz]のように摩擦性がある音は、舌先を挙げますが口蓋の歯茎に完全に接触（閉鎖）しないで隙間を作り、そこから呼気を持続して出します。これは年少児にとっては難しい構音操作で、舌先を挙上したら閉鎖をするほうが易しいので、[t, d]になります。また、同じ破裂音でも舌先を挙げる構音は易しいですが、奥舌を挙げる構音は難しいです。その結果、子どもは[k, g]を[t, d]に置き換えます。

子どもは成長とともに、母語を構成する音節、音素や音の配列に対する認知（音韻認識）が発達するため、2歳代でみられた音節全体が省略される誤りや同化、音位転換などの誤りは減少します。

一方、口蓋化構音や側音化構音など発達途上にみられない「**特異な構音操作による音**

悪い例　　　　　　　　　　　　　　良い例

（悪い例の母親）ちゃかなじゃないでしょ、さかなでしょ。さかなって、言ってみて。さ・か・な。さ・し・す・せ・そ。

（良い例の母親）そう、さかなね。さかな。あかいおさかな、きれいねー。

（子ども）あっ、ちゃかなだ、ちゃかなだ。あかいちゃかなだー

（子ども）あっ、ちゃかなだ、ちゃかなだ、あかいちゃかなだー

図Ⅲ-3　構音が未熟な子どもへの話し方

C　幼児期の構音発達

の誤り（Ⅳ章・Ⅴ章参照）」は、早期の音が完成する4歳ごろから出現します。これらの誤り音は歪み音の代表的なもので自然改善が少ない構音障害です。そのため、構音指導をしないと成人まで持ち越すこともめずらしくありません。

　今まで述べたように、子どもの音の獲得状況は、年齢や個々の子どもの個性によって異なるため、標準的な構音発達の過程を十分理解した上で、子どもの発音を心配している家族を支援することが重要です（**図Ⅲ-3**）。

文　献

市島民子（2003）日本語における初期言語の音韻発達．コミュニケーション障害学，20(2)，91-97．

中西靖子（1982）構音発達．内須川洸・長沢泰子編　講座言語障害治療教育4　構音障害．福村出版，37-64．

中西靖子・大和田健次郎・藤田紀子（1972）構音検査とその結果に関する報告．東京学芸大学特殊教育研究施設報告1，1-41．

山本明日香・加藤正子・浅野和海他（2010）2歳児の構音発達と誤りの分析．コミュニケーション障害学，27(3)，161-167．

IV

機能性構音障害児の評価と指導

A 機能性構音障害とは

1 構音障害とは

「発音がはっきりしない」「サ行音が言えない」などの発音に関する問題は、「ことばの音の障害」として取り上げられます。ことばの音の障害は、「構音障害」と言います。ことばの音の産生が、多少とも習慣性をもって誤っている状態です。

2 構音障害の分類

(1) 原因による分類

構音障害が生じるメカニズムはすべてが明らかなっているわけではありませんが、構音障害の原因と考えられている要因によって一般的に次の3つに分類されています。

①**器質性構音障害**：構音器官の形態・機能の異常による構音障害
　　（詳細は、Ⅴ章を参照）
②**運動障害性構音障害**：中枢から末梢にいたる筋肉や神経の異常による構音障害
　　（詳細は、Ⅵ章を参照）
③**機能性構音障害**：明らかな原因が特定できない構音障害

(2) 発現時期による分類

構音障害の発症時期により、構音習得の途上で生じた構音障害と構音習得後に生じた構音障害に分けられます。

3 機能性構音障害とは

子どもの構音障害の多くは、機能性構音障害であり、言語発達の途上に生ずる構音障害です。明らかな原因は特定できませんが、構音発達過程で構音習得を妨げる何らかの要因が関連したのではないかと考えられています。その要因として構音器官の随意運動能力、語音弁別能力、聴覚的記銘力、言語環境などが指摘されていますが、いくつかの要因が重なり合って構音障害が生じたとも考えられています

4　機能性構音障害の判定

(1)　判定までの流れ

以下の手続きを経て機能性構音障害の判定を行ないます。

情報収集（生育歴、既往歴、家族歴、言語発達経過、言語環境など）→評価（構音検査、関連要因の検査）→判定（機能性構音障害の判定）

(2)　判定のポイント

構音の誤りを言語発達の問題の一部として考えずに構音の問題としてとらえ、構音障害の原因として考えられる明らかな原因が特定できない場合、機能性構音障害と判定します。

B 機能性構音障害児の評価

1 構音の誤り

(1) 聴覚的な評価によって置換・省略・歪みに分類

1) 置換：音節の子音部分が他の子音に聴取される誤りで、聴取された音は日本語の語音として正しい音

　例：koppu → toppu（コップのkがトップのtに置き換わって聴取される）

2) 省略：音節の中の子音が省略されて母音に聞こえる誤り

　例：happa → appa（ハッパがアッパと聴取される場合はhの省略）

3) 歪み：省略、置換に分類されない誤りで、目標音に近い歪み音から日本語の語音に含まれない音までさまざまな症状の誤り

　例：hasami → sが∫に近い歪み

(2) 発達途上にみられる誤り

健常児の構音発達の途上でみられる構音の誤りです。構音習得の遅い音（s,ts,dz,r）をすでに習得している音に置き換えたり、音節の子音を省略したりする誤りです（**表Ⅳ-1**）。

これらの誤りは、知的能力などに問題がない多くの子どもでは言語発達に伴って6〜7歳ごろまでに正しい音が習得されて自然に改善していきます。

表Ⅳ-1　発達途上の構音の誤り

音	誤り方
s	t, t∫, ∫ への置換
ts	t, t∫ への置換
dz	d, dʒ への置換
∫	t∫ への置換
r	d, j, w への置換、省略
k	t, t∫ への置換
g	d, dʒ への置換
h, ç, ɸ	省略

(3) 発達途上にみられない誤り

正常な構音発達の途上にはみられない誤りには、**特異な構音操作の誤り**（いわゆる異常構音）とその他の誤りがあります。特異な構音操作の誤りの多くは歪み音ですが、特徴的な構音操作の動態が解明されています。機能性構音障害でもみられる特異な構音操作の誤りは、**声門破裂音、鼻咽腔構音、口蓋化構音、側音化構音**です（詳細は、V章を参照）。その中でも特に側音化構音は、学齢児の機能性構音障害の中で多くみられる誤りのタイプです。その他の誤りとしては、母音の誤り、歯茎音の軟口蓋音化（例：s, ts, dz, t, d, n → k, g）などがあります。

(4) 語の音・音節の配列の誤り

子どもの言語習得過程では、単語を構成している音・音節の配列の誤りや隣接する音に影響された誤りがみられることがあります。これらは構音の誤りではなく、構音発達の未熟さと考えられていて、多くは言語発達に伴い自然改善していきます。

①音節脱落：単語内の音節が脱落し、語全体が縮小される（例：terebi → tebi）
②音位転換：2つの音・音節の位置が入れ替わる（例：terebi → tebire）
③同音反復：音節あるいは音節の一部が繰り返される（例：terebi → bibi）
④同化：目標音が隣接する音に影響されて、類似音や同一音になる（例：koppu → poppu）
⑤付加：余分な音、音節が挿入される（例：deNwa → deNwaN）

2 構音の評価

(1) 構音検査

1) 目 的

構音の状態を系統的に評価し、構音障害の有無、構音障害の内容、構音指導の適応の有無を判定し、指導の具体的な指針を得ることです。

2) 構成と手続き

小児の構音障害の評価に用いられている構音検査に「新版構音検査」があります（**図IV-1、2、3、4、5参照**）。この検査は構音障害の評価・診断、構音指導の適応を判断し、構音指導の内容について具体的方針を得ることを目的に作成され、会話の観察、単語検査、音節検査、音検査、文章検査、構音類似運動検査から構成されています。スピーチサンプルは、自発、復唱により得ることができますが、主たる検査である単語検査では、絵カードの呼称で引き出します。子どもの場合、復唱よりも自発である絵単語の呼称は

B　機能性構音障害児の評価

氏　名：　Gさん
実　施：　　年　月　日
生年月日：　　年　月　日
年　齢：　6歳3月
検査者：

1．会話の観察
① 構音の特徴　置換 t/k, t/s
② 声・プロソディ　問題なし
③ 会話明瞭度（1　②　3　4　5）
④ その他　応答 o.k

2．単語検査

1 panda	2 poketto t	3 basu ts	4 budo:	5 mame	6 megane d	7 mikaN t	8 taiko t
9 toke: t	10 terebi	11 deNwa	12 naiteru	13 neko t	14 niNdʒiN	15 kani t	16 koppu t
17 ke:ki t,tʃ	18 kutʃi t	19 kirin tʃ	20 gakko d,t	21 gohan d	22 gju:nju: dʒ	23 sakana t t	24 sora t
25 semi t	26 suika ts t	27 tsukue t	28 dzo d	29 dzuboN	30 ʃiNbuN	31 tʃo:tʃo	32 tʃi:sai
33 dʒaNkeN t	34 dʒu:su ts	35 dʒitenʃa ts	36 ɸu:seN t	37 çiko:ki t,tʃ	38 happa	39 hasami	40 rappa
41 robotto	42 re:dzo:ko d,t	43 riNgo d	44 jakju: ts	45 jukidaruma ts	46 aʃi t	47 açiru	48 eNpitsu
49 usagi t,dʒ	50 inu						

特記事項：　器質性要因　運動性要因　聴覚性要因　発達障害　知的障害

構音臨床研究会編（2010）新版構音検査．千葉テストセンター．

図Ⅳ-1　系統的構音指導を行なったGさんの構音検査（単語検査）

6．構音類似運動検査　　　氏名：Gさん　（6:3）　実施：　年　月　日

構音点確立運動	音		課題と実施方法	評価項目の結果	課題の判定結果 1回目	2回目
口唇	ɸ	1	検者の手のひらを吹く	口唇の狭め（できる・できない）、呼気流出（できる・できない）		
	p・b	2	口唇を閉鎖して、呼気をため破裂させる	口唇閉鎖（できる・できない）、呼気ため（できる・できない）、両唇で破裂（できる・できない）		
		2-1	2ができない場合、頬をふくらませる、ふくらませた頬を自分で押して破裂させる	頬をふくらまし（できる・できない）、両唇で破裂（できる・できない）		
	m	3	口唇をとじて、そのまま声を出す（ハミング）	口唇閉鎖（できる・できない）、鼻音（できる・できない）		
舌	s・ʃ	4	上下顎前歯の間から舌を平らに出し、舌と上顎前歯の狭めを作り、呼気を正中から出す	舌挺出・舌平ら（できる・できない）、舌と上顎前歯の狭め（できる・できない）、正中からの呼気流出（できる・できない）	−	
		4-1	4ができない場合、上下顎前歯の間から舌を平らに出し狭めをつくる	舌挺出・舌平ら（できる・できない）、舌と上顎前歯の狭め（できる・できない）		
		4-2	4-1ができない場合、上下顎前歯の間から舌を平らにだし、維持する	舌挺出・舌平ら・維持（できる・できない）	＋	
	t・d	5	上下顎前歯の間から舌を平らに出し、閉鎖を作り破裂させる	舌挺出・舌平ら（できる・できない）、舌と歯（茎）の破裂（できる・できない）		
		5-1	5の破裂ができない場合、上下顎前歯の間から舌を平らに出して閉鎖をつくり、下顎を連続開閉させる	舌挺出・舌平ら・維持（できる・できない）、開閉2回以上（できる・できない）		
		5-2	5-1ができない場合、上下顎前歯の間から舌を平らに出し、維持する	舌挺出・舌平ら・維持（できる・できない）		
	n	6	上下顎前歯の間から舌を平らに出し、閉鎖した状態で声を出す	舌挺出・舌平ら（できる・できない）、鼻音（できる・できない）		
	r	7	開口したまま舌先を挙上させ、舌先を上顎前歯の裏につける	開口（できる・できない）、舌先の挙上（できる・できない）		
	k・g	8	開口したままで[ンー]をいう	開口維持（できる・できない）、奥舌の挙上（できる・できない）	−	
喉頭	h	9	開口して「ハーッ」と強く息をはく	「ハーッ」と強く息をはく（できる・できない）		

構音臨床研究会編（2010）新版構音検査．千葉テストセンター．

図Ⅳ-2　Gさんの構音検査（構音類似運動検査）

単語検査まとめ２　　　氏名: Gさん（6：3）　実施:　年　月　日

調音方法 ＼ 調音位置		両唇音	歯茎音	後部歯茎音	硬口蓋音	軟口蓋音	声門音
破裂音	無声	ⓟ	ⓣ			× k　t, tʃ	
	有声	ⓑ	ⓓ			× g　d dʒ	
摩擦音	無声	(ɸ)	× s　t, ts	× ʃ　tʃ	(ç)		ⓗ
破擦音	無声		(ts)	(tʃ)			
	有声		⊗ dz　d	(dʒ)			
弾き音	有声		ⓡ				
鼻音	有声	ⓜ	ⓝ				
接近音	有声	ⓦ			ⓙ	(w)	

正:○　±:⊗　誤:×

ⓐ
ⓘ
ⓤ
ⓔ
ⓞ

列障害: (なし)・あり（側音化構音・鼻咽腔構音・その他）

【千葉テストセンター】 ʃ シート6

構音臨床研究会編（2010）新版構音検査．千葉テストセンター．

図Ⅳ-３　Gさんの構音検査（単語検査まとめ２）

構音検査の結果　　　氏名: Gさん（6：3）　実施日:　年　月　日

１．単語検査

１）母音：母音の誤り　(なし)・あり

（１）誤り音の種類（いつも誤るときは×、正しい音があるときは⊗を記入する）

（２）誤り方（誤り方が一貫していないときは手引きを参照して記入する）
例　e → a に近い歪み、i, u → 鼻咽腔構音

２）子音：子音の誤り　なし・(あり)

（１）誤り音の種類（いつも誤るときは×、正しい音があるときは⊗を記入する）
× : k, g, s, ʃ
⊗ : dz

＊⊗の場合、後続母音および語内位置の条件は誤り方の欄に記入する（記入例参照）

（２）誤り方（誤り方に一貫性がないときは後続母音、語内位置などの条件を付記する
正誤に一貫性のない音についても同じ手順でここに記入する）

	目標音	条件	誤り方
例	k	−a, o, u	→ t
		−e, i, j	→ 側音化構音
	g	−a, o, u	→ d
		−e, i, j	→ 側音化構音

目標音	条件	誤り方
k	−a, o, e, u	→ t
	−i, j	→ tʃ
g	−a, o, e, u	→ d
	−i, j	→ dʒ
s	−a, o, e	→ t
	−u	→ ts
dz	−a, o, e	→ d
	−u	→ o, k
ʃ		→ tʃ

（続き）目標音　条件　誤り方　　目標音　条件　誤り方

２．音節検査・音検査・文章検査のまとめ

実施した検査は（　）の中に√をつける

音節検査・音検査・文章検査の結果と単語検査結果を比較し、音の正誤・誤り方など違いがあれば記入する

音節検査（√）　音検査（√）

文章検査（√）

３．構音類似運動検査結果

実施した主課題番号と最終結果を（＋・−）で記入する

例　4　（＋）
　　5　（−）

4（−）
8（−）

【千葉テストセンター】 ʃ シート7

構音臨床研究会編（2010）新版構音検査．千葉テストセンター．

図Ⅳ-４　Gさんの構音検査（結果のまとめ）

B　機能性構音障害児の評価

図IV-5　Gさんの構音検査（総まとめ）

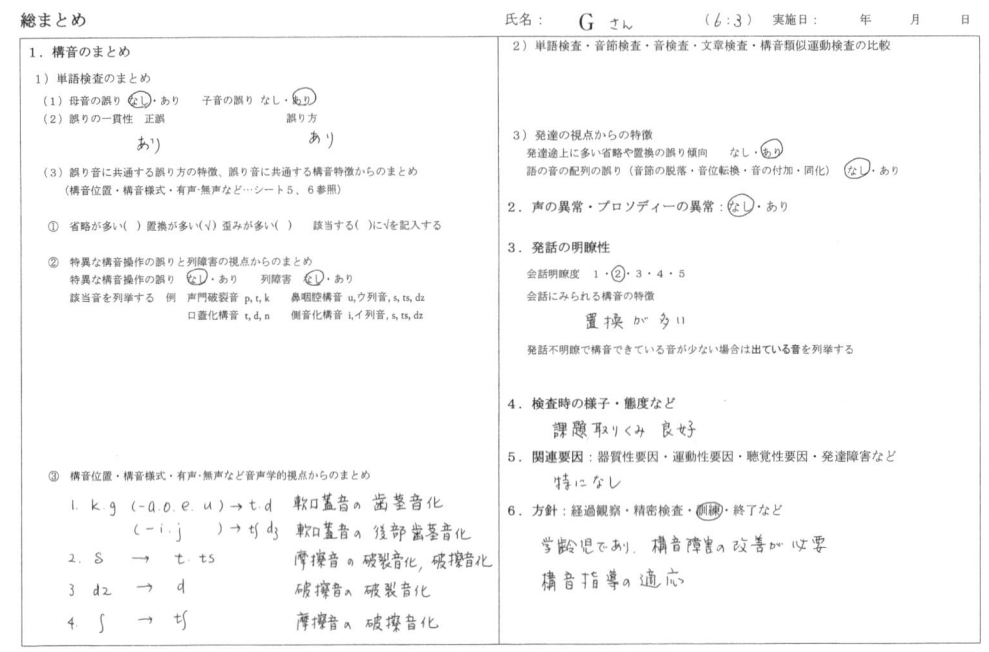

構音臨床研究会編（2010）新版構音検査．千葉テストセンター．

課題への動機づけが得られやすく、日常の構音の状態を反映しているといえます。音、音節、文章課題は復唱で行ないます。

　構音検査時の発話を録音・録画しておくと構音の変化がよく分かります。また他者へ説明する場合や評価の結果を再検討する場合などにも役立ちます。

3）評価方法

　構音検査は主に聴覚判定により行なわれますが、視覚や触覚を併用することでより正確な評価と判定ができます。したがって、構音検査を行なうときは、"よく聴く、よく見る"ことが重要です。そのためには、検査者の聞き取る能力を高めること、また構音操作の観察の視点（表IV-2）をよく理解する必要があります。特異な構音操作の誤りの観察視点はV章を参照してください。

4）結果の分析とまとめ

　構音検査の結果は、母音と子音のそれぞれについて誤りの有無、誤り音の種類、誤り方、誤りの一貫性（いつも誤る）と誤り方の一貫性（いつも同じ誤り方をする）のあり、なしの視点から分析します。目標音が語内位置（語頭・語中・語末）や後続母音の音声環境の違いにより誤り方や誤りの一貫性が異なる場合は、その条件ごとに誤りをま

表Ⅳ-2　観察の視点

音	構音操作の視点
p, b, m	口唇が閉鎖しているか 呼気の流出はあるか
t, d, n	舌が平らになっているか 舌先を使用しているか
s, ts, dz	舌が平らになっているか 舌先を使用しているか 呼気が正中から出ているか
k, g	奥舌が挙上しているか
r	舌先の挙上・反転があるか 舌先の弾きがあるか

とめます。

例　・語頭のrがdに置換、語中や語末のrが省略の場合

　　　　r（語頭）→ d、（語中・語末）→ 省略

　　・kが後続母音a, o, eではtに置換、後続母音i, uではtʃに置換する場合

　　　　k（-a, o, e）→ t、（-i, u）→ tʃ

音節、単語、文章の検査によって正誤や誤り方に違いがあるか、誤り音に被刺激性（聴覚刺激あるいは視覚刺激を強調して与えることで誤りが修正される）があるかを明らかにします。

個々の音の誤りに注目するのではなく、誤り音と誤り方に共通してみられる特徴から誤り音、誤り方をまとめることもできます（図Ⅳ-4、5参照）。誤り方の分析には、構音位置、構音様式および有声・無声の音声学的特徴に基づいた方法があります。

(2)　構音や発話に関係するその他の項目

以下の項目について評価し、総合的に指導方針を決定します。

①声：高さ、大きさ、共鳴（開鼻声[Ⅴ章参照]・閉鼻声[Ⅴ章参照]）、嗄声（がらがら声、かすれた声など）など

②プロソディ：速さ、抑揚、流暢性

③明瞭性：会話の明瞭性について5段階（❶良くわかる、❷時々分からない語がある、❸話題を知っていればどうやら分かる、❹時々分かる語がある、❺全く分からない）で評価

④構音類似運動：目標音の構音操作に類似する構音器官の構えや動作を随意に行なう

B 機能性構音障害児の評価

ことができるかを模倣させて評価（図Ⅳ-2参照）
⑤コミュニケーション態度：検査時の様子を観察して評価

3 構音障害の原因あるいは関連要因の評価

(1) 構音器官の形態と運動能力の評価

　機能性構音障害の判定には、明らかな器質的原因がないことを確認する必要がありますので、構音器官の構造あるいは機能についての評価は重要です。まず構音器官の形態について観察し、その器官の基本的な動きや発語に関連のある動きを口頭指示や検査者の模倣によって評価します。評価のチェックポイント例を表Ⅳ-3にまとめました。協調運動として吹く、ストローで吸う、かむ、のみ込む、うがい、鼻をかむなどについても確認すると良いでしょう。また鼻咽腔閉鎖機能については、口蓋裂言語検査（言語臨床用［Ⅴ章141, 142ページ参照］）を利用して評価することができます。舌小帯短縮症、歯列・咬合の問題、鼻咽腔閉鎖機能不全（Ⅴ章参照）、構音器官の麻痺や協調運動の問題が疑われる場合は、耳鼻咽喉、神経、口腔などの精査を検討する必要があります。

　機能性構音障害では、明らかな運動障害は認められないが、運動がぎこちないあるいは巧緻性に欠けるなどの症状が認められることがあります。子どもの口腔運動能力と巧緻性は、随意運動発達検査などで評価できます。課題の正確さと同時に、課題が即時に遂行できるか、また課題の運動を維持できるかなどの観点で評価することが大切です。

表Ⅳ-3　構音器官の形態・機能評価項目例

器官	形態	機能
口唇	接触 対称性 不随意運動の有無	開閉 突出 口角を引く
歯	欠損・過剰 歯列 咬合	
舌	大きさ 対称性 舌小帯	挺出・後退 挺出後退の反復 舌先の動き（左右・挙上・下降・反転）
硬口蓋	対称性 高さ	
軟口蓋	対称性 長さ	[aː]発声時の動き

表Ⅳ-4 顔面・口腔の随意運動

	検査項目	90％通過年数 （歳：月）
a-1	唇をとがらす	3：6
a-2	両頬を膨らます	3：3
a-3	両頬を左右交互に膨らます	5：9
b-1	舌をまっすぐ前に出す	2：2
b-2	舌で舌口唇をなめる	2：11
b-3	舌を出したり入れたりを交互に繰り返す	2：8
b-4	舌を左右の口角に曲げる	3：3
b-5	舌を左右に曲げ、左右口角に交互につける	3：7
b-6	舌で上口唇をなめる	3：10
c-1	/pa, pa, pa/	2：2
c-2	/ta, ta, ta/	2：3
c-3	/ka, ka, ka/	2：8
c-4	/pa-ta-ka/	3：5
c-5	/pa-ta-ka/を繰り返す	5：0

山根律子他（1990）改訂版随意運動発達調査．音声言語医学，31，172-185．

　市販されているものでは、改訂版随意運動発達検査（田中，1989）の下位検査である顔面・口腔の随意運動検査が利用できます（**表Ⅳ-4参照**）。

> 　1年生E君は、カ行音の声門破裂音がありましたが鼻咽腔閉鎖機能の問題はなさそうとのことで構音指導を始めました。ところが音節や単語では正しい構音が可能になりましたが、会話では般化が進みませんでした。鼻咽腔閉鎖機能の再検査で先天性鼻咽腔閉鎖不全症（Ⅴ章参照）と診断されて、手術と構音指導により構音は改善されました。

　E君は、通級指導教室で指導を受けていましたが、[k]の声門破裂音の改善が進まないことで指導担当教師から相談がありました。保護者からは「幼児期に鼻咽腔閉鎖機能の検査を受け、十分な検査はできなかったが多分問題ないでしょうと説明された」と報告がありました。しかし、構音検査では、単語検査で[s]の呼気の鼻漏れによる歪み、文章検査や会話では浮動的に[k]の声門破裂音、また軽度の開鼻声が認められました。これらの結果から鼻咽腔閉鎖機能不全が疑われましたので医療機関での精査を勧めたところ、先天性鼻咽腔閉鎖不全症と診断されて手術の適応となりました。手術後、構音指導を継続して音声言語の改善が得られて、学校生活を元気に過ごしています。

B　機能性構音障害児の評価

　幼児期の1回の鼻咽腔閉鎖機能の評価では適切な評価が得られないことがあります。そのため機能性構音障害と思われていた子どもでも器質性構音障害が疑われることがあります。そのような場合は、音声言語の評価が重要です。声門破裂音だけではなく、呼気の鼻漏れによる子音の歪みや開鼻声が認められた場合は、積極的に鼻咽腔閉鎖機能の精査を受ける必要があります。機能性構音障害の判定は、器質性の問題がないことを確認することが不可欠です。構音障害の改善が進まない場合は、器質的要因について再考しましょう。

(2)　語音の聞き取りの評価

　誤り音について、正しい音（目標音）と誤り音の聞き分けができるかどうかを調べます。また、ことばを音節に分解し、そのことばを構成している音に注目して、ある特定の音を抽出したり、同定したりすることができるどうかを調べます。

　手続きについては、「4 語音の聞き取りの指導」を参照してください。

(3)　その他の関連要因の評価

1) 聴　力

　聞こえの問題は、構音習得に影響を与える可能性があります。軽度の聴覚障害は、構音障害がきっかけで発見されることがあります（事例Fさん参照）。構音の問題があれば、聴力検査で聴力に問題がないことを必ず確認しましょう。

> 　サ行音とハ行音に誤りがあったFさん（5歳7ヶ月）は、はじめは機能性構音障害と思われましたが、聴力検査の結果、15～45dBの高音漸傾型難聴が認められました。日常生活では特に聞こえは不自由していないとのことでしたので、補聴器の装用をせずに構音指導を行ないました。会話での般化には時間がかかりましたが、構音の改善が得られました。

構音検査では、以下の誤りが認められました。

　　s, dz(-a, o, e) → t, d、s, dz(-u) → tʃ, dʒ、ts → tʃ、ʃ → tʃ
　　h, ç, ɸ → 省略、その他浮動的な誤り

摩擦音が獲得されていませんでしたので聴力を心配して聴力検査を行なったところ、左右耳ともに15～45dBの高音漸傾形型の難聴が認められました（**図Ⅳ-6**）。耳鼻咽喉科にて両側感音難聴と診断されましたが、補聴器の装用は、家族の日常生活では特に不

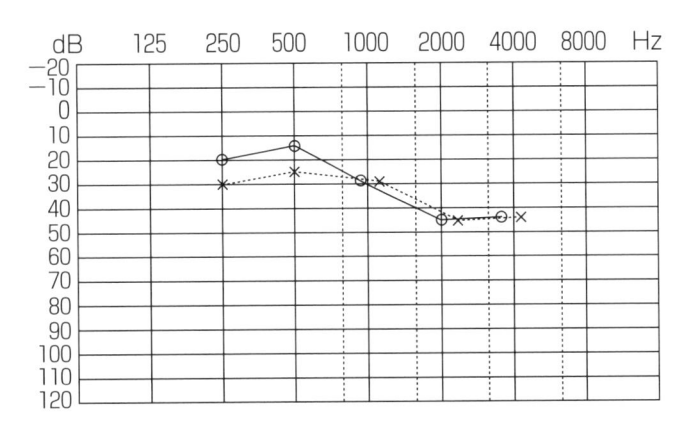

図Ⅳ-6　サ行音とハ行音に誤りがあったFさん（5歳7ヵ月）のオージオグラム

自由はしていないとの理由で見合わせることになりました。構音指導は5歳9ヵ月より開始し、聞こえの問題を配慮しながら指導を行ないました。会話での般化には時間がかかりましたが、構音障害の改善が得られて7歳3ヵ月（指導回数38回）で終了しました。構音指導前（5歳8ヵ月）の知能検査（WPPSI）はVIQ84、PIQ86、IQ82、指導後（7歳5ヵ月）の知能検査（WISC-Ⅲ）はVIQ109、PIQ106、IQ109と成長がみられました。また指導前には、落着きのなさや集中力の弱さもみられましたが、指導後は担任教師からも表情が明るくなり、また学習や活動面で積極さがみられるようになって自信がついてきたようだとの報告がありました。構音改善を目的とした個別のかかわりが、構音を含めたFさんの発達全体を支援することができたのではないでしょうか。難聴については、構音指導後も耳鼻咽喉科で定期的検査が行なわれています。

2）言語発達

構音発達は言語発達と密接な関連があります。国リハ式＜S-S＞法言語発達遅滞検査、絵画語い発達検査、ITPA言語学習能力診断検査などにより、言語発達の評価を行ないます。また必要に応じて知能検査も行ないます。発達の遅れや発達のアンバランスさが認められた場合は、それらの情報に基づいて構音指導の目標を検討したり、指導方法を工夫する必要があります。

3）二次的な障害

構音の誤りを過度に意識して話すことを避ける、構音の誤りを指摘されて幼稚園や学校で不適応を生じているなどの問題の有無を評価します。

C 機能性構音障害児の指導

　構音指導の目的は、正しい構音を習得させて、それを日常会話で使いこなせるようにすることです。子どもの構音障害の処遇としては、経過観察と構音指導があります。どちらを選択するかは子どもの年齢や構音障害の症状によって決まります。

1　経過観察

　発達途上の構音の誤りは、言語発達とともに自然改善の可能性があります。低年齢児で誤り音が構音習得の遅い音で発達途上にみられる誤り方である、誤り音や誤り方に浮動性がある、言語発達が暦年齢に比べて遅れている、情緒の未熟さなどにより構音指導への取り組みが難しいなどの状態がみられる場合は、すぐに直接的な構音指導を行なわずにまず構音発達の経過観察を行なうことがあります。経過観察では、定期的な構音評価や保護者への助言により言語環境を整えながら構音障害の改善を図ります。経過観察中に構音習得を妨げている要因が疑われれば、精密検査をして積極的に治療を勧めましょう。構音障害の改善が得られない場合は、構音指導の適応を検討します。

2　構音指導

(1) 構音指導の適応条件

　①誤り音と誤り方：構音発達の早期に習得される音の誤り、特異な構音操作の誤りなど発達途上にみられない誤り、また多数音に誤りがみられて、誤り音や誤り方が習慣化し、固定化している場合は構音指導を始めます。
　②年齢：音韻理解が進む4歳ごろから、構音指導が可能です。
　③心理社会的な問題：誤り音を意識しすぎて話すことを避けようとするなど、二次的な問題がある場合は構音指導を始めます。

(2) 構音指導の形式

　①個別指導が一般的に行なわれています。
　②頻度は、週1回、40〜50分が一般的です。
　③幼児の場合、家族の協力・理解が大切ですので指導への同席が望ましいです。学齢児で親子の分離をする場合は、指導の内容や目的を保護者に十分説明し、理解を得

ることが大切です。

3　構音指導の実際

　機能性構音障害の構音指導には、音の産生指導と語音の聴き取りの指導があります。両面からアプローチします。

(1)　音の産生指導
1)　構音指導の対象音の選択
　構音発達途上で早期に習得される音、誤りが固定している音、浮動性のある音、発話明瞭度をあげる音、使用頻度の高い音、誤りの音群の中で代表的な音、本人が気にしている音などが指導開始の対象音として選択されます。指導開始後、早く改善が得られることは課題への意欲を高めることにつながりますので、なかなか良くならないときは、指導の対象音を変更することを検討してみましょう。

2)　音の産生指導方法
　音の産生を誘導する方法として以下のものがあります。子どもに合わせて選択あるいは組み合わせて指導しましょう。

　①**聴覚刺激法**：聴覚的あるいは視覚的刺激を与えて（子どもに指導者の口元を注目させて、「音をよく聞いてまねしてください」と指示して）、目標音を模倣させる方法です。この方法は誤りが浮動している場合は有効ですが、誤りが固定している場合は効果が少ないです。この方法は単独ではあまり使用しませんが、構音指導において段階に応じた適切な聴覚刺激を与えることは効果的な指導につながります。

　②**構音位置付け法**：目標音の構音位置、構音操作を教えることにより正しい音を習得させる方法です。子どもに分かりやすいように構音器官の図や鏡を利用しながら舌の位置や構えを説明します。構音指導では、よく利用されている方法です。

　③**漸次接近法**：構音可能な音から徐々に目標音に近づけていく方法です（例：[ts]ができていたら[tsss]から[s]を導く）。

　④**鍵になる語を利用する方法**：誤っている音が、ある単語では正しい音の産生が可能である場合、この単語をキーワードとして利用する方法です（例：「はさみ」では[sa]が産生できるが、他の単語では誤る場合、「はさみ」の[ha][mi]はささやき声で、[sa]は声をだして言わせる。次に[ha][mi]は声を出さずに[sa]のみを言わせて、音節レベルで[sa]を安定させていく）。

C 機能性構音障害児の指導

(2) 系統的構音指導

系統的構音指導とは、正しい構音操作を習得させ、それを習慣化させて日常会話で使用できるように、①構音操作の段階、②音の獲得の段階、③音節（語音）の段階、④単語・句・文の段階、⑤日常会話への般化の段階、と系統的に進める指導です（**図Ⅳ-7**）。

1）構音操作の段階

（目的）目標音の基本操作を誘導し、安定させます。

（手続き）

①目標音に関連した構音操作（例：摩擦音は、吹くことから呼気の操作、舌先音は、舌を平らに出させて、呼気を正中から出す）を教えます。

②これらの操作を随意にできるように繰り返します。

（留意点）

①構音操作の指導では、子どもがリラックスした状態で、目的の構音操作を安定してできることが目標です。運動を過度に意識させすぎて緊張を高めることがありますので、子どもの全体の状態をよく観察しましょう。見本を示す指導者が緊張する、頑張りすぎると、子どもの緊張を誘導してしまいますので気をつけましょう。

②子どもの苦手意識が強く、課題を嫌がるときは強要せずに、子どもがすでに獲得している動きを取り入れた易しい課題から開始しましょう。単純な運動の繰り返しの課題

図Ⅳ-7　系統的構音指導

では、興味ある教材やご褒美を利用して子どもに意欲をもたせる配慮が必要です。

2）音の獲得の段階

（目的）構音操作を音につなげていく。

（手続き）

①構音操作が随意にできるようになったら、構音操作と同時に目標音の単音を聞かせて模倣させます（例　吹くことを[ɸ]、舌を平らに出して正中より呼気を出すことを[s]へ）。

②構音操作と音の結びつきを安定させ、徐々に目標音の産生に近づけていきます。

③目標の単音を連続（sss）させる、また[as][os][us]のように母音と結びつけて練習することで安定させます。

（留意点）

この段階では、正確な音を目標とせずに、音の聴覚刺激が加わっても指導した構音操作が崩れず、安定してできることが目標です。

3）音節（語音）の段階

（目的）単音に後続母音を付けて、日本語の語音の基本形として安定させます。

（手続き）

①単音に後続母音をつけて音節、すなわち語音の産生を指導します。

②後続母音は子音と口形が似ている母音から、すなわち[s]の場合は[u]、[k]の場合は[a]の音節から練習を始めます。後続母音は、あまり力をいれずに軽く出すことがポイントです。

（留意点）

①子どもが目標音を語音として認知することで、誤って学習していた構音操作が誘発され、新しく学習した構音操作が崩れることがありますので注意しましょう。

②文字を習得している年長児では、音節と文字を結びつけての指導で①のような問題が生じやすいので、音節が安定した後に文字を導入すると良いでしょう。

③誤った構音操作が誘発されないように前後に母音をつける（たとえば、su＋母音［例：sua］、母音＋su［例：asu］、母音＋su＋母音［例：asua］）、また他の子音をつけるなどいろいろな音環境、すなわち無意味音節で練習を繰り返し行ないましょう。

4）単語・句・文の段階

（目的）練習した音節を、単語・句・文の段階で安定させます。

（手続き）

①指導に用いる単語は、子どものなじみのある語彙から2～3音節語で産生しやすいように音環境を考慮した語を選択します。

C　機能性構音障害児の指導

②絵単語を呼称や復唱させて単語での定着を図ります。必要に応じて文字カードを用いることも有効です。

③目標音が単語で定着したら、単語を2つ続ける（○○と○○）、句、短文、さらに音読課題へと指導を進めます。

④発話速度は、はじめは目標音を意識させてゆっくり発話させることから始めて、徐々に速くしながらより自然な状態で発話できるように練習します。

⑤他の後続母音の音節に移ります。

（留意点）

①単語における目標音の語内位置は、子どもが正しく構音することが容易と思われる位置からはじめます。容易さは、語頭音節、語末音節、語中音節の順になることが多くみられますが、目標音や子どもの違いによって異なることがあります。

②音声環境すなわち語内での先行音および後続音の違いによって産生の難しさが異なります。たとえば、[t]の指導の場合、[k]の後の[t]の産生（例：poketto）は、難しいです。これらの目標音の産生の難しい語については、単語リストを作成して繰り返し練習すると良いでしょう。

③句や短文の段階で目標音の安定が進まないときは、単語に戻り再確認をして再度単語の段階の安定を図ります。

5）日常会話への般化の段階

（目的）日常会話で正しい音を安定して使えるようにします。

（手続き）

①音読の速度を会話の速度に近づける、会話形式でのやりとりを行なう、音への意識が低下するゲームや遊びの場面を設定する、なぞなぞ、かるたや買い物ごっこなど役割を交替させてやりとりをするなどいろいろな課題で目標音を使いこなす練習を重ねていくことが必要です。

②①の指導場面で子どもが練習している音を誤った場合、指導者は聞き返して修正させます。次に子どもには、発話の中で目標音の誤りに気づいたら正しい音に自己修正するように促します。子どもが誤り音を自己修正した場合は、それを褒めて強化します。

（留意点）

①日常会話への般化には、保護者の協力が不可欠です。日常の会話で子どもが練習している音を誤ったら聞き返して修正させる、また正しい音が使われていれば褒めて励ますようにこまめに反応してあげることを保護者に具体的に説明しましょう。

②構音指導の終了後、正しい構音が維持されていることを確認する必要があります。

終了3ヵ月後、6ヵ月後に構音評価を行ない、また保護者からの聞き取りにて目標音が日常生活のコミュニケーションで適切に使用されていることを確認します。

(3) 指導の留意点

1) 構音障害の要因の推測

機能性構音障害は、構音障害の症状は同じでもその背景はさまざまです。子どもの構音の誤りに関連していると思われる要因や指導結果を推測して、仮説をたてて指導を開始しましょう。指導経過においてその仮説を検証しながら指導を進めます。

2) 誤り音を自覚させる

構音指導の開始にあたっては、まず子どもに誤り音に気づかせて、構音指導の目的を説明します。年長児には、構音の誤りの状態や正しい音について具体的に説明をします。鏡や図などを利用して視覚的に分かりやすく説明しましょう。

3) 課題や指示の工夫

直接的な構音操作の指導は、子どもの構音時の緊張をむしろ高めることがあります。またできない練習を続けることは、子どもの苦手意識を作ってしまいます。子どもの努力や負担を軽くするように考慮して、達成感や満足感を子どもに与えられるように課題や指示を工夫しましょう。

4) フィードバック

指導者は、段階に応じて、子どもの反応に即時にまた適切なフィードバックを行なうことが大切です。少しでも上手にできれば、それを褒めることなどで、子どもに自信をもたせましょう。

5) 定期的な評価

系統的な構音指導では、段階ごとに確実に達成されていくことが必要です。定期的にどのレベルまで確実にできているかを評価します。

6) 指導の終了

構音指導の最終目的は、目標音が日常会話で使いこなせることですが、それが難しい場合は会話明瞭度の改善が得られたことで終了を考えたほうが良い場合もあります。

7) 改善が進まない

改善が進まない場合は、つまずいている段階の前の段階を再確認する、また指導開始レベルから再確認をすることを試みます。産生指導に重きを置きすぎていることもありますので、その場合は聞き取りの指導を十分に行なうことで定着を図ることも必要です。また、微細な器質的な問題や軽度の知的障害などの合併症の問題が影響していることも

C 機能性構音障害児の指導

ありますので、構音以外の問題について目をむけてみましょう。
8）家族の協力

　系統的な構音指導では、家庭での練習が重要です。また構音指導は長期にわたることがしばしばあります。継続的に指導できるためには、家族の協力が不可欠です。保護者が構音の問題や指導の意義を理解し、指導への参加意欲を継続できるように、十分な説明と助言が必要です。

(4) 系統的構音指導を行なった事例

> 　Gさんは小学1年生です。サ行音、カ行音がタ行音に置換される誤りがありました。国語の本読みで誤りが目立ち、作文でもカ行音がタ行音になる書き誤りがありました。系統的な構音指導により改善が得られました。

1）指導開始までの経過

　出生時は特に問題なく、言語発達は、始語1歳、2語文2歳で保護者は特に心配はしませんでしたが、発音はやや不明瞭でした。そのうちよくなると思っていましたが、変わらずに就学後心配になって近所の耳鼻科医に相談すると、構音指導を勧められました。

2）構音指導開始時の状態（6歳3ヵ月）

　構音検査で以下の構音障害が認められました（**図Ⅳ-1、2、3、4、5**参照）

　　　k, g（-a,o,e,u）→ t,d　　k, g（-i,j）→ tʃ, dʒ
　　　s, dz（-a,o,e）→ t,d　　s（-u）→ ts　　ʃ → tʃ

　絵画語い検査は、語い年齢が5歳10ヶ月（ss=9）で、言語発達に問題はみられませんでした。聴力は、聴力検査にて正常範囲の結果でした。また、構音器官の形態や機能にも問題はみられませんでした。

3）方　針

　言語発達、聴力、構音器官に特に問題はみられず、機能性構音障害と判定しました。誤りの起こり方・誤り方に一貫性がある、年齢も6歳、学齢児である、音読や書字への影響もあるため、構音指導の適応と考えました。週1回、50分の個別指導としました。

4）指導経過

　以下の手順で系統的に構音指導を行ないました。指導の対象音の順序は、構音発達の早いk,gより開始しました。

【k, g の指導】

①音：口を閉じた状態で[ンー]を言わせ、次に口を開けたままで[ンー]を言わせて[ŋ]を誘導する（口腔内を観察して、奥舌が挙上しているかを確認する）。

②音節：開口したまま[ŋ]を長めに言わせて、続けて母音のaを言わせて[ŋa]を産生する。[ŋa]が安定したら、聴覚刺激を与えて[ga]を誘導し、次に[ga]をささやき声で出させると[ka]に近い音ができる（ささやき声の[ka]で聴覚刺激を与える）。[ka]を繰り返して、安定させる。

③無意味音節：[ka]の前後に母音を結びつけて練習する。たとえば、ka＋母音（例 kaa, kai, kau, kae, kao）、母音＋ka（例：aka）、母音＋ka＋母音（例：akaa）

④単語：[ka]を含む単語を絵カードで呼称、復唱させる。語頭（カニ）、語末（スイカ）、語中（ミカン）の順で練習する。音節数も2音節語（カメ）、3音節語（カバン）、4～5音節語（カブトムシ）と増やしていく。

⑤句、文：[ka]を含む句（アカイボウシ、カメノオカアサン）、文（オカアサンガ　カバンヲ　カイマシタ）を練習する。

⑥音読：はじめに目標音の文字「か」に○印をつけさせて、[ka]を意識して音読させる。正しく構音できれば、次に「か」に○印をつけずに音読させる。

⑦日常会話への般化：ゲームや会話などさまざまな場面で[ka]を意識して正しく言わせる。誤った場合は、聞き返して修正させる、また自己修正するように促す。次に音以外のことへ注意を向けた状況でも[ka]が正しく産生できるように練習し、[ka]がいつでも正しく安定して産生できていることを評価する。

⑧[ka]が句・文で可能になった段階で、次の音節[ko]も指導する。その後[ku][ke][ki]の順で進める。

【sの指導】

①音：[ts]が可能でしたので、[tssss:]とsを長く言わせる。次にtを弱く、sを強調して模倣させる。

②音節：[s]が安定したら、[s]に母音[u]をつなげて[su]を産生する。

③無意味音節：[su]の前後に母音を結びつけて練習する。

④単語：[su]を含む単語を絵カードで呼称や復唱をさせる。語頭（スイカ）、語末（アイス）、語中（ポスト）の順で練習する。音節数も2音節語（スープ）、3音節語（スモウ）、4～5音節語（スベリダイ）と増やしていく。

⑤句、文、音読、日常会話へと進めていく。

⑥[sa][se][so]の順で進めていく。

C 機能性構音障害児の指導

【ʃの指導】
　①音：指導者の口元に注意を向けさせて、人差し指を口にあてる（静かにしなさいの身振り）とともに聴覚刺激[ʃ]を聞かせて模倣をさせる。
　②音節：[ʃ]が安定したら、後続母音[i]を結びつけて[ʃi]を産生する。
　③無意味音節、単語、句、文、会話へと進める。

5）指導のポイント
　①[k]は[ŋ]より誘導し、[ka][ko][ku][ke][ki]の順で進めました。[k]は音の誘導は容易でしたが、単語レベルでは語頭に比べて語中・語末での産生の安定に時間を要しました。また[ka][ko]に比べて[ku][ke][ki]の単語での定着にも時間がかかりました。とくに[k]と[t]を一緒に含む語（例：トケイ、タケノコ、クツシタ）では[k]と[t]の混乱もみられたので、それらの単語については集中的に指導を行ないました。
　②[g]は[k]の指導に伴って自然に正しい構音が可能になりました。
　③[s,ʃ]は[ts,tʃ]がすでに習得されていたので、漸次接近法や強い聴覚刺激を与えての聴覚刺激法で容易に音が誘導できました。習得されている音の情報を活用することで構音指導をより効果的に進めることができます。
　④文字の書き誤りなどがみられたので、それぞれの指導音について正しい音と誤り音の弁別課題、音の分解・抽出・同定課題も併行して行ないました。会話レベルで目標音の般化が進むにつれて書字の誤りも消失しました。
　⑤学校でも音読を褒められたりするなどで話すことに自信がもてるようになりました。27回の指導で終了になりました。

4　語音の聞き取りの指導

　子ども自身の誤り音と正しい音を聴覚的に区別し、その違いを認識できるように導きます。また日常のことばのやりとりでは、ことばの意味に注意を向けているのに対し、そのことばを構成している音に注意を払って聴くことを指導します。課題の種類は、語音弁別、音節の分解・抽出・同定があります。

(1) 語音弁別の指導
　目的は、子どもに産生している音が誤っていることに気づかせる、また目標の正しい音と子どもの誤り音を聴覚的に区別できるように指導することです。
　①音・音節レベル
　目標の正しい音と子どもの誤って産生している音を対にして聞かせ、正誤を弁別させ

ます。たとえば、[k]が[t]に置き換わっている場合は、[ka]と[ta]の音をそれぞれ記号、絵、文字で表し、聞こえた音に対応した絵や記号を選ばせます。文字を理解している子どもには、目標音を文字で提示して、正しい音と誤り音をランダムに聴かせて○と×で反応させることもできます。

②単語レベル

目標となる音を含んだ単語について、指導者が正しい音と子どもが産生している誤った音を聞かせて、子どもに正誤を判定させます。

③文レベル

指導者が目標音を誤った音と正しい音で文を音読して聞かせて、誤り音の有無を答えさせます。

【留意点】

①課題の理解が難しい子どもには、はじめに子どもが正しく産生している2つの音を用いて、同様の手続きで行なうと課題の理解が得られやすくなります。

②誤り音が歪み音の場合の弁別は子どもにとって難しいことが多く、そのような場合は正しい音の産生指導をまず行ない、正しい音節ができた段階で弁別課題を行なうと良いでしょう。

③弁別課題は、指導者が子どもの誤り音を忠実に産生して正しい音と弁別させますので、指導者は、特異な構音操作の誤りなどの歪み音も産生できる必要があります。特異な構音操作の誤りについては、市販されている構音障害についてのDVDなどを利用して練習するとよいでしょう。

(2) 自己音声モニタリング

自分の音声に注意を向けて聴くことを意識させてから、目標音を含む音節、単語、文を産生させ、その後自己音声の中で目標音が正しく産生できていたかどうかを判定させます。

自己音声を即時に判定することが、課題として難しい場合は、子どもの発話を録音し、それを再生して聞かせることで自己音の聞き分けを練習します。他者の誤り音と正しい音の弁別（他者音弁別）に比べて自分自身の誤り音についての弁別（自己音弁別）は難しく、正しい音が産生できるようになってから、自己音の弁別が可能になることもあります。般化が進まない場合、自己音の弁別が十分にできていないことがあります。

C　機能性構音障害児の指導

(3) 音節の分解・抽出・同定の指導

単語を音節に分ける課題を通じて、ことばの中の音に注意を向けて聴くことができるようにすることが目的です。目標音を含む単語を音節に分解させて、それらの音節の中から目標音を抽出し、同定させます。

①単語を音節の数に分解させます。**図Ⅳ-8**のように特殊拍を含まない単語を絵で示し、絵を呼称させながら○を指で順にたどらせます。音節と○が対応できていることを確認します。

音節の数だけ積み木やおはじきを置くこともできます。

②語頭音節が指導の目標音と誤り音になる語の絵をいくつか提示し（**図Ⅳ-9**）、語頭音節により分類させます（例：kがtに置換している場合は、「か」のつく語と「た」のつく語に分けさせる）。

③目標音に注目させ、その音が単語のどの位置にあるかを探させます。**図Ⅳ-10**のように提示された語の音節の数に対応する枠や積み木を示して、指導している音が語中のどの位置にあるかを指してもらいます。

④しりとりゲームにより語頭音節・語末音節の抽出・同定を指導することもできます。

図Ⅳ-8　音節分解の課題例

図Ⅳ-9　語頭音節の抽出・同定の課題例（k が t に置換した誤りの場合）

図Ⅳ-10　音節分解・抽出・同定の課題例

C 機能性構音障害児の指導

(4) 構音障害や書字の誤りの改善に時間がかかった事例

> 6歳H君は、滲出性中耳炎の治療を受けて聞こえが良くなったにもかかわらず、タ行音やサ行音がはっきりしないことを母親が心配していました。構音指導を始めましたが、改善が進みませんでした。書字の誤りも認められて聴覚認知の弱さが疑われましたのでITPA検査を実施しました。その結果、聴覚経路に弱さが認められました。文字などの視覚的な手がかりを取り入れて指導を継続した結果、構音の誤りや書字の誤りの改善が得られました。

1) 指導までの経過

出生時は特に問題はありませんでしたが、母乳・ミルクともに飲み方が弱かったそうです。ことばの発達はやや遅く、2歳過ぎにことばが増えましたが発音は不明瞭でした。中耳炎を繰り返し、5歳でアデノイド切除術、両鼓膜チューブ留置術を受け、聴力は改善しました。

2) 指導開始時の状態

構音検査の結果、以下のように歯茎音に構音障害が認められました。

　　t,d → k,g 、s (-a,e,o) → h, s (-u) → ϕ 、ts,dz → k,g

発達途上にはみられない誤り方が固定化し、会話明瞭度を低下させていました。子ども本人も指導を希望していましたので、週1回の構音指導の対象としました。

3) 指導経過

①Ⅰ期（指導1回から20回）

構音類似運動検査では、舌が緊張して過度に力をいれている様子がみられましたので、口蓋化構音の指導法に準じてまず舌の脱力から指導しました。[s][ts][dz][t][d]の順に指導を行ないましたが、会話での般化が進みませんでした。また漢字に比べてひらがなの学習に困難さがみられ、誤った構音につられる書字の誤りも続いていたため、ITPA検査を実施しました。言語学習年齢は、暦年齢よりも高く言語発達は良好でしたが、視覚-運動回路に比べて聴覚-音声回路の弱さが認められました（**図Ⅳ-11**）。

②Ⅱ期（指導21回から35回）

構音指導を舌の脱力からやり直し、段階的に指導を再度進めました。産生指導では、音の獲得は容易でしたので、語音の定着を確実にするために無意味音節や無意味単語での練習を多く取り入れました。また[k][t]および[su][tsu][ku]が組み合わさった単語（例：トケイ、カタナ）（例：クスリ、クツシタ、マスク）では、目標音の定着に時間がか

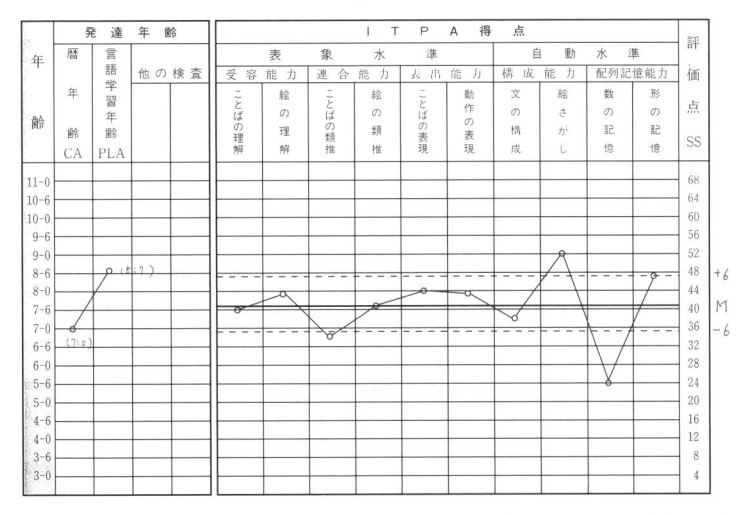

図Ⅳ-11　タ・ダ行音、サ・ザ行音の構音障害や書字の誤りの改善に時間がかかったH君のITPA検査結果

かりました。誤りやすい単語のリストを作り、集中的に練習しました。

　ITPA検査結果で聴覚経路の弱さが認められましたので、段階ごとに語音の聞き取りの指導を重点的に行ないました。語音の聞き取りの課題では、聴覚経路の弱さを考慮して視覚的な手がかりを積極的に利用しました。たとえば、聴覚弁別課題では、目標音の構音位置を図で示す、指導者の口元を注目させるなどの視覚的手がかりを用いて弁別させ、徐々に聴覚刺激のみでの弁別に移行しました。音節の分解・抽出・同定課題により、目標音への意識を促しました。さらに、文字と音声の結びつきを確実にするために、目標音を含んだ単語を聞いて書き取る、文字単語を読む課題で目標音を正しく聞き取り、また産生できるように繰り返し練習しました。その結果、音読での音の誤りが減少しました。自己音の弁別課題に加えて、誤り音と正しい音を随意に出し分けさせる課題も取り入れました。自己音の修正が可能になると会話レベルでの般化が進み、書字の誤りも改善しました。

4）指導のポイント

　H君の構音障害の改善が進まなかった理由として、次の2点が考えられました。

①舌の脱力や音の段階が不十分

　指導の初期段階が不十分な状態で段階を先に進めたために浮動的な誤りが続いていたと考えられました。音の産生指導を舌の脱力からやり直し、各段階の達成度を確認し語音としての定着を図りながら再指導を行ないました。

②構音以外の言語発達の詳細な評価が必要

C 機能性構音障害児の指導

　構音障害に加えてひらがなの書字の誤りがありましたので、聴覚認知の弱さが疑われました。言語能力全体を評価することが必要と思われ、ITPA検査を実施しました。言語学習年齢は、暦年齢よりも高く言語発達は良好でしたが、視覚―運動回路に比べて聴覚―音声回路の弱さが認められました。ITPA検査結果にみられたH君の特徴を理解して、指導方法を工夫したことにより構音障害の改善にいたったと考えられました。

5　音別の指導方法

　個々の音を誘導する方法については、さまざまな方法があります。代表的な方法を以下に示しました。構音操作や音の誘導から音節への手順を示しましたので、音節が安定したら、無意味音節、単語と進めてください。

(1)　m の指導方法
　①口唇を閉じて、そのまま声を出す。
　②音声と呼気を十分に鼻腔から出させて、続けて[a:]を言わせると[ma]になる。

(2)　p の指導方法
　①口唇をしっかり閉じさせて、頬をふくらませて口腔内に呼気を貯める。
　②ふくらませた頬を指導者あるいは子ども本人の指で押して破裂させる。
　③[ɸ]が可能ならば、軽く呼気を吹かせて[ɸ]を出させる。次に口唇を閉鎖してそのままの状態で「フー」と呼気を出させると[pɸ:]になる。
　④自分の手に吹きかける、また紙片を吹くなど、触覚的・視覚的手がかりで呼気が十分出ていることを確認させる。
　⑤破裂音[p]が可能になったら、口唇の形が類似している母音[u]をつなげて音節[pu]にすると良い。

(3)　t, d の指導方法
　①舌先を上顎前歯の裏につけて呼気を出すように破裂させて[t]を作る。
　②①が難しい場合は、上下顎前歯の間から舌を出して下唇に乗せて、軽く前歯で挟んで閉鎖を作り、軽く呼気をだすようにして破裂させて[t]を作る。
　③次に舌を出したままで舌を動かさないようにして後続母音[e]をつなげて[te]を作る（舌を後方へ引かないようにする）。
　④歯間の[t]が安定したら、舌先を正常位置（上顎前歯裏）に戻して産生させる。

(4) n の指導方法
　①上下顎前歯の間から舌を出した状態で声「ンー」を出す。
　②その後に[a]を続けると[na]ができる。

(5) k,g の指導方法
　①通鼻音の[ŋ]から始める方法は、事例 G さんを参照にしてください。
　②うがいにより可能になることもありますが、のどの奥を意識してのどに力が入りすぎたりすることがありますので緊張が強くなりすぎないように心がけてください。

(6) s,ts,dz の指導方法
　①上下顎前歯の間から舌を出し、安定させる。
　②舌と上下顎前歯で狭めを作り、呼気を正中から出し、舌だしの状態で[s]を作る。
　③安定したら後続母音[u]を続けて[su]を作る。
　④[tsu]より誘導する方法は、事例 G さんを参照にしてください。
　⑤[ts][dz]は、[s]が習得された後に[su]と同じ舌の形や位置にさせて、聴覚刺激[tsu][dzu]を与えて模倣させる。

(7) ʃ,tʃ の指導方法
　①[s]が習得された後に、[si]を言わせ、次に聴覚刺激[ʃ]を与えることで[si]を徐々に[ʃi]に近づけていく。
　②[tʃ]が可能なときは、[tʃʃʃ]とʃを長く言わせて、次にtを弱くʃを強調して模倣させる。[ʃ]が安定したら母音[i]をつなげて[ʃi]にする。
　③「静かにしなさいの身振り（シー）」からの誘導は、事例 G さんを参照にしてください。
　④tʃは、[ʃ]が習得された後に[ʃi]と同じ舌の形や位置にさせて、聴覚刺激[tʃi]を与えて模倣させる。

(8) r の指導方法
　①開口したまま舌先を挙上させ、舌先を上顎前歯の裏につけてそのままで声を出させ、それに続けて[a]を言わせる。
　②徐々に速く言わせると[ra]になる。

D 複数音に誤りが見られる構音障害児の評価と指導

1 構音検査の結果から指導目標を導き出すには

　これまでの節で解説されているように、機能性構音障害では、比較的一貫した構音の誤りのパターンが見られます。ただし、認められる誤りのパターンは子どもによって個人差があり、さらに、1人の子どもに認められる誤りのパターンはひとつであるとは限りません。そこで、構音検査の結果から、誤りのパターンを明らかにし、複数のパターンが混在する場合には、それらのなかで指導目標とする優先順位をつけていきます。

　ここで述べている「誤りのパターン」とは、「音韻プロセス」と言い換えることができます。音韻プロセスとは、Stampe という研究者の「自然音韻論(Natural Phonology)」という理論から派生した分析方法です。Natural Phonology では、[sakana]（さかな）を[ʃakana]と構音するような傾向を子どもは元々もっていると考えます。この場合は舌先の[s]を舌端の[ʃ]に置き換える「後部歯茎音化」という音韻プロセスであり、「さかな」を[takana]と発音する子どもの場合は、摩擦音の[s]を破裂音の[t]に置換する「破裂音化」という音韻プロセスの影響を受けていると考えます。Natural Phonology では、このような構音の誤りの傾向をひとつずつ抑制していくことによって構音の発達が遂げられると考えています。一方、機能性構音障害児では、典型的でない独特な音韻プロセスを示したり、一般的な音韻プロセスであっても抑制されずに学齢期でも影響を受け続けたりしていると想定できます。このように、機能性構音障害児は一貫性のある誤りを示すので、構音検査では誤りのパターンを明らかにします[*1]。

　それでは、以下の事例に基づいて、検査結果の分析から指導目標の設定、具体的な指導の方法について考えていきましょう。

[*1] 本章は Natural Phonology に全面的に依拠しているわけではないので、音韻プロセスではなく、「誤りのパターン」と表記します。

(1) 機能性構音障害のある事例

小学校の通常学級に在籍する小学校1年生のIさん。4歳のころから発音の誤りを両親は気にしており、Iさんも幼稚園の友達に指摘されたため、5歳ごろから自分には難しい音があることを自覚していました。地域の発達支援機関で構音指導を受けることになっていましたが、転居のために、就学まで指導を受ける機会がありませんでした。小学校に入学直後に、在籍校にある「ことばの教室」を担任から紹介され、構音検査や言語検査を受けました。6歳3ヵ月の時点で行なったITPA言語学習能力診断検査では、言語学習年齢が6歳8ヵ月レベルと、言語面に問題は見られませんでした。また、口腔器官の形態に異常はなく、比較的一貫性のある誤りのパターンが認められたため、機能性構音障害であると判断されました。構音検査の結果、主に3つの誤りパターンが認められ、指導目標の優先順位がつけられた上で、週1回の指導が行なわれました。Iさんの練習への意欲が強く、約3ヵ月間の通級指導によって夏休み前までにほとんど気にならない程度まで改善が認められたため、「ことばの教室」は1学期間で退級となりました。

図Ⅳ-12 Iさんの構音検査の結果

D 複数音に誤りが見られる構音障害児の評価と指導

(2) 構音検査の結果から指導目標を立てる

構音検査の結果を**図Ⅳ-12**に示します。ここからⅠさんの誤りのパターンを明らかにしてみましょう。一見したところ、Ⅰさんの誤り方はさまざまですが、Ⅱ章で紹介された構音位置と構音方法の観点から分析すると、いくつかの大まかなパターンに分類できることが分かります。**表Ⅳ-5**にまとめてありますが、まずは**表Ⅳ-5**を見ないで、ご自身でⅠさんの誤りを分析してみてください。特定の構音点で発音される複数の音（たとえば、[s, ts, dz]といった歯茎音や[k, g]などの軟口蓋音）が同じ傾向の置換を示していないか、あるいは、特定の構音様式の音（たとえば、[s]などの摩擦音）が複数の語で同じ置換を示していないかどうかを確認します。また、子音に続く母音（後続母音）が誤りパターンに影響を与えることもありますので、後続母音にも注意を払ってください。

表Ⅳ-5 Ⅰさんの構音の誤りパターンの整理

パターンⅠ　軟口蓋音[k][g]がより前方の構音点の音に置換される

Ⅰ-a.　後続母音が[a, e, o, u]の場合

2 [poketto] → [potetto]	[k(-a,e,o,u)] → [t]	[k][g]が[t][d]に置換される「軟口蓋音の歯茎音化」
8 [taiko] → [taito]		
6 [megane] → [medane]	[g(-a,e,o,u)] → [d]	
20 [gakko:] → [datto:]		

Ⅰ-b.　後続母音が[i]または[j]の場合

19 [kiriN] → [tʃiriN]	[k(-i,j)] → [tʃ]	[k][g]が[tʃ][dʒ]に置換される「軟口蓋音の後部歯茎音化」*
49 [usagi] → [uʃadʒi]		
44 [jakju:] → [jatʃu:]	[g(-i,j)] → [dʒ]	
22 [gju:nju:] → [dʒu:nju:]		

＊厳密には「破裂音の破擦音化」も合併

パターンⅡ　歯茎摩擦音[s]・歯茎破擦音[ts][dz]がより後方の構音点の音に置換される

3 [basu] → [baʃu]	[s] → [ʃ]	[s][ts][dz]が[ʃ][tʃ][dʒ]に置換される「歯茎摩擦・破擦音の後部歯茎音化」
24 [sora] → [ʃora]		
48 [eNpitsu] → [eNpitʃu]	[ts] → [tʃ]	
29 [dzuboN] → [dʒuboN]	[dz] → [dʒ]	

パターンⅢ　語頭のはじき音[ɾ]が破裂音[d]に置換される

40 [ɾappa] → [dappa]	[ɾ] → [d]	「はじき音の破裂音化」
41 [ɾobotto] → [dobotto]		

その他のパターン

10 [teɾebi] → [tebedi]	音位転換　はじき音の破裂音化　[teɾebi]→[tebeɾi]→[tebedi]

92

1) 誤りのパターンを明らかにする

　Ｉさんの誤りは大きく分けて３つのパターンと「その他」に整理することができます（**表Ⅳ-5**）。第一は、[k, g]にかかわる誤りです（仮に「パターンⅠ」とします）。Ｉさんは、奥舌を持ちあげて子音を発音することが難しく、舌の中ほどより前の部分を使って発音しています。より詳細に見ると、[ka, ke, ko, ku]においては[k]は舌先音の[t]に置換されています（27 [tsu_kue]における歪みを除く）。しかし、[ki]や拗音の[kju]では[tʃ]に変化しています。

　ここで、**後続母音の影響**について解説します。「柿（かき）」と「栗（くり）」の語頭音節はいずれも[k]から始まりますが、同じ[k]であっても「柿」では口唇を開き気味で[k]を発音し、「栗」では口唇を閉じ気味にしているのではないでしょうか。これは子音の発音の際に、後続する母音の口形を準備しているからです。このように、ある音の前後にある母音や子音（**音韻環境**）に影響を受けることを「調音結合（coarticulation）」と言います。Ｉさんには、[k]が舌先音の[t]に置換する傾向がありますが、[t]の直後に[i]や[j]が続くと、調音結合が起こると考えられます。[i]や[j]の構音では、前舌が硬口蓋に近づきます。[i]や[j]に備えて挙上する前舌部に引きずられて、[t]が[tʃ]に変化していると考えられます。

　第二のパターンは、舌先で発音する摩擦音[s]や破擦音[ts, dz]が、舌先よりやや後ろの舌端で発音される[ʃ]や[tʃ, dʒ]に置換されるものです。同じ舌先を使う音であっても破裂音[t, d]では変化せず、摩擦音や破擦音においてのみ舌先よりもやや後方を使って発音する子どもはＩさん以外にもしばしば見られます。第三のパターンは、はじき音[r]が[d]に置換されるものです。しかし、24 [sora]や45 [jukidaruma]などのように、[r]が母音に挟まれる場合には置換は起こらず、[r]の変化は語頭音に限定されているようです。

　Ｉさんは、単音節の復唱でもパターンⅠ～Ⅲに対応する誤りを示しました。構音器官の運動面では、舌を突出させたときに舌先がやや丸みがかる傾向が見られましたが、舌先を上唇や左右の口角につける動きには問題ありませんでした。

2) 指導の優先順位をつける

　Ｉさんのように、複数の誤構音のパターンが見られる子どもでは、一度にすべてのパターンに取り組むのではなく、優先度の高いものから指導を行なっていきます。優先順位をつけるにあたり、いくつかの原則があり、ここでは特に重要なものを２つ挙げておきます。

D 複数音に誤りが見られる構音障害児の評価と指導

①典型発達児の構音発達の順序性を参照する

　典型的な発達を示す子どもでは、一般的に、鼻音（[m, n]など）や破裂音（[p, t, k]など）は獲得が早く、摩擦音（[s, ʃ]など）は比較的遅いことが明らかになっています（Ⅲ章参照）。また、同じ摩擦音でも、舌先音[s]よりも舌端音[ʃ]の方が概して先に獲得されます。このような順序性に照らすと、[s]よりも[k]の改善を目標とすることの方が発達的に妥当であると言えます。

②コミュニケーションに支障となるパターンを優先する

　誤りのパターンが発話の明瞭度に与える影響の大きさは、一律ではありません。例えば、[s]が[ʃ]に置換されたり、出現頻度の比較的低いはじき音[ɾ]が[d]に置換されたりしても伝えようとしている発話内容はだいたい推測できるでしょう。しかし、[k]が[t]にすべて変わってしまうと（「かさ貸して」→「タサタシテ」）、子ども同士の会話では理解されない事態も生じ得ます。このように、意思疎通に影響を与えるパターンは改善の優先度が高くなります。

　この他にも、モデル提示の模倣であれば言える（**被刺激性**がある）、音韻環境によっては言える（[ke][ki]はそれぞれ[tʃe][tʃi]になるが[ka][ko][ku]は正しい）といった場合には、正確な構音の定着が近いと考え、そのパターンを先に取り組むこともあります。Ⅰさんのケースでは、上記の原則に照らして、「軟口蓋音の歯茎音化」に最初に取り組み、次に「後部歯茎音化」にアプローチしていくのが妥当です。このように、はじめはひとつの誤りのパターンに目標を絞るのが賢明ですが、練習が進むにつれて新たな目標を加えて複数のパターンを対象とした指導を並行して行なっても構いません。

2　指導の基本的な流れ

　次に、Ⅰさんに見られた「軟口蓋音の歯茎音化」と「後部歯茎音化」に対する指導の流れを解説します。なお、目標音の正確な構音に導くための道筋はひとつではありません。指導の原理や具体的な方法はさまざまであり（阿部, 2003；Beruthal & Bankson, 1998；船山・竹下, 2002；湧井, 1992）、どの方法を採用するかは、指導者の考え方や子どもにとっての受け入れやすさなどが反映することを付け加えておきます。誤りパターンの種類を問わず、どのような目標音にもあてはまる指導の流れを「基本ステップ」と呼ぶことにして、手順の見取り図を[k]音へのアプローチを例として図Ⅳ-13に示します。

(1)　基本ステップ1　正しい音と誤り音とを聞き分ける（語音弁別）

　練習を始める前に、子どもが正しい音と誤りである音とを聞き分けることができるか

基本ステップ1：正しい音と誤り音とを聞き分ける（語音弁別）
⇩
基本ステップ2：単音で目標音を正しく構音する

原則A：単音から指導を開始する
原則B：聴覚だけでなく視覚・触覚など多感覚的に音を意識化させる
○文字や指文字の視覚的支えを用いる

原則C：正しい舌の構えに導く手がかりを提示する
○子音ごとに方法が異なるので[k]、[s]各々の ステップ2 を参照

⇩
基本ステップ3：単音節、音節の繰り返しへと移行する（[k]音を例として）
　1）目標音を含む単音節（[ka]）
　2）目標音を含む音節の繰り返し（「かかかか」）
⇩
基本ステップ4：有意味語や多様な音節の連続へと移行する
　1）目標音を含む有意味語
　　①語頭を中心に練習する
　　　2音節語　　　「<u>か</u>さ」「<u>か</u>め」
　　　3音節語　　　「<u>か</u>めら」「<u>か</u>らす」
　　　4音節語以上　「<u>か</u>すてら」「<u>か</u>たつむり」
　　②語末・語中音節に移行する
　　　2音節語　　　「あ<u>か</u>」「し<u>か</u>」
　　　3音節語以上　「いる<u>か</u>」「お<u>か</u>し」

▶子音に後続する母音の種類はひとつに絞る
▶目標音が語頭にあるよう2音節語から始める
▶指導者の模倣からモデルなしの自発へ移行する

　　③後続母音を変えて、語頭音として練習する　　▶必要に応じて単音節で練習する
　　　2音節語　　　「<u>く</u>ま」「<u>く</u>ち」
　　　3音節語以上　「<u>く</u>るま」「<u>ク</u>レヨン」
　　④語末・語中音節に移行する
　　　2音節語以上　「ろ<u>く</u>」「ある<u>く</u>」

原則D：指導で取り組んだ内容は「宿題」として家庭で復習してもらう
原則E：練習を遊び文脈の中にも取り入れる

　2）目標音を含む多様な音節の連続（「かきくけこ」）
⇩
基本ステップ5：語の連鎖、音読・自発話へと移行する
　①語の連鎖の例：「おおきい　<u>く</u>るま」「あ<u>か</u>い　<u>ク</u>レヨン」
　②文や文章の音読
　③自由会話
　○自己モニタリングを促す

原則F：つまずきが見られたら一段階易しい音韻環境の練習に戻る

図Ⅳ-13　構音指導の基本的な流れ（[k]の指導を例とした場合）

D　複数音に誤りが見られる構音障害児の評価と指導

どうかを確認します。このような音の聞き分けを**語音弁別**と言います。目標となる音が誤り音と区別できなければ、子どもは指導者が何を求めているのか理解できません。具体的な手続きは後述の「kへのステップ1」、「ʃからsへのステップ1」、「t, tsからsへのステップ1」を参照してください。

(2)　基本ステップ2　単音で目標音を正しく構音する

このステップにおいては、下の3つの原則に沿って指導を進めます。

原則A：単音から指導を開始する[*2]

私たちの会話では、ほとんどの場合、母音や子音は連続して発音されます。そのため、ひとつの子音を発音するときには、私たちは無意識のうちに後続する母音や次の音節を準備して発音しています。早口言葉で「生麦、生米」が「なまむぎながごめ」などとなりがちなのは、「なまごめ」の[ma]を発音するときに後ろの[go]に引きずられて[mago]が[gago]になってしまうこと（「同化」）によります。単独では容易に発音できる音であっても、類似する構音運動が連続するために、構音運動を頭の中で準備する（運動プログラミング）段階で、前後の構音運動の指令が相互に干渉しあって混乱を来すのです。子音の構音が難しい子どもにとって、舌の構えを意識し、正確さを確認しながら練習するには、前後に音が連続しない、単音の環境が最も適しています。したがって、サ行であれば[s]、カ行であれば[k]といった目標となる子音だけをまず始めに取り出して練習します。

原則B：聴覚だけでなく、視覚や触覚など多感覚的に音を意識化させる

「この音を練習する」という意識づけをするために、目標となる音を**文字や記号として視覚的に提示**します。しかし、仮名文字は、「ん」を除いて、子音はすべて後ろに母音を伴って表記されるので（「か」→[k]+[a]；「さ」→[s]+[a]）、原則Aで述べたような子音だけを取り出した練習で用いるには不向きです。そこで、子音だけに意識を向けさせる方法として、アルファベットを使用します。年少の子どもにアルファベットは早いと思われるかもしれませんが、「お兄さん（お姉さん）になったら英語を勉強するでしょう。今日は特別に英語を教えてあげます」と紙に大きく「S」の文字を書いてあげると、興味をもって見てくれるでしょう。「これは[s:]という音を表します」と、アルファベットに音をあてはめ、今後、[s]の練習の際には、「S」を紙やカードに書いて示すようにします。なお、のちに音節単位での練習になった際には、小学生であれば「さ」

[*2] 単音から開始するのはほとんどの場合に当てはまる原則ですが、ラ行音（はじき音[r]）の舌の動きは、[ara]のように母音に挟まれた方が導きやすいといった例外もあります。

などの仮名文字に移行しても構いません。

目標音を視覚的に提示する別の方法として**指文字**（図IV-14）や**キューサイン**（VII章214ページ参照）があります。指文字は聴覚障害のある人が使う、文字に対応する手指の形です。たとえば、単語では[s]が発音できるようになったけれども文章の中では間違ってしまう子どもに対して、[s]が出現するタイミングに合わせてそっと指導者の口元に指文字を添えることで、[s]の存在に気づかせることができます。

図IV-14 指文字"s"の構え

視覚的なヒントのもう一つの具体例は、**鏡の使用**です。[s]音の前段階の舌の構えの練習の際や、[k]音の練習の初期段階で奥舌が挙がっていることを子どもに確認してもらうために、**視覚的フィードバック**の手立てとして鏡を見ながら練習してもらいます。

原則C：正しい舌の構えに導く手がかりを提示する

機能性構音障害では、正しいモデルを聞かせて模倣を促しても、ほとんどの場合、正しい構音にはなりません。そこで、[s]や[k]といった子音ごとの舌の構えを学ぶ必要があります。この具体的な方法は子音ごとに異なるので、後述する「kへのステップ2」と「ʃからsへのステップ2」で詳しく解説します。

(3) 基本ステップ3 単音節、音節の繰り返しへと移行する

1) 目標音を含む単音節

単音は[s]といった単独の子音ですが、音節は[sa]のように子音が母音と結びついたまとまりです。子音と母音との間が途切れないように注意しながら、音節の産出に移行します。[sa]ならば、手のひらで机の上を雑巾がけするような動きをつけて、「サー」という擬音語のように言ってみたり、[ka]ならば、カラスの鳴き声をまねたりする流れを作ってもいいでしょう。

2) 目標音を含む音節の繰り返し

単音節で正しく構音できたら、「かかかかか」や「さささささ」といった同一音節の連続に進みます。この練習の目的は、特定の構音運動をすばやく繰り返すことによって、その構音運動に必要な舌や口唇の筋力を高めるとともに、「運動を自動化させる」ことです。運動の自動化とは、ほとんど意識せずに運動の連続が可能になることを指します。たとえば、右手の5本の指だけで「ドレミファソラシド」の1オクターブをスムーズにピアノの鍵盤で奏でるには、最初は集中力が必要ですが、繰り返し練習することにより、

D 複数音に誤りが見られる構音障害児の評価と指導

別のことを考えながらでも指が動くようになります。1秒間に5音節程度が連続する構音運動についても、唇や舌の各部位がスムーズに動くように基本的な動きを練習します。

ポイント1：短く、ゆっくりした連続から徐々にレベルアップする

はじめは3音節程度のゆっくりした連続から始めて、正確さを見ながら、徐々にスピードや連続する音節の長さを増やしていきます。負荷をかけ過ぎて失敗しないように注意し、難しすぎるようであれば、スピードや音節数を下げてあげます。

ポイント2：遊びの文脈も活用する

音節を連続させる練習は単調になりがちなので、子どもと指導者が順番に参加するゲームなどで（後述の「原則E」参照）、自分の番の前に「おまじないことば」として言ってもらうと、子どもも意欲が高まります。たとえば、「おまじないことばの『かかかかか』を言ってから（『かきくけこ』を3回繰り返してから）サイコロを振ろう（輪投げの輪を投げよう）」と決めておき、指導者も「おまじないことば」を言ってから自分の番につくようにします。

(4) 基本ステップ4　有意味語や多様な音節の連続へと移行する

1) 目標音を含む有意味語

[k]音であれば、「かめ」「カラス」といった語頭に「か」を含む2音節から成る語、あるいは、「しか」「イルカ」といった語末の音節に「か」を含む2音節語で練習します。このようなことばを表す絵カードを集めておき、絵カードを呼称する中で目標音を練習します。

ポイント1：子音に後続する母音の種類はひとつに絞る

たとえば、[k]音であれば[ka]から始めるといったように、後続する母音を決めておき、「か」を含むことばだけで練習します。これらの語で正しく発音できることが確認されてから、徐々に[ke]を含む語、[ko]を含む語などへと広げていきます（図Ⅳ-13参照）。

ポイント2：目標音が語頭にある2音節語から始める

目標音が語頭に来る場合、子どもはその目標音に集中して発音することができます。ですから、[k]音であれば、「かさ」「かめ」「かさ」などの絵カードを用いて練習します。これが可能であれば、3音節語、さらにそれ以上の音節の連続へと移行します。

これまでのステップが達成できたら、「あか」「しか」「いか」など、目標音を含む音節が語末にある2音節語で練習します。その後、「イルカ」など3音節以上の

語につなげていきます。なお、目標音を含む音節が語末や語中になると、「あ、か」などと目標音の前で途切れることがあります。途切れのない発音になるように導きます。

> **ポイント3：指導者のモデルの模倣から、モデルなしの自発へ移行する**

　子どもの発話の直前に指導者が正しい発音の語を聞かせると、子どもは意識づけがしやすくなります。はじめは指導者がモデルを提示し、徐々にモデルなしで発語するように促します。

> **ポイント4：ここまでで正確な構音が保てたら、異なる後続母音の環境で練習する**

　ここまでができるようになったら、異なる後続母音のつく音節（たとえば、「く」や「こ」）を目標として、その音節が語頭につく2音節語で練習します。流れはこれまでと同じですが、目標とする子音がほぼ確実に発音できるようになったら、多様な後続母音や音節数、目標音の位置に広げていきます。

2）目標音を含む多様な音節の連続

　複数の異なる後続母音で正確に構音できるようになったら、「かきくけこ」、「さすせそ」（「し」は構音位置が異なるので意図的に省いています）といった、母音のみが異なる音節の連続を練習します。同じ子音を繰り返し構音するので、異なる子音が連続する有意味語よりも産出が容易であると考えられます。したがって、上述の「1）目標音を含む有意味語」ですべての後続母音や音節の位置での練習が終了していなくても、「かきくけこ」などの練習を導入しても構いません。ただし、特定の後続母音で歪みが生じる場合（たとえば、「き」では[tʃi]に近い音になる場合）には、「かくけこ」のようにその音節を除いて練習します。

> **原則D：指導で取り組んだ内容は、「宿題」として家庭で復習してもらう**

　これまで何年も習慣になっていた構音運動を新しいものに置き換えるには、週に1回程度の指導は必ずしも十分ではありません。そこで、保護者の協力を得て、教室で取り組んだ指導内容は宿題にして、家庭でも取り組んでもらうようにします。ただし、一度に長時間行なう必要はありません。1回に5分であってもなるべく毎日取り組んでもらうことが効果的です。また、できるようになることで達成感が得られるように、子どもの取り組みの態度や練習の成果を褒めてあげること、楽しんで取り組む環境を作って、練習を無理強いしないことを保護者にお願いしましょう。

> **原則E：練習を遊び文脈の中にも取り入れる**

　子どもの集中力が続く間に、繰り返し目標音を発音してもらい、舌・口唇のコントロールを高め、運動の自動化を促すことが必要です。しかし、負荷をかけ過ぎると子ども

D　複数音に誤りが見られる構音障害児の評価と指導

の意欲を損ねてしまいます。構音練習には「お楽しみ」の時間も大切ですので、遊び文脈も併用します。目標音節を含む語を表す絵カードを使った遊び文脈の例には、以下のようなものがあります。

すごろく：絵カードを裏返して、輪の形に並べておく。サイコロを振って、出た目の数だけコマを進め、止まった所のカードを表にしてその絵の名称を言う。

神経衰弱：同じ絵カードを2組用意して、裏返し、ランダムに並べておく。2枚を表に返して、その絵の名称を言う。同じ絵であれば自分の持ち札とする。

魚つり：1枚ずつクリップをつけた絵カードを裏返し、ランダムに並べておく。一端に磁石をつけたひもを棒の端に結び、「つりざお」とする。つりざおで絵カードを釣り上げ、その名称を言う。

これらのゲームでは自分の順番になったら、「おまじないことば」(**基本ステップ3のポイント2**)を言うと効果的です。このほか、遊び文脈としては目標音を含む品物を使った「買い物ごっこ」などもあります。

原則F：つまずきが見られたら、一段階易しい音韻環境の練習に戻る

音韻環境を徐々に難しくしていくと、もとの誤りに戻ってしまうことがあります。誤った構音のままで練習を続けるのは、その誤り音を逆に強化してしまうことにしかなりません。音韻環境を難しくすることで誤りが見られるようになったら、難易度を一段階下げた練習に戻り、より構音しやすい音韻環境で十分に正確さを高めます。

(5)　**基本ステップ5**　語の連鎖、音読・自発話へと移行する

音節数や、目標音を含む音節の位置、後続する母音にかかわらず正しい構音が保てるようになったら、より難しい音韻環境である語の連鎖に移行します。語の連鎖とは「おおきいくるま」のような目標音を含む語がつながった名詞句や文です。この段階で、もとの誤り音に戻ってしまう場合には、視覚的ヒントで目標音の存在に気づかせます。目標音のタイミングに合わせて指文字の[k]や[s]を指導者の口元に添えて見せたり、音読の場合には、あらかじめ目標音の仮名文字に印をつけておいたりします。このような手立てや、指導者のモデルの模倣でも難しい場合には、「ステップ4」に戻ります

最終的には、文章の音読や自由会話の中で正しく構音できるようになることを目指します。自由会話の段階では、子どもに自分の発音に誤りがなかったか評価を促します(**自己モニタリング**)。中・高学年程度の子どもでは、音読や会話を録音して聞かせ、目標とする音が正しく発音できているかを確認させてもいいでしょう。

3　[k][g]音の指導――[k]などが[t]などにの置換している誤りへの対応

「基本ステップ」では、目標とする子音にかかわらず、共通して押さえておくべき手続きの流れを解説しました。しかし、実際に特定の子音の構えに導くには、対象とする子音の構音点や構音方法に特有のコツもあります。ここから先は、Ｉさんに見られた構音の誤りパターンごとに、指導の流れを解説します。まず、[k]の指導に際しての配慮点と具体的な手続きについて述べます。

(1)　kへのステップ１　正しい音と誤り音とを聞き分ける

正しい音と誤り音を聞き分けることができるかどうかを調べるために、指導者の発音の適否を判断してもらいます（「kへのステップ１」を「[k]1」と表記します）。

1)　[k]1-1：正誤を判断する

カラスのイラストが描かれたカードと、「〇」「×」が書かれたカードを子どもに見せます。「正しいカラスの鳴き声だったら〇を指して、ヘンな鳴き声だったら×を指してください」と教示し、例として、指導者が「カーカー」と言いながら〇、「ターター」と言いながら×を指さして見せます。次に、指導者が言う「カーカー」あるいは「ターター」を何度かランダムに聞かせます。その度ごとに子どもに〇か×を指さしてもらい、[k]と[t]を正しく聞き分けているかを確認します。

次に、語の中での聞き分けができるかどうかを確認します。カ行音を含む語の絵カードを提示しながら正しい発音とタ行に置換した発音（「きりん」「ちりん」など）とをランダムに聞かせ、「私が正しく言ったら〇、間違っていたら×を指さしてください」と教示します。ゲーム文脈にして動機づけを高めるために、パペットを使って、「この子が正しく言えたら〇を指さしてね」としてもいいでしょう。

2)　[k]1-2：仮名文字と対応させる

平仮名が読める子どもには、か　た（あるいは「き」「ち」「く」「つ」など）を大きく書いた文字を提示し、「『か』はどっち？」「『た』はどっち？」などと尋ねます。

この段階で、聞き分けができていない場合には、聞き分けの練習に取り組みます。弁別ができるようになってから、ステップ２に移行します。

(2)　kへのステップ２　単音で目標音を正しく構音する

[k]音は、後舌部を持ちあげ軟口蓋に接触させて作る破裂音です。舌の奥を持ち上げて音を作ることを目指すということをまず子どもに説明し、下の流れで構音点の位置づ

D　複数音に誤りが見られる構音障害児の評価と指導

けを行ないます。

1) [k]2-1：目標となる構音位置を意識化させる*3

　コップとストローを用意します。水道のある場所へ移動し、「うがいをやってみましょう」と指導者と2人で少なめの水で、うがいをします。次に、ストローの片方に指をあて、ストローをスポイトのように使って半分ほど水を溜めます（図IV-15）。「ちょっとの水で、うがいのまねっこをするよ」と、指導者は上を向いて開けた自分の口の中に水を落とし、うがい音を出してして聞かせます。続いて子どもにも口を開けてもらい、指導者が子どもの口の中にストローで水を落として、同様にうがいを促します。難しければ、水を増やしてうがいに戻りますが、これができれば、徐々に水の量を減らしていきます。最終的には、1～2滴の水でうがい音が出るまで練習します。

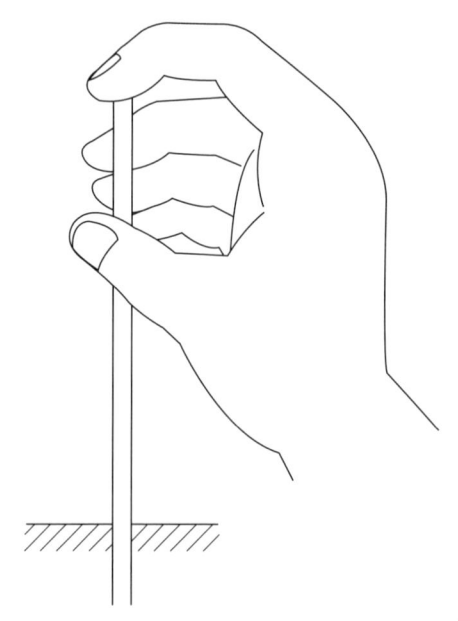

図IV-15　スポイトとしてのストローの使用

　うがいを手がかりにするのは3つの理由があります。第一に、上を向くことにより奥舌と軟口蓋が接触しやすくなります。第二に、口腔の奥で水が振動することが体感できるので、奥舌を持ち上げるという意識づけが促されます。第三に、構音を直接求めているわけではないので、構音に苦手意識のある子どもにも比較的取り組みやすい課題になります。

2) [k]2-2：うがい音から軟口蓋摩擦音へ移行する

　1～2滴の水でうがい音を出すことができれば、次に上を向いて、水なしでうがい音（軟口蓋摩擦音）を出してもらいます。水なしで摩擦音が出せる状態になれば、正面を向き、口を大きく開けてうがい音を出してもらいます。このときには、指導者は子どもと一緒に鏡の前に立ち、舌の前部は下がっているけれども奥舌は上がっていることを視覚的に確認するよう促します（**視覚的フィードバックの活用**）。

---

*3 軟口蓋音の[ŋ]から導出させる方法もありますが、奥舌が持ち上がっていることを自覚しやすい、うがいの構えをここでは採用します。

(3) [k へのステップ 3] 単音節、音節の繰り返しへと移行する

1) [k] 3-1 ：目標音[k]を視覚的に意識づけする

　次はいよいよ単音[k]や単音節[ka]の構音です*4。ここでは、視覚的な意識づけとして「カラス」をマスコットとして使ってみましょう。指導者と子どもが、それぞれ白紙のカードにカラスのイラストを描きます（子どもにとって難しければ、指導者が描くだけで構いませんし、描く代わりに市販のイラストを使っても構いません）。描き上げたら、「これはカラスの『カー君』ですよ。カー君はなんて鳴くのかな？　カー君の鳴き声をまねしてみよう」と[ka]の構音の動機づけを行ないます。

2) [k] 3-2 ：単音節[ka]の産出を促す

　この段階で「カー君はなんて鳴くのかな？」と子どもに尋ねると、[ta: ta:]という答えが返ってくるかもしれません。そこで、ステップ2で練習した「うがいの音」を思い出してもらいます。指導者と子どもが並んで鏡の前に立ち（あるいは着席した子どもの前に鏡を置き）、口を大きく開け、舌先が下がっていることを確認します。この状態を保ったままで「うがいの音」を出すように促します。どうしても舌先が上がってしまう場合には、ストローやスプーンなどで舌先を押さえて発音してもらいます。反対に、軟口蓋よりも奥（咽頭）で発音してしまう場合には、指導者と子どもがお互いの口の中を鏡で見ながら、「もう少し前の方で、こんな形にできるかな？」とことばと視覚的な手がかりを与えながら、軟口蓋音の舌の構えに導きます*5。

　ここで[ka]が発音できるようになったら、「カー君の音だ！」と褒めてあげましょう。

3) [k] 3-3 ：[ka]の繰り返しを練習する

　[ka]を単音節で構音できたら、「かかかかか」といった連続に進みます。「カー君の鳴き声を5回続けて言ってみましょう」など、意欲を維持させながら練習します。（97ページ「**基本ステップ3**」参照）

(4) [k へのステップ 4] 有意味語や多様な音節の連続へと移行する

　[ka]を含む有意味語を描いた絵カードを用いて練習します。これらで正確な構音ができたら、音節数の多い語へと難度を上げていきます。（**図Ⅳ-13**、98ページ「**基本ステップ4**」参照）

---

*4 奥舌を持ちあげる[u]を伴う[ku]は構音しやすい音節ですが、ここでは奥舌が挙上していることを視覚的に確認しやすい[ka]を用います。

*5 奥舌に力が入りすぎていて、喉をしめつけるような音になっている場合には、小さい声でモデルを提示し、身体の脱力を促しながら「やさしいカー君の声」を模倣してもらいます。適切な構音が達成できたら、徐々に声の大きさを上げていきます。

D 複数音に誤りが見られる構音障害児の評価と指導

さらに、後続母音を変えて練習していきますが、[k]が[t]に置換する傾向のある子どもへの指導では、[ka][ku][ko]の練習が終わってから、[ke][ki]に進むようにします。その理由は、[k]と母音それぞれの構音の位置に関係があります。[e]と[i]は舌の前部を持ちあげる前舌母音です（Ⅱ章参照）。[ke]や[ki]では、[k]の発音の際に、後続する[e]や[i]の準備のために、舌の前部が持ち上がります。その結果、[ke][ki]がそれぞれ[tʃe][tʃi]に近い音になってしまいがちです。冒頭で紹介したIさんも、[ki]については[tʃi]に置換されていました。このような誤りを防ぐために、[ka][ku][ko]で十分に練習して、奥舌を挙上させる習慣をつけてから[ke]や[ki]に取り組むようにします。

複数の異なる後続母音で正確に構音できるようになったら、「かきくけこ」といった、母音のみが異なる音節の連続を練習します。後続母音によっては歪みや置換が生じる場合は、その音を除いて練習します（例：「かくけこ」）（99ページ参照）。

(5) **kへのステップ5** 語の連鎖、音読・自発話へと移行する

ステップ4が達成できたら、語の連鎖や、文・文章の音読、自発話での産出へと移行し、般化を確認します。手続きについては**基本ステップ5**（100ページ）の説明を参照してください。

4 [s]音の指導——[s]が[ʃ]に置換している誤りへの対応

ここでは、[s]が[ʃ]に置換している誤りへの指導について解説します。

(1) **ʃからsへのステップ1** 正しい音と誤り音とを聞き分ける

正しい音と誤り音を聞き分けることができるかどうかを調べるために、指導者の発音の適否を判断してもらいます（「ʃからsへのステップ1」を「[ʃ]から[s]1」と表記します）。

1) **[ʃ]から[s]1-1**：正誤を判断する

魚のイラストが描かれたカードと、「○」「×」が書かれたカードを子どもに見せます。「今からこの絵の名前を言います。正しい言い方だったら○を指さして、ヘンな言い方だったら×を指さしてください」と教示し、例として、指導者が「さかな」と言いながら○、「しゃかな」と言いながら×を指さして見せます。次に、指導者が言う「さかな」あるいは「しゃかな」を何度かランダムに聞かせます。その度ごとに子どもに○か×を指さしてもらい、[s]と[ʃ]を正しく聞き分けているかを確認します。

次に、他の語の中での聞き分けができるかどうかを確認します。s音を含む語の絵カ

ードを提示しながら正しい発音と ʃ 音に置換した発音（「すいか」「しゅいか」など）とをランダムに聞かせ、「私が正しく言ったら〇、間違っていたら✕を指さしてください」と教示します。ゲーム文脈にして動機づけを高めるために、パペットを使って、「この子が正しく言えたら〇を指さしてね」としてもいいでしょう。

2) [ʃ]から[s] 1-2：仮名文字と対応させる

平仮名が読める子どもには、さ しゃ（あるいは す しゅ せ しぇ など）を大きく書いた文字を提示し、「『さ』はどっち？」「『しゃ』はどっち？」などと尋ねます。

この段階で、聞き分けができていない場合には、聞き分けの練習に取り組みます。弁別ができるようになってから、ステップ2に移行します。

(2) ʃからsへのステップ2　単音で目標音を正しく構音する

1) [s]の習得にあたっての配慮点

特定の構音に導くための道筋はひとつではなく、[s][z]の後部歯茎音化に対する指導にも複数の方法があります。本節では、**目標構音位置を意識化**させ、子ども自身への**聴覚フィードバックを活用**し、**音韻環境に配慮**した方法を解説します。これは、以下の3つの基本的な原理を土台としています。

①舌の構えは安定しやすい、舌先の筋緊張を伴う舌の形づくりから始める

ここでは英語を例にして説明します。英語には日本語よりも多くの種類の母音があり、日本語の「い」に近い音として、[i]（beat）と[I]（bit）があります。日本語の話者にとって[i]と[I]を正確に区別して発音するのは難しいのですが、英語を母国語とする幼児にとっても、最初は[i]の方が[I]よりも正しく発音できます（Otomo et al., 1992）。その理由のひとつとして考えられるのが、舌筋の緊張度の違いです。[i]は舌の緊張度が高く、[I]は緊張度が低い母音です。この他の母音でも、緊張度の高い母音（tense vowel）の方が概して正確で安定した構音になります。このように、ある程度の筋緊張を要する舌の構えは、子どもにとって構音位置の目標が明確になるため安定します。[s]の指導においても、安定した舌の構えに導くために、子どもが意識化しやすく、また舌筋の緊張を伴う、舌先を持ち上げる構えを学んでもらうことから始めます[*6]。

②[s]と[ʃ]との間にある音色の違いを子ども自身が聞き分けながら自己修正を促す

[s]と[ʃ]との音色の違いについて音響学的に分析してみましょう。話しことばを含む

[*6] 舌の筋肉を弛緩させる段階を間に入れる方法もありますが、首や肩に緊張が見られない子どもの場合には、意識的に弛緩させるステップを入れる必要がないというのもひとつの考え方です。ここでは舌先を挙上する形をターゲットとして意識化させることから始めます。

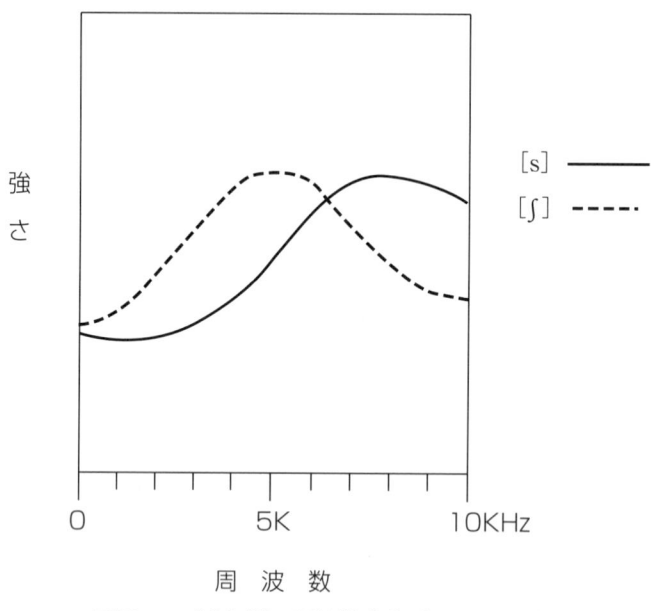

D 複数音に誤りが見られる構音障害児の評価と指導

図Ⅳ-16 [s]と[ʃ]の周波数成分（スペクトル）

　すべての音は空気の振動を伴います。たとえば、ギターのチューニングなどに使われる音叉（U字形の金属）は、叩くと大きさによって異なる高さの音を出し、1000Hz[*7]の音叉は高い音を出し、100Hzの音叉はそれよりも低い音を出します。音叉は澄み渡るような純粋な音色をもちますが、私たちの身の回りの音はもっと複雑で、複数の周波数成分が混じっている複合音と呼ばれるものです。**図Ⅳ-16**は、[s]と[ʃ]の周波数成分（スペクトル）を示します。横軸が周波数を示し、右に行くほど高い印象を与える音になります。縦軸はそれぞれの周波数成分の強さです。このグラフから、[ʃ]よりも[s]の方が高い周波数成分から成ることが分かります。実際に[s]と[ʃ]を聴き比べてみると、[s]の方が高い音色に聞こえ、さらに[ʃ]よりも鋭さを感じます。この鋭い聴覚印象を「とんがった音」ということばで形容し、子どもに目標意識をもたせます。

　③音節での練習においては[s]の構えに最も干渉が少ない母音から始める

　[s]が[ʃ]に置換される子どもでは、音節の練習において[sa][se][so]の使用を優先します。その理由は、[s]と母音それぞれの構音の位置に関係があります。[s]と[ʃ]の舌の構えを**図Ⅳ-17**に示します。[su]の構音の場合、舌先を挙上させる[s]の構えから[u]へと舌を後方に引きよせて持ち上げる過程で舌の中央部が盛り上がり、習慣になっている後部歯茎音の[ʃ]を誘発しやすくなります。そこで、舌の位置がなるべく口蓋から離

[*7] Hz（ヘルツ）は周波数の単位で、1秒あたりの振動数を表します。

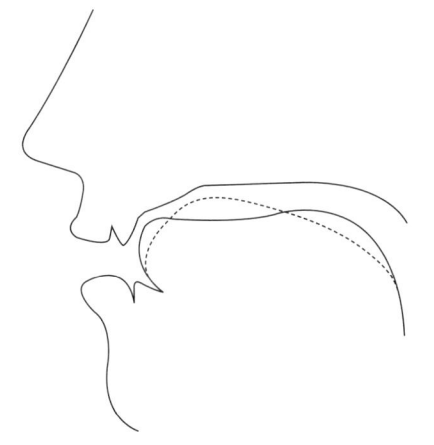

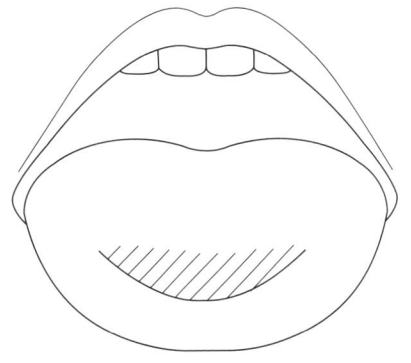

図Ⅳ-17 [s]と[ʃ]の舌の構え（[s]実線、[ʃ]破線）　　図Ⅳ-18 「スプーンの形」の構え

れていて、[s]の構えに干渉しない[a]（あるいは[e][o]）を練習の初期では用います。

少し話がそれますが、平安時代の後期には、日本語のサ行はすべて[ʃ]を伴い、[ʃa, ʃi, ʃu, ʃe, ʃo]と発音されていたようです（沖森，2010）。しかし、時代とともにイの段をのぞいて、[sa, su, se, so]に変化していきました。イの段だけが[ʃi]の形を残した理由として、後続母音の[i]の影響が考えられます。前舌部が持ち上がる[i]の構えは[ʃ]の位置と非常に近接しています。そのため、[si]と発音するよりも[ʃi]と発音した方が、舌の動きが少ない楽な構音となります。このように、子音の構音の歴史的変化の要因のひとつに後続母音の影響があることが伺えます。[s]の練習から音節での練習へと移行する際にも、[s]の構えに干渉しにくい後続母音を用いるように配慮します。

2) [s]の構えの定着に向けた手続き

[s]音は、舌先を歯茎部に近づけて作る摩擦音です。舌の先を持ち上げて音を作ることが目標であることを子どもに説明します。説明の理解が可能であると思われる学齢児の場合には、[ʃ]との構えの違いをイラストを交えて説明してもいいでしょう。

① [ʃ]から[s] 2-1 ：舌の構え（スプーンの形）を促す

舌先を挙上するという構えを定着させるには、舌先の形のイメージづけを行ないます。そこで、舌で「スプーンの形」を作ることを最初の目標にします。[ʃ]の構音では、舌の最も先端は下がっているか、あるいは十分に持ち上がっておらず歯茎部には近接していません。これに対し、「スプーンの形」は、舌先と舌のへりの部分（側縁部）が持ち上がり、舌の中ほどがくぼんでいるという逆の形になります（図Ⅳ-18）。まずはこの形を作るための舌筋のコントロールを学んでもらいます。そのための手続きとして、まず鏡とスプーンを用意します。そして、「舌でスプーンの形を作りましょう」と言語化し

D　複数音に誤りが見られる構音障害児の評価と指導

てイメージづけをします。指導者は**図Ⅳ-18**の形を作って見せ、子どもにも鏡で自分の舌の形を確認しながら作るように促します。これが難しい場合には、スプーンやストローの先で子どもの舌の中央部に触り、下げるべき部位を感じさせます。あるいは、スプーンの形に取り組む前に、舌先を出して上唇に触れさせて、舌先を挙上することに慣れてもらってもいいでしょう。上手にできたら褒めてあげます。試行錯誤しているうちはまだコントロールが十分でないので、スプーンの形がすばやくできるようになるまで、繰り返し練習します。

　この構えに慣れたら、次に、口の中でこの構えを再現してもらいます。そして、鏡で自分の舌の位置を確認しながら、舌先で上の前歯のうらに軽く触れてもらいます。

　② [ʃ]から[s] 2-2：目標音[s]を聞かせる

　基本ステップ2の原則B（96ページ）で述べたように、紙やカードに大きく「S」を書いて見せます。アルファベットをまだ習っていない年齢の子どもには「あなたはまだ○年生ですが、特別に英語の音を教えてあげましょう」などと動機づけをします。「これはエスという文字ですが、[s:]という音を表します」と言いながら、[s:]を指文字とともに提示します（目標音の視覚化、97ページ）。指導者は、なるべく鋭い[s]を聞かせて音を印象づけます。

　③ [ʃ]から[s] 2-3：[s]の産出を促す

　子どもに「スプーンの形」をしてもらい、続けて口の中でスプーンの形を促した後で、「舌の先を持ち上げて、歯のうしろに近づけて[s:]と言ってみましょう」と[s]の産出を促します。舌の形を意識させるために、指導者は手のひらを上に向けて指先だけを持ち上げて見せて、「舌はこんな形ですよ」と視覚的な手がかりを与えてもいいでしょう。

　④ [ʃ]から[s] 2-4：自己モニタリングを促し、フィードバックを与える

　先に、[s]の方が[ʃ]よりも鋭い音色の聴覚印象を与えることを説明しました。子どもには、より「とんがった音」になるように舌の位置を変えるように促します。指導者と交代で、舌先を意識して繰り返し[s:]と発音させると、舌の形はわずかにゆらいで、毎回微妙に音色が変わります。その都度、「そうそう」「今のはさっきよりいいですよ」などと、評価のフィードバックを与えます。舌先が十分に上がっていない音には「もう少し舌の先を上げて」などと助言します。時折、[ʃ]から[s] 2-1の舌の構えの練習に戻って舌の形を確認しながら、より「とんがった音」が出たら、即座に褒めてあげて定着を促します。このような流れで、徐々に適切な舌の構えに導いていきます。

　なお、1回の指導で完璧な[s]音に達することは稀です。少しでも近づいたら、宿題として「スプーンの形」と[s]音を家で練習してきてもらいます。次回の指導で継続し、

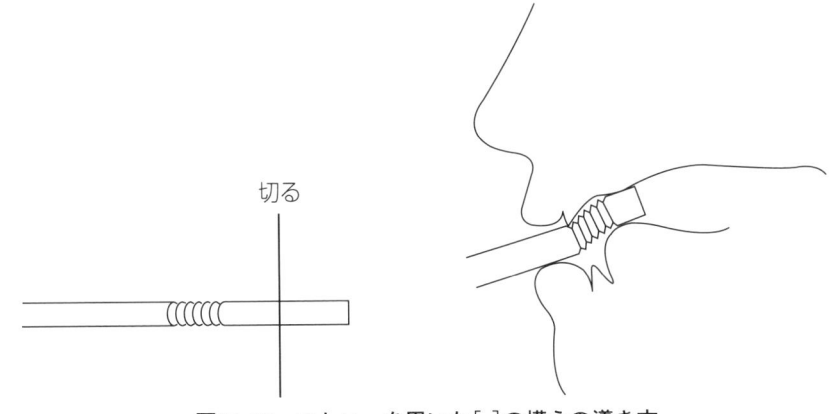

図Ⅳ-19　ストローを用いた[s]の構えの導き方

徐々に正しい音に近づけていきます。

⑤ [ʃ]から[s] 2-5：[s]を持続させる

　鋭い音色の[s]が出せるようになったら、[s]音を引き伸ばしていきます。指導者は顔の横で手を開き、親指から1本ずつ折りながら[s:]を3秒間続けてみせます。同様に、子どもにも指導者が指を折る間[s:]を持続してもらいます。最終的には、5秒程度続くまで練習します。

3) [s]を導出する別の方法

　ここまでの流れで[s]の産出が難しい場合には、ストローを用いて、触覚的なフィードバックを使って構音を促します。まず、吸い口近くにじゃばらのついたストローを用意し、じゃばらから1cm程度の所で端を切り落とします。これを図Ⅳ-19のように折り曲げ、ストローの先端が歯茎部付近に来るように子どもに入れてもらいます。唇を閉じずにストローから勢いよく呼気を出すには、舌の先だけでストローを押さえなければなりません。舌先よりも後ろの部分が上がっていると、空気は流れるものの詰まり気味の音になります。スプーンの形のままで、舌先だけでストローに触れるように促し、指導者と同じくらいに強く呼気が流れることを確認してください。これができたら、その構えでストローを外して発音してもらい、[ʃ]から[s] 2-3の手続きに進みます。

(3) ʃからsへのステップ3　単音節、音節の繰り返しへと移行する

　単音の[s]の構音が安定したら、この舌の構えをなるべく維持しやすい母音をつけて発音する練習に進みます。ここでは、[ʃ]を誘発しにくい、舌の位置が低い[a]を伴う[sa]を用いて練習します。音節の段階で[ʃa]になりがちな場合には、[ʃ]から[s]へのステップ2を時折復習しながら、単音[s]と音節[sa]を交互に繰り返し練習します。また、

D　複数音に誤りが見られる構音障害児の評価と指導

[s, a]というように子音と母音とが途切れてしまいスムーズにつながらない場合には、手のひらで机の上を雑巾がけするような動きをつけて、「サー」と擬音語のように言って聞かせ、子どもにも手の動きを添えて発音してもらいます。

[sa]が正しく発音できるようになれば、「さささささ」といった音節の繰り返しで練習します。

(4)　∫からsへのステップ4　有意味語や多様な音節の連続へと移行する

[sa]を語頭に含む2音節語を描いた絵カードを用いて練習します。これらで正確な構音ができたら、音節数の多い語や[sa]の位置が異なる語に進み、さらには後続母音を変えて[se][so]で練習します。図Ⅳ-13の**基本ステップ4**（95ページ参照）を参照してください。

複数の異なる後続母音で正確に構音できるようになったら、「さすせそ」といった、母音のみが異なる音節の連続を練習します。後続母音によっては歪みや置換が生じる場合は、その音を除いて練習します（例：「させそ」）（99ページ参照）。

安定した構音に導くには、高頻度の練習が必要です。しかし、不適切な舌の構えで発音を繰り返すことは誤りを強化することにしかならないので、避けなければなりません。そこで、[s]の反復練習の段階になったら、「じょうず」といったことばかけの他に、**視覚的**フィードバックも与えていきます。たとえば、「さかな」を繰り返し言ってもらう練習では、子どもの[s]が適切であれば指で「ＯＫ」のサインを出してあげたり、あるいは適切であれば紙に○を書き、歪んでいたら△を書いて見せたりして、フィードバックしていきます。子どもが発音を試みるたびに○や、あるいは◎を書いていくと、子どもにとっても自分の達成度が分かりますし、○や◎が増えていくと、励みにもなります。

(5)　∫からsへのステップ5　語の連鎖、音読・自発話へと移行する

ステップ4が達成できたら、語の連鎖や、文・文章の音読、自発話での産出へと移行し、般化を確認します。自発話における般化の段階では、[s]の生起に合わせて指導者が指文字で"Ｓ"を提示し、目標音の意識化を促します（97ページ）。手続きについては**基本ステップ5**（100ページ）を参照してください。

5 [s]音の指導──[s]が[t]や[ts]に置換している誤りへの対応

Iさんの発話では、[s]は[ʃ]に置換されていました。しかし、「そら」が「トラ」（[tora]）と発音されたり、「スイカ」が「ツイカ」（[tsuika]）になったりする子どももいます。このように[s]が[t]や[ts]に置換されるパターンはそれぞれ**摩擦音の破裂音化、破擦音化**と呼ばれます。ここでは、[s]が[t]や[ts]に置換される誤りを示す子どもへの指導について解説します。

(1) t,tsからsへのステップ1　正しい音と誤り音とを聞き分ける

正しい音と誤り音を聞き分けることができるかどうかを調べるために、指導者の発音の適否を判断してもらいます（「[t][ts]から[s]へのステップ1」を「[t][ts]から[s]1」と表記します）。

1) [t][ts]から[s]1-1：正誤を判断する

[ʃ]から[s]1-1と同様の手続きで行ないます。「さかな」と「タカナ」、「すいか」と「ツイカ」など、子ども自身が示す誤りのパターンを反映させた音のペア（正しい音と誤った音）を聞かせ、正誤判断ができるかどうかを確認します。

2) [t][ts]から[s]1-2：仮名文字と対応させる

平仮名が読める子どもには、さ　た、す　つなどを大きく書いた文字を提示し、「『さ』はどっち？」「『た』はどっち？」などと尋ねます。

この段階で、聞き分けができていない場合には、聞き分けの練習に取り組みます。弁別ができるようになってから、ステップ2に移行します。

(2) t,tsからsへのステップ2　単音で目標音を正しく構音する

ʃからsへのステップで解説した指導法は、[s]の舌の構えができていない子どもを対象としていましたが、[s]が[t]や[ts]に置換している子どもでは、構音位置は正しく獲得しています。しかし、舌先と歯茎との隙間から呼気を持続して出す摩擦音にならず、舌先が呼気の流れを一瞬止めてしまう結果、[t]や[ts]になってしまいます。したがって、子どもには舌先で空気の流れを止めずに持続して出すことを習得してもらいます。

1) [t][ts]から[s]2-1：感覚的フィードバックによりイメージ化させる

基本ステップ2で紹介した**原則B**「**多感覚的な音の意識化**」を活用します。ここでは触覚的な手がかりを用います。まず、子どもの手の甲を上にして支えます。指導者は[s:]と発音しながら、子どもの手首から腕に向かって軽く指で撫でていき、摩擦音が持

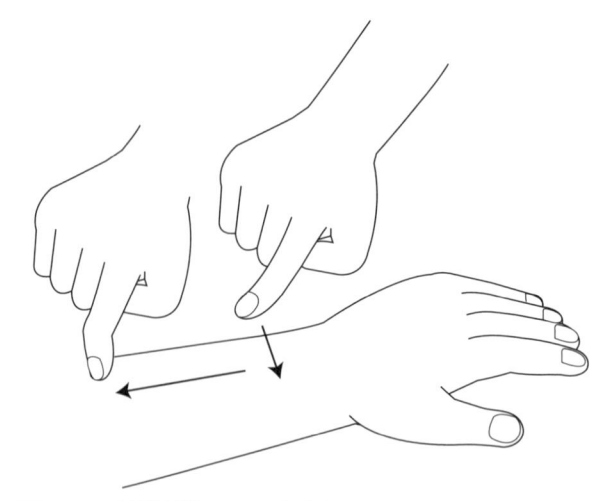

D 複数音に誤りが見られる構音障害児の評価と指導

図Ⅳ-20 触覚刺激による破裂音、摩擦音などのイメージ化

続していることをイメージ化してもらいます。「では次に[t]（あるいは[ts]）を言ってみますよ」と前置きして、破裂音化する子どもであれば[t]を発音しながら子どもの腕を軽くタッピングし、破擦音化する子どもであれば[ts]と発音しながら軽くタッピングしてから続けて指を上方に這わせます（**図Ⅳ-20**）。これを繰り返して、摩擦音と破擦音との違いを触覚的に感じてもらいます。子どもが長袖の服を着ている場合には、手の甲だけで行なっても構いません。なお、子どもによっては触覚的フィードバックや指導者に手を触られることを嫌がるかもしれません。その場合には、指導者は机の上でタッピングしたり、指で机上を滑らしたりして見せ、破裂音や摩擦音を視覚的に提示するだけでも構いません。

2) [t][ts]から[s] 2-2 ：[s]の産出を促す

次に、「舌の先を強く押し上げると[t]（あるいは[ts]）になってしまうので、舌の先はやさしくね」と「やさしく」のところを強調して子どもに[s:]を試してもらいます。始めから[s]にはなりませんが、「やさしく」と促して、指導者と交互に繰り返します。子どもが発音するごとに子どもの手の甲や腕に「今のはこんな感じ」とフィードバックを与えます。少しでも[s]に近い脱力した音が出たら、褒めて強化していきます。なお、首や肩に力が入っているようであれば、全身をリラックスさせたうえで進めます。

どうしても[ts]になってしまう場合には、[ts:]を長く引き伸ばして次第に[s:]に近づけていく方法をとります。[ts:]の最初で子どもの手を軽くタッピングして、最初の出だしに注意を向けさせます。そして、最初の破裂性をできるだけ軽くするように促し、子どもが発音するたびにフィードバックを与えていきます。

3）[s]を導出する別の方法

このような手続きで[s]の導出が難しい場合、ストローを使って、呼気が出続ける感覚を経験してもらう方法があります。前出の**図Ⅳ-19**のように舌先でストローを挟むか、あるいは、英語の"th"の音[θ]の構えで舌を上下の前歯の間に出し、舌の上面と前歯との間にストローを挟みます。この構えで呼気をスムーズに出してもらい、呼気が流れ続けることを感じてもらいます。その直後にストローを外して、同じ舌の構えで摩擦音を作ってもらいます。これを何度か繰り返し、「やさしくね」と隙間を維持したまま摩擦音を作ることを促しながら、毎回フィードバックを与えて、徐々に適切な音に近づけていきます。フィードバックの与え方については、ʃからsへのステップ3を参照してください。

(3) t,tsからsへのステップ3　単音節、音節の繰り返しへと移行する

このあとは、ʃからsへのステップ3以降と同様の手続きで進めていきます。なお、[s]が[t]や[ts]に置換される子どもでは、音節での練習を始める際にどの後続母音から開始するかについての原則はありません。子どもに[sa, su, se, so]と言ってもらい、最も摩擦音に近い音となる音節から始めると良いでしょう。

E 前段階に舌運動訓練を用いた側音化構音の指導

1 舌運動訓練とは

　口腔筋機能療法（Myofunctional Therapy：MFT）は、指しゃぶりなどにより二次的に生じた舌を突き出す癖（舌癖）や口呼吸により口唇が閉じない状態を改善する療法です。矯正歯科や小児歯科では、舌癖が原因と考えられる咬み合わせの異常を改善するために用いられてきました。

　側音化構音や口蓋化構音では、舌先でなく舌背を使って構音する特異的な舌運動がみられます。この子どもたちの舌には、「舌が細長い」「舌尖[*8]が尖って反り返る」「舌の奥が盛り上がる」などの特徴がみられます。このような舌のまま音の指導を行なっても、正しい構音操作がなかなか定着せず、指導も長期化する傾向がみられます。そこで、音の指導の前に、基礎訓練としてMFTを応用した舌運動訓練（以下、舌運動訓練）を行なうと、舌運動の改善には時間を要しますが、音の指導は比較的短期間で終了することができます。また意識してゆっくり言えば正しく構音できるが会話になると誤るという場合でも、再度舌運動訓練を行なって安定した舌が獲得できると会話への般化が確実になる場合もあります。

2 舌運動訓練の実際

　基礎訓練とは、音を意識せず、口唇や舌を指導者の指示に従って随意的に動かし、構音に必要な基礎的な運動を習得させる指導です。指導のはじめに毎回行なわれる「おくちの体操」と同じ考え方ですが、各課題を正確に行なうこと、舌の筋力や感覚を高めることがより一層求められます。図Ⅳ-21に舌運動訓練を基礎訓練として行なう側音化構音の指導の流れを示します。ここでは、サ行音、ザ行音、ツ、イ列音、拗音、ケ・ゲに側音化構音が見られた場合で説明します。

[*8] 舌の先について、医学領域では、「舌尖（ぜっせん）」という用語を使いますが、音声学の領域では「舌先」という用語を用います。日本におけるMFTは矯正歯科から始まった経緯があり、成書に記載された訓練プログラムでは「舌尖」という用語を使っています。本章の舌運動訓練では、舌の先というよりも、舌尖の部分を舌の先に限定して指導するという意味も含めて、「舌尖」という用語を使用することとしました。

IV 機能性構音障害児の評価と指導

構音の状態

側音化構音：サ行音、ザ行音、ツ、イ列音、拗音、ケ・ゲ

舌の状態
舌を前方に挺出できない。舌がすぐ引っ込む。
舌を前方に挺出させると、細長い舌になる。
舌が極端に挺出に細く、舌の奥が反り返る。
舌が極端に細く、舌の奥が盛り上がる。
舌全体が波打つような不随意な動き、ピクピク動く、ひらひら動く

舌運動訓練

舌平らの訓練
- 舌を前に出す
- 舌平らでお皿
- 舌平らで奥まで舌ら
- ティップアンドスティック
- 舌を尖らす訓練

舌尖のコントロール訓練
- 左右口角接触
- 舌尖挙上
- 舌尖上下左右
- 口唇トレース

- 舌挙上訓練
- ポッピング

- 舌位の訓練
- ストローポジション

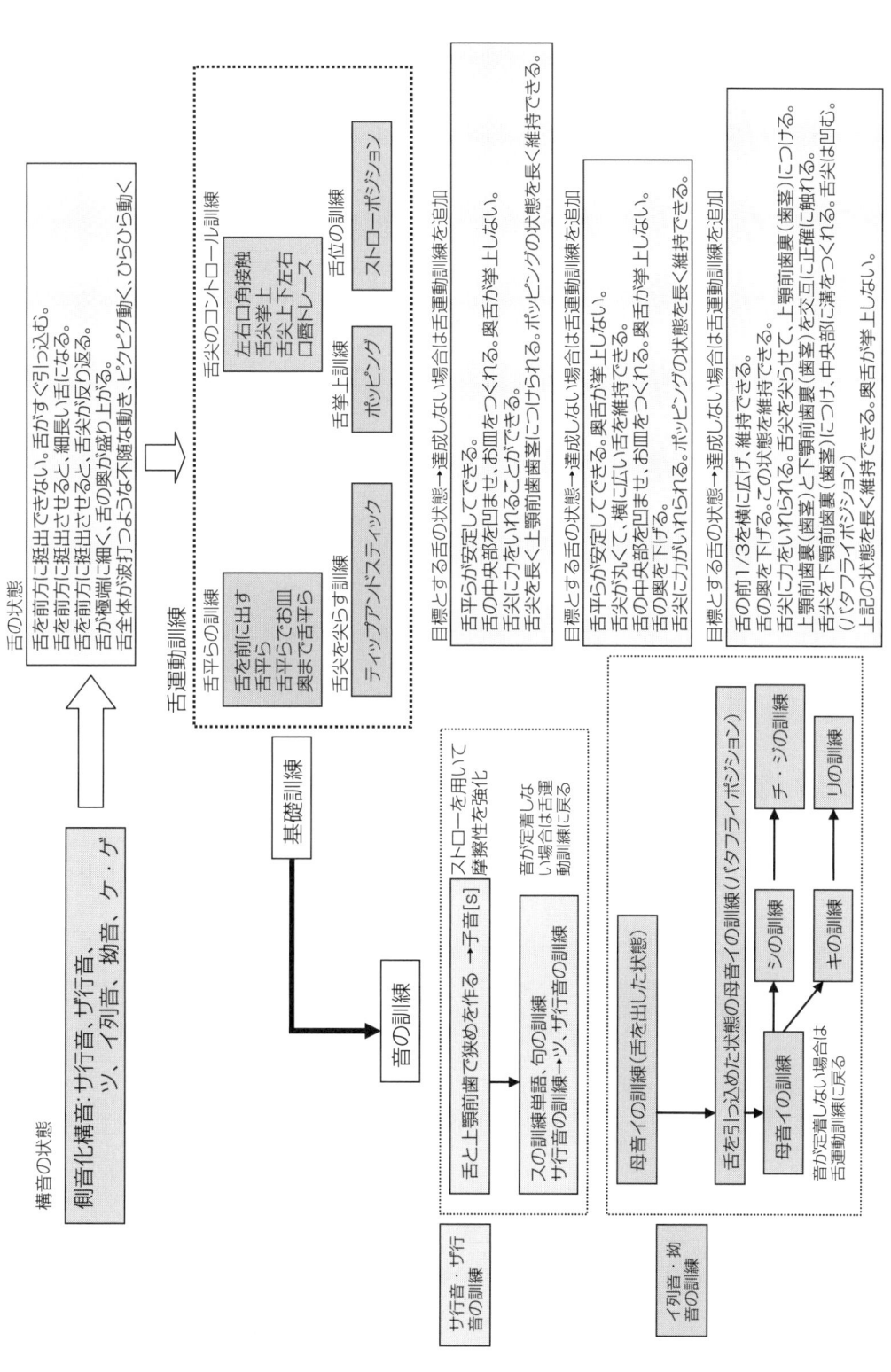

基礎訓練

目標とする舌平らの状態→達成しない場合は舌運動訓練を追加
- 舌平らが安定してできる。
- 舌の中央部を凹ませ、お皿をつくれる。奥舌が挙上しない。
- 舌尖に力をいれることができる。
- 舌尖を長く上顎前歯窩につけられる。ポッピングの状態を長く維持できる。

目標とする舌の状態→達成しない場合は舌運動訓練を追加
- 舌平らが安定してできる。奥舌が挙上しない。
- 舌尖が丸くて、横に広い舌を維持できる。
- 舌の中央部を凹ませ、お皿をつくれる。奥舌が挙上しない。
- 舌尖に力がいれられる。ポッピングの状態を長く維持できる。
- 舌の奥を下げる。

目標とする舌の状態→達成しない場合は舌運動訓練を追加
- 舌の前1/3を横に広げ、維持できる。
- 舌の奥を下げる。この状態を維持できる。
- 舌尖に力をいれられる。舌尖を尖らせて、上顎前歯裏（歯茎）につける。
- 上顎前歯裏（歯茎）と下顎前歯裏（歯茎）を交互に正確に触れる。
- 舌尖を下顎前歯裏（歯茎）につけ、中央部につくれる溝をつくれる。舌尖は凹む。（バタフライポジション）
- 上記の状態を長く維持できる。奥舌は挙上しない。

音の訓練

サ行音・ザ行音 音の訓練
- 舌と上顎前歯で狭めを作る →子音[s]
- ストローを用いて摩擦音を強化
- 音が定着しない場合は舌運動訓練に戻る
- スの訓練 単語、句の訓練
- ス、サ行音の訓練 ツ、ザ行音の訓練

イ列音・拗音の訓練
- 舌を引っこめた状態の母音イの訓練（バタフライポジション）
- 母音イの訓練（舌を出した状態）
- 母音イの訓練
- 音が定着しない場合は舌運動訓練に戻る
- シの訓練
- キの訓練
- チ・ジの訓練
- リの訓練

図IV-21　側音化構音の訓練の流れ

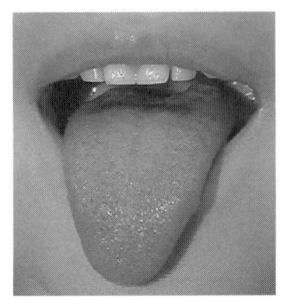

E 前段階に舌運動訓練を用いた側音化構音の指導

図Ⅳ-22 舌を挺出すると細長い

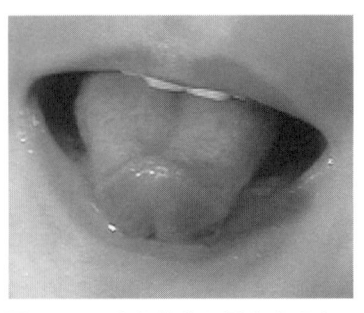

図Ⅳ-23 舌を前方に挺出すると舌尖が反り返る

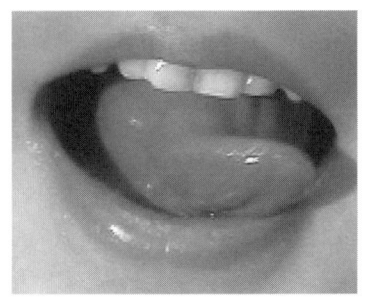

図Ⅳ-24 舌尖が細く奥舌が盛りあがる

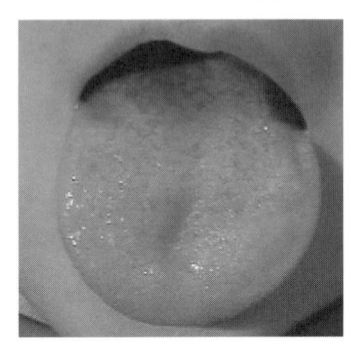

図Ⅳ-25 舌全体が薄くヒラヒラしている

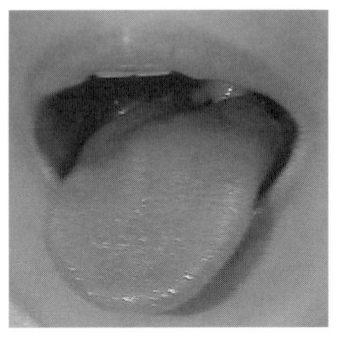

図Ⅳ-26 舌の中央部が盛り上がる

指導前の舌の状態

「舌を前に出せない。舌がすぐ引っ込む。舌を前に出そうとすると細長くなる。舌を出そうとすると舌尖が反り返る。舌尖が極端に細く、舌の奥が盛り上がる。舌全体が波打つような不随な動き、ピクピクした動きになる。舌の端がひらひら動く」などの特徴がみられます（図Ⅳ-22、23、24、25、26）。

舌運動訓練

舌運動訓練は、舌平らの訓練、舌尖のコントロール訓練、舌尖を尖らす訓練、舌挙上訓練、舌位の訓練を子どもの舌の状態に合わせて組み合わせて指導します。

(1) 舌平らの訓練

1) 舌を前に出す

①口を大きく開けて、閉じる。

②口を大きく開けて、舌を前に出す。

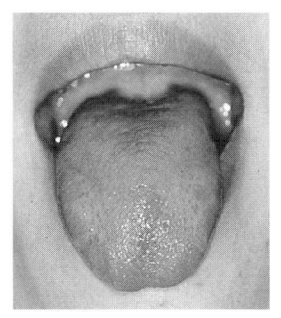

図Ⅳ-27 横に平たい丸い舌（健常人） 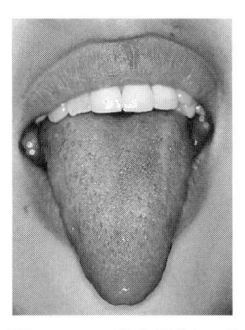　　図Ⅳ-28 舌尖が細い舌（側音化構音訓練前） 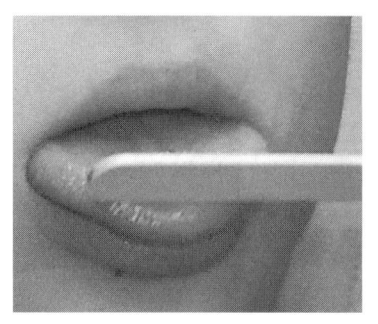　　図Ⅳ-29 舌圧子で舌を触り脱力させている

　③口を大きく開けて、舌を前に出してそのまま維持する。最低30～60秒。

指導のポイント

　舌運動訓練は、必ず口を大きく開けてから行なうようにします。口の開け方が小さいとしっかり舌を動かすことができません。練習を続けていくうちに口を開けている量が徐々に小さくなるので気をつけましょう。この段階では、舌の形が棒状でもヒラヒラしていても構いません。舌が引っ込まないで前に出し続けることが大切です。

2）舌平ら（図Ⅳ-27、28、29）

　①口を大きく開けて、舌を前に出す。
　②横に平たい先が丸い舌を作り、できるだけ長く維持する。最低30秒～1分。

指導のポイント

　「舌の中央部が盛り上がる。舌全体が硬い。舌全体が波打つ。舌尖が反り返る」などの場合、舌圧子で軽く触ると舌の力がぬけて先が丸い舌になります。舌圧子で触られるのをいやがる子どもでは、少しずつ触れる時間を長くするとよいでしょう。

3）舌平らでお皿（図Ⅳ-30）

　①口を大きく開けて、平らな舌を作る。
　②舌尖を少し上に向けて、中央部を凹ませる。この状態を維持する。

指導のポイント

　舌のお皿を維持する課題では、後半になると舌の中央部が盛り上がる場合があるので、気をつけます。鏡とペンライトで確認します。

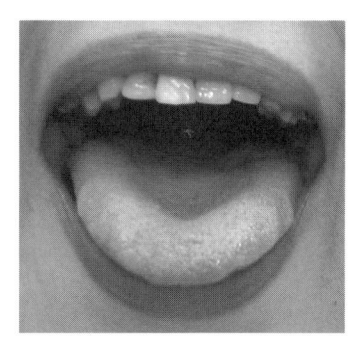

図Ⅳ-30　舌のお皿

4) 奥まで舌平ら（図Ⅳ-31）

舌の奥を押し下げ、奥まで舌平らの状態を維持する。ペンライトと鏡で舌の奥の形を確認する。

指導のポイント

「口蓋垂を見せて」とか、「あくびをする直前でとめて」と指示すると分かりやすいです。指導者が舌圧子で舌の中央を軽く触って奥まで下げる感覚を教えます。手指を清潔にして子ども自身で舌の中央の盛り上がった部分を触れたり、指で押し下げると舌の奥を下げる感覚が理解しやすいこともあります。

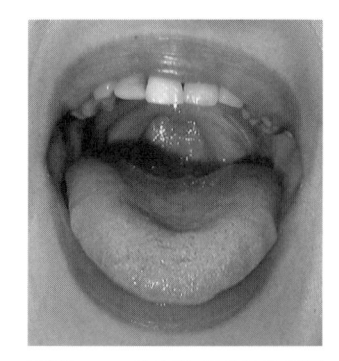

図Ⅳ-31　舌の奥が見える舌平ら

(2) 舌尖のコントロール訓練

1) 左右口角接触（図Ⅳ-32）

①口を大きく開けて、舌尖で左右の口角に正確に接触させる。
②①の状態で舌尖を上向きにして、維持する。舌の横（側縁）が十分伸ばされていることを意識する。

図Ⅳ-32　左右口角接触

2) 舌尖挙上（図Ⅳ-33）

①口を大きく開けて、舌尖を尖らせて、上唇に触る。
②舌尖で上顎前歯に触る。
③舌尖で上顎前歯裏（歯茎）に触る。
④③が維持できる。

指導のポイント

口を開ける量が減少しないようにします。また舌尖が反転しないように気をつけます。舌尖の力が弱い場合は、ティップアンドスティックなどの舌尖を尖らす訓練を行ないます。

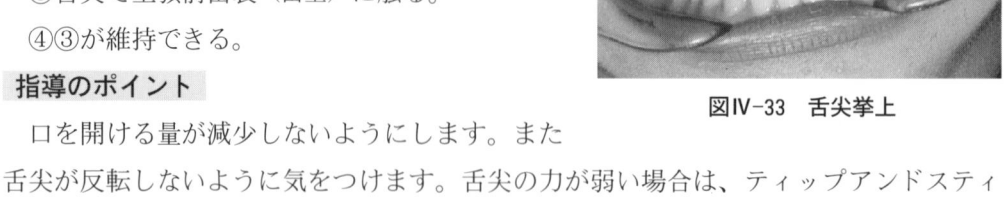

図Ⅳ-33　舌尖挙上

3) 舌尖上下左右接触

①口を大きく開けて舌尖を尖らせ左右の口角に接触させ、最後に上顎前歯裏（歯茎）に触る。
②①を指示に従って（ゆっくり・はやく）行なう。徐々にランダムな指示に変える。

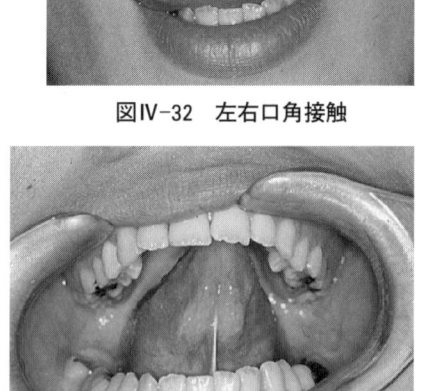

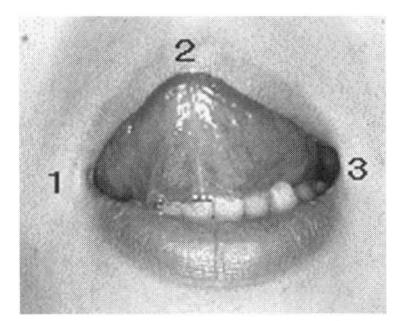

図Ⅳ-34 ポインティングの位置を3ヵ所設定して、正確にポインティングする

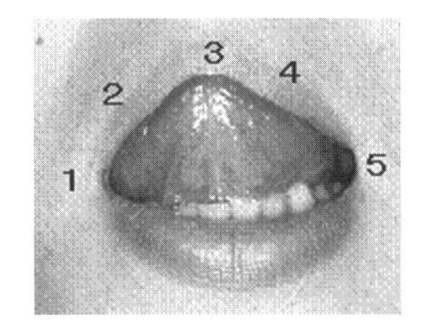

図Ⅳ-35 ポインティングの位置を5ヵ所に増やす

③口を大きく開けて、舌尖を尖らせ上顎前歯裏と下顎前歯裏を交互に触る。
④③を指示に従って（ゆっくり・はやく）行なう。徐々にランダムな指示に変える。
⑤口を大きく開けて、舌尖を尖らせ①と③を組み合わせて行なう。「舌尖を右につけて、左につけて、上につけて、下につけて」などと指示する。徐々にランダムな指示に変える。

指導のポイント

舌尖で下顎前歯裏（歯茎）に触れることができない場合は、舌尖を尖らす訓練を行なったり、下顎前歯裏を左右にゆっくりなめたり、下顎前歯裏を舌尖で触ったり押したりする訓練を追加します。

4）口唇トレース（図Ⅳ-34、35）
　①口を大きく開けて、舌尖を右口角、上唇、左口角の順に接触させる。
　②舌尖で接触させる点を増やす。
　③一定の速度でゆっくり正確に上唇、下唇をなめる。

(3) 舌尖を尖らす訓練（ティップアンドスティック）
　　（図Ⅳ-36）
　①舌に対して舌圧子を垂直に持つ。
　②舌を前方に出し、舌尖を尖らせて舌圧子で触る。
　③②の状態で押し合う。
　④舌圧子なしでも舌尖を水平に出せる。

指導のポイント

舌圧子と舌尖で押し合うというより、舌圧子を舌尖に

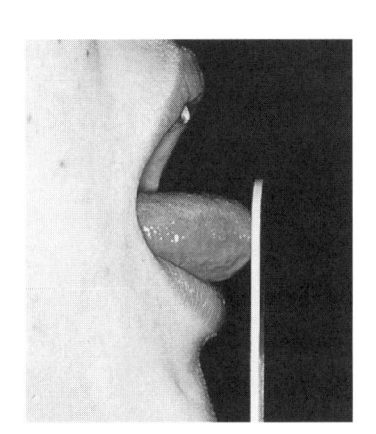

図Ⅳ-36 舌尖を尖らす訓練

Ⅳ 機能性構音障害児の評価と指導

E 前段階に舌運動訓練を用いた側音化構音の指導

あてて維持します。舌圧子をあてる方向を変えて行ないます。また舌圧子以外のもの（スプーン、お菓子など）でも舌尖が接触する感覚が異なるので、さまざまなもので試みてもよいでしょう。

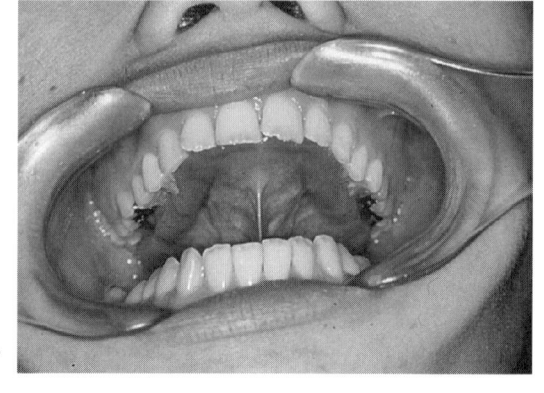

(4) 舌挙上訓練（ポッピング）（図Ⅳ-37）
　①舌尖を上顎前歯裏（歯茎）につける。
　②①の状態のまま、舌を横に広げるようにしながら少しずつ舌の横（側縁）を上顎前歯裏に押しつけるようにする。

図Ⅳ-37　ポッピング

　③横に広がった舌の前方部が硬口蓋に張りつくように、舌と硬口蓋を密着させ舌全体を吸い上げる。できない場合は、「ゆっくりした舌打ち」を練習してから行なう。
　④舌小帯を伸ばして、舌全体を挙上させる。舌の横（側縁）が左右同じように吸い上がり、その状態を維持する。

指導のポイント

　口角を横に引いて、舌の横（側縁）が左右対称に吸い上がっているか確認します。どちらか一方の舌の横（側縁）が下がっている場合は、対称に吸い上がるまで指導を続けます。舌の横（側縁）が歯列の外にはみ出さないようにします。

(5) 舌位の訓練（ストローポジション）（図Ⅳ-38、39）

　舌位の訓練は、舌尖を上に向けることや舌挙上訓練（ポッピング）ができない場合に

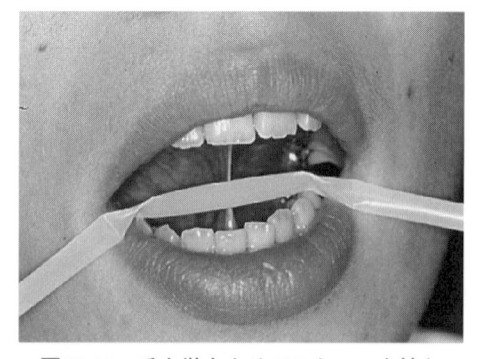

図Ⅳ-38　舌を挙上させてストローを挟む 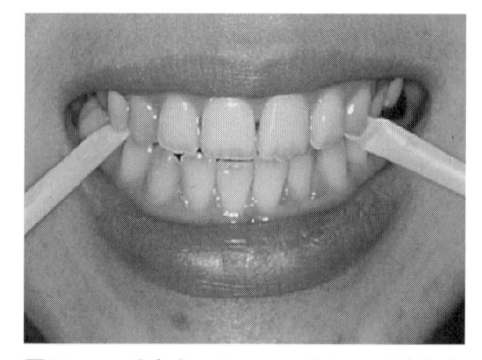　　図Ⅳ-39　舌尖をストローの上にのせ咬合する

行ないます。

①ストローをコの字に曲げる。
②舌をストローの上にのせて噛み、口唇を閉鎖し、この状態を維持する。最初は5分持続させ、徐々に延長しながら15分くらいまで行なう。唾液がたまってきたら、このまま飲み込んでもらう。舌がストローの上にのっているか、時々確認する。
③ストローなしで、舌尖および舌の横（側縁）が口蓋に接触していることを確認する。

指導のポイント

安静時の舌の正しい位置を学ぶ課題なので、毎日家庭で行なってもらうと効果的です。

構音指導

〈サ行音・ザ行音の指導〉

舌平ら→お皿→ストロー風→ストロー風＋「ウ」→「ス」：舌平らでお皿が安定してできるようになったら、サ行音・ザ行音の「音」の指導を開始します。ストローを用い

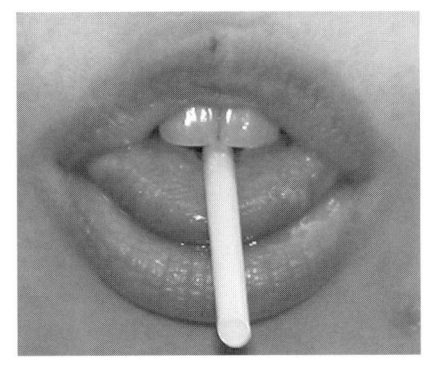

図IV-40　上顎前歯と舌の間にストローを挟み、子音/s/の狭めをつくる

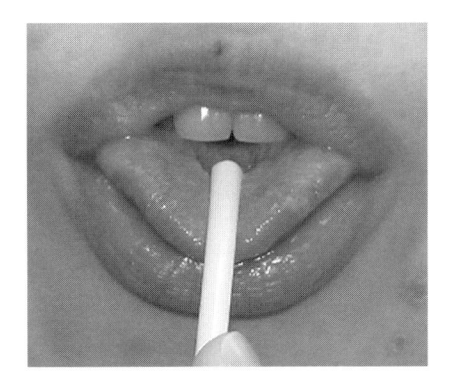

図IV-41　ストローを少し手前にずらして狭めから呼気を流出させる

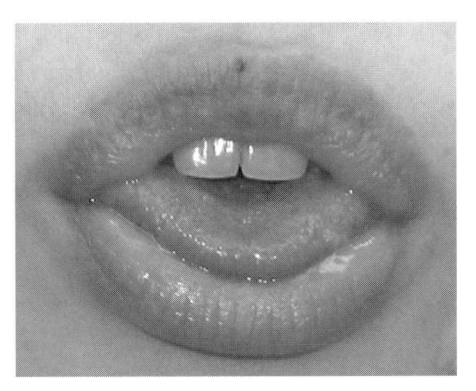

図IV-42　上顎前歯と舌との狭めからストローを使用せずに子音/s/の摩擦をつくる

E 前段階に舌運動訓練を用いた側音化構音の指導

て、舌と上顎前歯で狭めを作り、徐々に前歯と舌との摩擦性を強化します。歯間音の構えで、ストローを使用せずに、子音[s]の強い摩擦を作ります。[su]の音節、単語、句と進みます。サ行音が改善したら、「ツ」やザ行音の指導に進みます（図Ⅳ-40、41、42）。

この段階で目標とする舌の状態
□舌平らが安定してできる。
□舌の中央部を凹ませ、お皿がつくれる。奥舌が挙上しない。
□舌尖に力をいれることができる。
□舌尖を上顎前歯裏（歯茎）に長くつけられる。ポッピングの状態を長く維持できる。

〈イ列音・拗音の指導〉

舌を前に出した状態での母音「イ」の指導：舌が平らになり、中央部が凹んだ舌ができても、母音「イ」を言おうとすると、急に舌の前方部が盛り上がることがあります。はじめに舌の平らな形を作ってから、小さな声でそっと「イ」を言い、安定してできるようになったら、声を出し、徐々に長く伸ばして「イ」がいえるようにします。舌の前3分の1を横に平らに広げるイメージを作ります。ペンライトと鏡で奥舌から舌中央部の凹みをチェックします。舌を挺出した状態では、「イ」が「イ」と「エ」の中間の歪んだ音に聞こえ、子どもが気にする場合もありますが、「舌の状態をみたいからお口を開けて言って」と説明します。母音「イ」の含まれる単語、句まで指導します。

この段階で目標とする舌の状態
□舌平らが安定してできる。奥舌が挙上しない。
□舌尖が丸くて、横に広い舌が維持できる。
□舌の中央部を凹ませ、お皿がつくれる。奥舌が挙上しない。
□奥まで舌平らができる。
□舌尖に力をいれられる。
□ポッピングの状態を長く維持できる。

舌を引っ込めた状態（バタフライポジション）の指導：舌を前に出した状態で母音「イ」ができても、舌を引っ込めると舌背が挙上します。音の指導の前にバタフライポジションができるようにします。バタフライポジションは、舌尖を下顎前歯裏につけ、舌の前方を横に広げるようにして、舌の中央部に溝をつくる舌の形です（図Ⅳ-43）。舌

尖は凹み、奥舌は平らにします。「あくびをするときと同じ感じ」と説明します。バタフライポジションのままでは、母音「イ」は言えません。あくまでも舌の形の指導になります。舌尖を尖らせて、下顎前歯裏（歯茎）につけることが難しい子どもが多くみられます。舌尖の感覚を高めるために、舌尖で舌圧子に触る、下顎前歯裏を舌尖でゆっくりなめる、ポッピングなどの指導を行ないます。それ

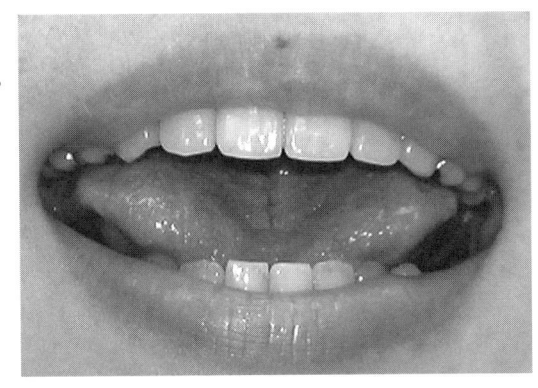

図Ⅳ-43　バタフライポジション

でもまだ難しい場合は、舌尖のコントロール訓練に戻って舌尖の感覚を強化します。

この段階で目標とする舌の状態
- □舌の前方3分の1を横に広げ、維持できる。
- □奥まで舌平らができる。この状態を維持できる。
- □舌尖に力をいれられる。
- □舌尖で下顎前歯裏（歯茎）に触れる。
- □上顎前歯裏（歯茎）と下顎前歯裏（歯茎）に交互に正確に触れることができる。
- □バタフライポジションを長く維持できる。いかなる場合も奥舌が挙上しない。

バタフライポジションから母音「イ」の指導：バタフライポジションが安定して作れるようになったら、その状態で母音「エ」から母音「イ」の指導をします。最初は母音「イ」に聞こえませんが、繰り返すことにより、徐々に近い音が出るようになります。少し口を開けた状態で行ない、ペンライトを使って、舌先〜中央部〜奥舌にかけて1本の溝ができていることを確認します。母音「イ」を言おうとすると、舌尖が挙上してしまう子どもも多くみられます。舌尖を下顎前歯裏につけて、舌を横に広げてから母音「イ」を言うようにします。

バタフライポジションから「シ」の指導：バタフライポジションでの母音「イ」ができるようになったら、「イ」→「シ」の摩擦性　→「イ」を組み合わせて、「シ」を作ります。「イ」を言うときは、舌の横（側縁）を奥歯に挟んで固定し、舌の中央を凹ませるようにします。はじめは、上下の歯を完全に咬み合わせない状態で行ない、「シ」に

E　前段階に舌運動訓練を用いた側音化構音の指導

近い音ができるようになったら、咬み合わせて、「息を前歯の中央にまっすぐあてるように」指示しながら、少しずつ「シ」に近づけていきます。呼気が口の横から出る感覚と、口の真ん中から出る感覚は違うことを教えます。「シ」の音に雑音成分が混ざり側音化構音が疑われる場合は、舌の溝ができていないことがあるのでバタフライポジションの訓練まで戻ります。「シ」ができるようになったら、「チ・ジ」も同様の手続きで指導します。[su]に母音「イ」を後続させて[si]を作る場合は、そのまま単語・句と進まず、バタフライポジションから「シ」の指導を行ないます。

「キ」の指導：「シ・チ・ジ」が言えるようになったら、「キ」の指導を開始します。「ク」に「イ」を後続させて、少しずつ「キ」に近づけていきます。「シ」がなかなか習得されない場合は、先に「キ」を指導してから、「シ」を指導する場合もあります。

「リ」の指導：最後に「リ」の指導を行ないます。「レ」に「イ」を後続させ少しずつ「リ」に近づけていきます。舌尖の弾き運動が不十分な場合は、舌尖のコントロール訓練、舌尖を尖らす訓練、ポッピングを追加します。

舌の中央に溝ができない状態で「シ」「キ」「リ」など音の指導をどんどん進めても、会話で正しい音が定着しません。このような場合は、再度舌運動訓練を実施し、奥まで舌平らやバタフライポジションが正確に安定してできるようにします。側音化構音の指導では、音が安定して出せるようになったら舌運動訓練を終了し、音の指導を中心に行ないます。しかし、正しい音が定着しない場合は、勇気をもってもう一度舌運動訓練に戻るなど、子どもの舌の状態に応じて指導を行なうことが大切です。

3　舌運動訓練を用いた側音化構音の事例

(1)　舌の基礎訓練が効果的だった事例

> 8歳のJ君は、発音をなおしたいと歯科の先生に相談したところ、病院の言語聴覚士の先生を紹介されました。構音検査の結果、サ行音、ザ行音、ツ、イ列音、拗音、ケ・ゲに側音化構音が認められました。訓練前は、「シ」構音時に舌先が丸まって中央部に呼気の流出部位がみられず、左口角から流出させていました（図IV-44）でした。しかし、訓練後は「シ」構音時に舌の中央部に陥凹がみられ、呼気が正中から流出するようになりました（図IV-45）。指導は毎週1回60分行ない、指導期間は9ヵ月31回でした（図IV-46）。

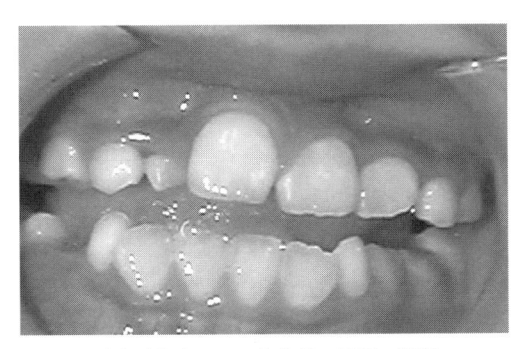

舌尖が丸まって、中央部に呼気の流出部位がみられない

図IV-44　訓練前　「シ」構音時の舌所見

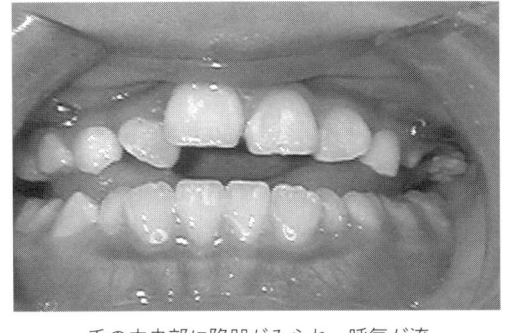

舌の中央部に陥凹がみられ、呼気が流出している

図IV-45　訓練後　「シ」構音時の舌所見

訓練回数	1	2	3	4	5	6	7	8	9	10	11
舌運動訓練	舌平ら・舌尖コントロール・ティップアンドスティック・ポッピング →										
ス サ行音・ザ行音・ツ				ストロー+風歯間音の構え →							
							舌を引っ込めてサ行音 →				
イ・シ・チ・ジ							「エ-イ」	「イ」から「シ」 ☆ バタフライポジション			

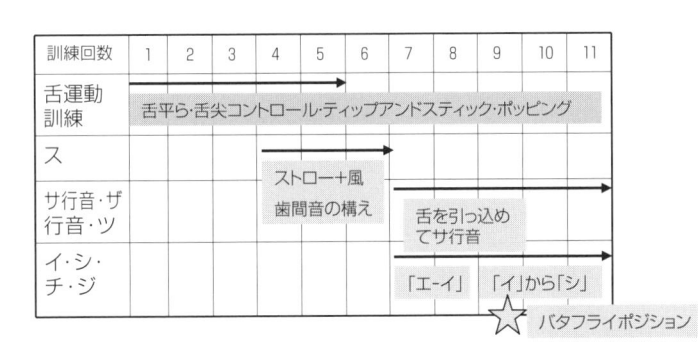

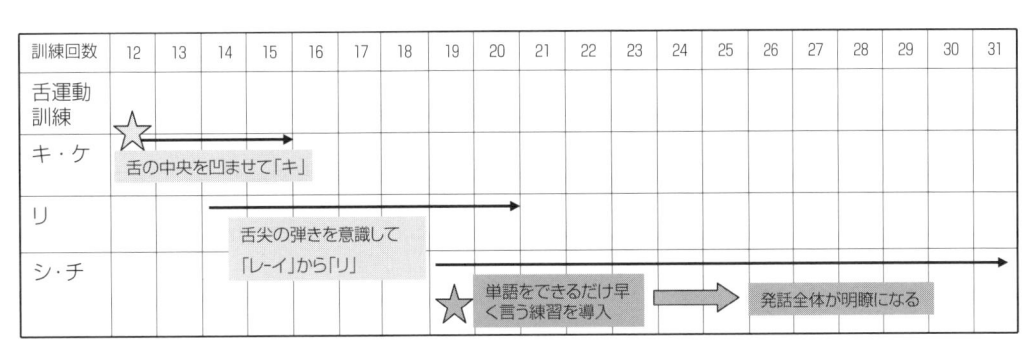

訓練回数	12	13	14	15	16	17	18	19	20	21	22	23	24	25	26	27	28	29	30	31
舌運動訓練 キ・ケ	☆ 舌の中央を凹ませて「キ」 →																			
リ				舌尖の弾きを意識して「レ-イ」から「リ」 →																
シ・チ								☆ 単語をできるだけ早く言う練習を導入					発話全体が明瞭になる →							

図IV-46　舌運動訓練を集中して行なったJ君の訓練経過

機能性構音障害児の評価と指導

E　前段階に舌運動訓練を用いた側音化構音の指導

　舌運動訓練：1回目から3回目までは舌運動訓練を中心に行ないました。舌平らの訓練では「舌平ら」と「奥まで舌平ら」がなかなか達成されませんでした。舌尖のコントロール訓練では「舌尖挙上」で上顎前歯裏に舌尖をつけようようとしても舌尖が反転してしまいました。そこで「舌尖を尖らす訓練」を集中して行ない、舌尖の感覚を強化しました。舌尖の力が弱いので「ポッピング」ができるようになるまでには時間がかかりました。

　「ス」→サ行音、ザ行音、「ツ」：4回目から、舌平らの構えからストローを用いて摩擦性を強化し、歯間音の「ス」を指導しました。7回目からは歯を咬み合わせ、舌を引っ込めたた状態でサ行音が言えました。

　舌を後退させた（引っ込めた）状態でサ行音ができたことから、舌尖（先）と舌側縁の力がついてきたと判断し、「イ」の指導を開始しました。初めに、平らな舌を前に出

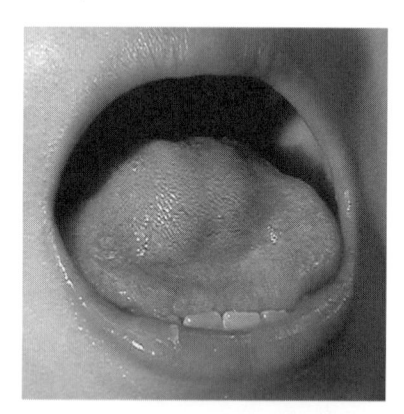

図Ⅳ-47　舌尖を下顎前歯裏（歯茎）につけると、舌背が挙上する

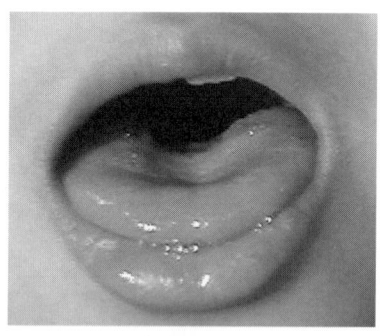

図Ⅳ-48　舌が奥まで平らになり、中央が凹む

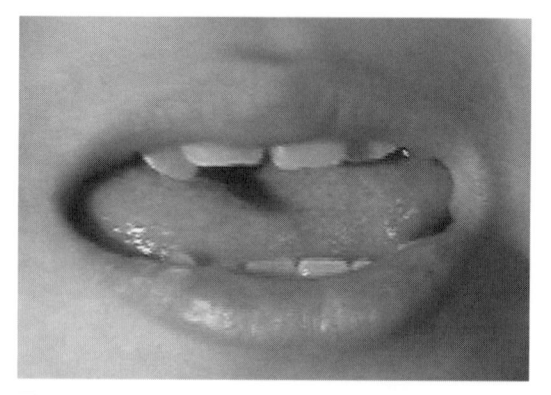

図Ⅳ-49　バタフライポジションで母音「イ」が言える。舌の中央部に陥凹ができる

し、母音「イ」を指導しました。次に舌を後退させて、バタフライポジション（122〜123ページ参照）の指導を行ないました。しかし、舌尖を下顎前歯裏（歯茎）につけるだけで舌背が挙上してしまいました（図IV-47）。舌背が挙上していることを鏡で見せながら、「舌の真ん中を凹まして」とか「あくびをするように喉の奥を下げて」という指示や、舌圧子で舌背中央の力が入っている部分を押し下げ、舌背の中央を凹ませる感覚を指導しました。意識して舌を横に広げつつ奥まで平らにして、舌中央が凹む舌が作れるようになると（図IV-48）、母音「イ」が言えるようになりました（図IV-49）。

その後、母音「イー」に続いて子音[ʃ]を持続させて母音「イー」を切れ目なく連続させながら「イーシーイ」「シー」と指導しました。最初は歯をかみ合わせない状態で舌の中央の凹みができているか確認しながら指導し、雑音のない摩擦性ができるようになったら、咬み合わせた状態で音節「シ」を指導しました。その後「チ・ジ」も同様の手続きで指導しました。

「キ」→「リ」→早く言う練習：12回目からは、バタフライポジションで「キ」を指導しました。14回目からは、舌尖の弾きを意識させながら「リ」を指導しました。19回目から「シ・チ」を語中に含む単語リストをできるだけ早く言う練習を導入しました。ストップウオッチで時間が短縮されることが楽しくなり、軽く舌を動かして早く言うことができるようになり、発話全体が明瞭になりました。

(2) 安定した舌運動を習得するのに時間がかかった事例

> 6歳のKさんは、サ行音、ザ行音が気になるとスクールカウンセラーの先生に相談したところ、病院の言語聴覚士の先生を紹介されました。構音検査の結果、サ行音、ザ行音、ツ、イ列音、拗音、ケ・ゲに側音化構音が認められました。呼気の流出部位は左口角でした。指導は毎週1回60分行ない、指導期間は2年、42回でした（図IV-50）。

舌運動訓練：舌運動訓練は、1回目から20回目までと後半の33回目から42回目に行ないました。ポッピングも舌尖と舌の横（側縁）の力が弱く、20回目でやっとできました。

「ス」→サ行音・ザ行音「ツ」：舌平らができるようになったので、5回目から「ス」から舌を出した歯間音の構えでストローを用いて摩擦性を強化する指導を行ないました。サ行音が上手になるとザ行音も言えるようになりました。12回目からは舌をひっこめて歯を咬み合わせた状態でも言えるようになりました。同じ日に「ツ」の指導も開始しました。

バタフライポジション→「シ・チ・ジ」：サ行音、ザ行音が安定してきたので、13回

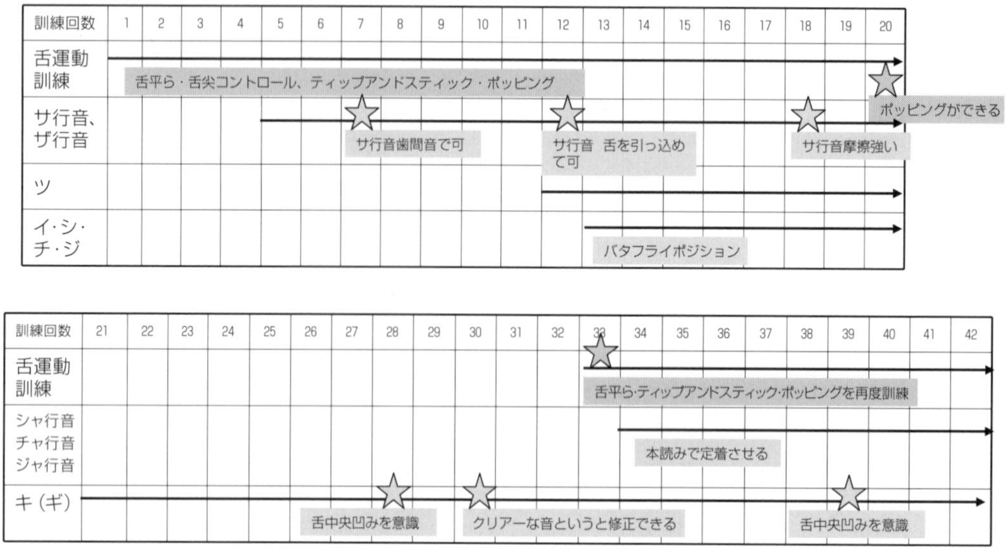

E　前段階に舌運動訓練を用いた側音化構音の指導

図Ⅳ-50　舌運動が安定しなかったKさんの訓練経過

目からバタフライポジション（舌の中央に溝をつくる）の指導を行ないました。舌を出した状態での母音「イ」、バタフライポジションで「シ」の指導を行ないました。18回目ころは摩擦性が強くなり、サ行音、ザ行音が安定してきました。20回目でやっとポッピングができるようになりました。同時に「キ・ギ」以外の側音化構音のシャ行音、チャ行音、ジャ行音も改善してきました。

「キ」の指導：21回目から「キ」の指導を開始しました。ゆっくり意識すれば言えるのに会話では般化しない段階が長く続いたので、28回目からバタフライポジションで舌の中央に溝を作る指導を集中的に行ないました。指導開始から約1年の30回目ころから、"クリアーな音"と「舌の中央の溝」の感覚が一致するようになり、自分から修正するようになりました。しかし、意識すれば正しく言えるが会話で般化しなかったため、33回目から舌平らの訓練、舌尖のコントロール訓練、舌尖を尖らす訓練、ポッピングを再度行ないました。その結果、42回目に正しい音が安定して日常会話で使えるようになりました。

Jさんは、ポッピングができるようになるまで20回かかるなど、舌尖と舌の横（側縁）の力が極端に弱いお子さんでした。このように舌の随意運動の獲得に時間を要する子どもでは、指導のすべての段階で必要に応じて舌運動訓練を取り入れることが大切です。

文　献

阿部雅子（2003）構音障害の臨床．金原出版．

旭出学園教育研究所（1993）ITPA言語学習能力診断検査．日本文化科学社．

Bernthal, J. E. & Bankson, N. W. (1998) Articulation and Phonological Disorders, 4th ed. 船山美奈子・岡崎恵子監訳（2001）構音と音韻の障害．協同医書出版社．

遠藤由美子・山下夕香里他（1997）著しい舌癖を有する口蓋化構音の1治験例—特に筋機能療法を応用した/s/音の構音訓練について．音声言語医学, 38, 11-19.

船山美奈子・竹下圭子（2002）機能性構音障害．伊藤元信・笹沼澄子編　新編言語治療マニュアル．医歯薬出版．

加藤正子・竹下圭子（2010）機能性構音障害．熊倉勇美・小林範子・今井智子編　発声発語障害学．医学書院．

構音臨床研究会編（2010）新版構音検査．千葉テストセンター．

日本コミュニケーション障害学会口蓋裂言語委員会編（2009）口蓋裂言語検査（言語臨床用、DVD付）．インテルナ出版．

沖森卓也（2010）　はじめて読む日本語の歴史．ベレ出版．

Otomo, K. & Stoel-Gammon, C. (1992) The acquisition of unrounded vowels in English. Journal of Speech and Hearing Research, 35, 604-404.

湧井豊（1992）　構音障害の指導技法．学苑社．

山根律子他（1990）改訂版随意運動発達検査．音声言語医学, 31, 172-185.

山下夕香里・石野由美子（2007）舌突出癖の発音への影響—構音指導とMFT．山口秀晴・大野粛英他監修　MFT入門—初歩から学ぶ口腔筋機能療法．わかば出版．

山下夕香里・武井良子・佐藤亜紀子・山田紘子（2020）わかりやすい側音化構音と口蓋化構音の評価と指導法—舌運動訓練活用法．学苑社．

コラム1 音節のつながりが難しく、一貫性のない構音の誤りを示す子ども（発達性発語失行）

　L君は4歳の男児で、保育園に通っています。サッカーが好きで、園でも追いかけっこなど身体を使った遊びで友達と仲良く遊んでいます。しかし、ことばを介したやりとりは受け身になるばかりで、自分から話しかけることはほとんどありません。発語が聞かれても不明瞭で、身ぶりを通して聞き手が内容を推測して何とかコミュニケーションが成立する程度です。知的発達には特に遅れは認められず、お母さんとの遊び場面では、指さしや身ぶりを交えてお母さんに盛んに語りかけるのですが、「ドシン」などの擬音語以外は「アワ、オグー、アジャン」などというように観察者にはほとんど意味は分かりません。お母さんは、L君の名前など決まった音の並びは理解できますが、その他は身ぶりなどから推測しているそうです。構音検査を実施したところ、「マメ」は [aje]、「ぶどう」は [ugo:]、「めがね」は [adʒaje] などと発音し、子音の省略、置換、歪みが顕著でした。子音の置換にも一貫性が見られず、機能性構音障害と異なる特徴を示しています。試しに、構音検査で使う絵カードをランダムに並べて、「ぶどうはどれ？」などと尋ねるとすべて正しく選ぶことができます。絵画語い発達検査では、4歳3ヵ月時点での語彙年齢は3歳2ヵ月とやや遅れはあるものの、理解語彙はかなりもっていることが伺われました。自発話では母音もあいまいで、明瞭な [a,i,u,e,o] に分化していません。このような構音障害をどのようにとらえたらいいのでしょうか。

　主に成人期以降に見られる構音障害の中で、誤りに一貫性がなく著しい不明瞭さのある発語を呈する状態に「発語失行」があります。発語失行では、構音器官にマヒはないにもかかわらず、意図的な構音運動ができません。唇の開閉といった簡単な動きを指示通りに実行することができない場合もあります。成人の発語失行は、主に脳卒中など脳血管障害の後遺症として起こり、明確な神経学的原因を有します。誤りに一貫性がなく、指導の成果があがりにくい子どもたちの構音の特徴が発語失行に似ていることから、ASHA（American Speech-Language-Hearing Association：アメリカ言語聴覚学会）は、Childhood Apraxia of Speech（CAS）という診断カテゴリーを提唱しています（ASHA, 2007）。"childhood" を日本語に訳せば「小児期」ですが、幼児も含まれるので、ここでは「発達性発語失行」とします。成人の発語失行では脳損傷の部位がCTやMRIなどの画像診断で明確になりますが、CASでは神経学的な原因が分かっていません。したがって、この診断カテゴリーは仮説的なものであると言えます。CASでは、中枢神

経系内で各々の音に対する構音運動が企画されたり、連続的な構音運動がプログラミングされたりする過程に何らかの障害があると想定されます。ASHAはCASの主な特徴として、音節や語を繰り返した際に子音や母音に一貫性のない誤りが生じることや、音や音節のつながりにおいてスムーズな移行が難しいこと、プロソディー（韻律）が不適切であったりすることをあげています。ただし、これらがCASの条件であるという訳ではなく、ほかにもCASの状態像として報告されている特徴もあります。まだ未解明な点も多く、ASHAはさらなる研究の必要性を強調しています。

　CASの状態を示す子どもへの指導にはいくつかのアプローチがあり、唇や舌の運動コントロールを重視した指導の他に、「かさ（傘）」「かた（肩）」のように意味の違いを生じさせる音に意識を向けさせる音韻意識指導、さらにはコミュニケーションの成立を重視した指導などがあります（大伴, 2001）。しかし、まだ確固とした方法はありません。

　L君には、単音節における目標音の産出と、2音節語の発音を中心とした指導を行ないました。しかし、L君は自分の構音の誤りを自覚しており、構音の改善を目指したかかわりに対して次第に拒否的となっていきました。そこで、コミュニケーションの成立を重視した指導に移行していきました。日常生活で役に立つと思われるいくつかの語彙を選択し、それらの語だけが相手に伝わる程度の明瞭さとなることを目指した指導（Core vocabulary approach：核語彙アプローチ）です。L君は、地域のサッカークラブに所属していたことから、「ゴール」「サッカー」「シュート」などを目標語として、プレイルームでサッカーを楽しみながら指導を行ないました。全般的な明瞭度に大きな変化はありませんでしたが、確実に伝わる語彙をもっているということがL君の自信にはつながったようでした。

　日本語を母語とする子どもにおいて、CASに明確に合致するプロフィールをもつ子どもは稀のようです。英語と異なり、子音が連続することがないといった日本語の音韻的特徴によるのかもしれません。今後も発達性発語失行が妥当な診断カテゴリーなのかどうか、また、どのような特徴がその基準になるのかを検討していく必要があります。

文　献

American-Speech-Language-Hearing-Association（2007）Childhood Apraxia of Speech［Position Statement］.

大伴潔（2001）　発語の著しい不明瞭さに関する研究動向—理解に比べて表出が困難である表出性言語発達遅滞の機序と支援法. 特殊教育学研究, 39(2), 79-84.

V

器質性構音障害児の評価と指導

A 器質性構音障害とは

　この章では、構音障害の原因が構音器官の形態（図V-1）や構音運動（機能）に問題があると特定される「器質性構音障害」について述べます。

　口腔器官の形態が先天的に（生まれつき）整っていないために、発話に問題が出てくる代表的な例は**口蓋裂**です。閉鎖手術をしないと哺乳（吸う）・摂食・吹く・声・構音に問題が出てきます。また生まれた後、交通事故などにより顔面を傷つけたり、舌腫瘍などの切除により口腔器官が損傷をうけたりすると構音障害が生じます。

　これらに比べると構音への影響は少ないですが、**舌小帯短縮症**や歯並び・咬合不正（「F 咬合（咬み合わせ）の異常を伴う子どもの指導」参照）、顎変形も重度になると構音障害の原因となります。

　一方、下顎（下あご）・口唇・舌・軟口蓋・声帯などは協調して動くことにより声や音を作ります。これらの運動を支配する中枢から末梢までの運動神経・筋が障害を受けると、構音だけではなく声や呼吸、プロソディ（韻律）[*1]にも影響が出てきます。脳性まひのお子さんや脳梗塞にかかった成人の方に舌がもつれた不明瞭な発話がみられます。このような発話は、専門用語で「dysarthria（ディサースリア）」と言われます。日本語訳は確定していませんが、「運動障害性構音障害」ということばを使用している教科書が多いです。

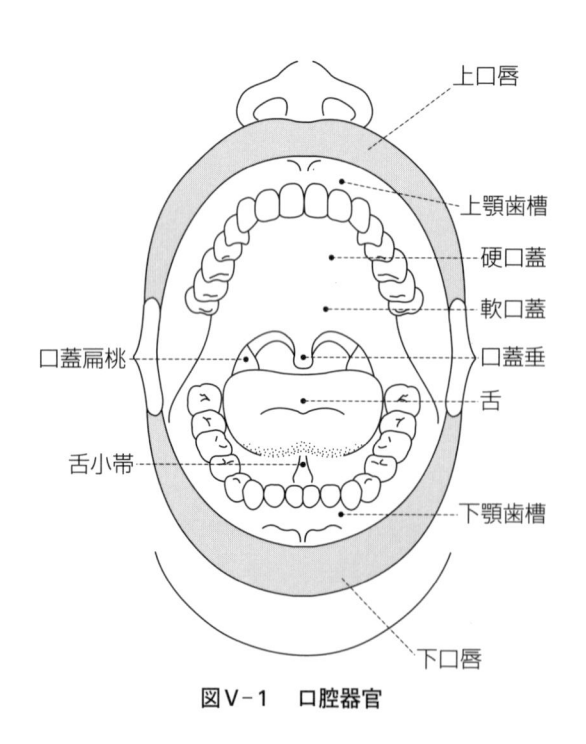

　これらすべての構音障害は原因が明らかな器質性構音障害と分類されます。

図V-1　口腔器官

（ラベル：上口唇、上顎歯槽、硬口蓋、軟口蓋、口蓋扁桃、口蓋垂、舌、舌小帯、下顎歯槽、下口唇）

[*1] 声の高さ、大きさ、リズム、メロディーなどを総称していいます。構音が正しくてもプロソディがその地域で話される標準的なものと違うと、聞き手は違和感をもちます。

B 口蓋裂・先天性鼻咽腔閉鎖不全症

1　口蓋裂とは

　口唇裂・口蓋裂は日本人を含む黄色人種に多く、約500人に1人の割合で生まれる先天性の顎・顔面の病気です。顔面・口腔に疾患があるため、子どもが成長する過程には非口蓋裂の子どもが経験しないさまざまな困難があります。そのため、治療内容は多岐にわたり、また生後すぐから顎発育が終了する成人近くまでと治療は長期になります。さらに心理的な問題、経済的な問題も多いため、本人のみならず家族を継続して支えることが医療スタッフとともに言語担当者の重要な仕事となります。

(1)　口唇裂、口蓋裂の発生は妊娠初期

　通常、胎生期の初期3～4週に、将来口になる口窩(こうか)というものができます。胎生6週ころには上顎突起がのびてきて上あごができます。胎生4～8週に口唇・歯茎（顎）の組織が、8～12週に口蓋の組織が形成されます。この時期に何らかのトラブルがあって口唇、口蓋の組織が成長しないと口唇や口蓋が閉じてない状態（口唇裂、口蓋裂）で生まれてきます。

(2)　口蓋裂のタイプ（裂型）は重要

　口蓋裂のタイプは、大きく分けると①口唇（顎）裂を伴う口蓋裂（片側／両側　口唇口蓋裂）、②口蓋裂のみ（口蓋裂単独）、③**粘膜下口蓋裂**の3つに分類されます。その他、口蓋裂に類似した言語の問題を示す④**先天性鼻咽腔閉鎖不全症**があります。すべて先天性の病気です。

　裂のタイプによって、言語をはじめ各治療の内容、時期・期間・合併症の有無、予後やかかわるスタッフなどが違ってきます。そのため、口蓋裂のタイプについて正確な情報を得ておく必要があります。

(3)　粘膜下口蓋裂

　粘膜下口蓋裂は一見すると正常な口蓋に見えます。なぜなら、口中の粘膜には明らかな裂はなく粘膜下で口蓋筋や口蓋骨に裂があり、口蓋垂裂も伴います。

B 口蓋裂・先天性鼻咽腔閉鎖不全症

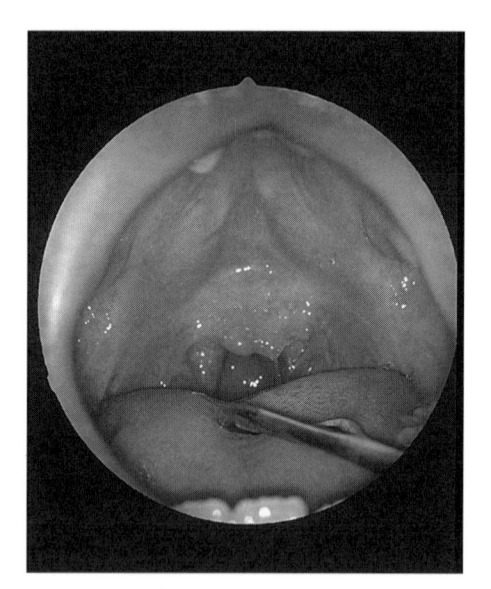

図V-2 粘膜下口蓋裂（「アー」の発声時）

粘膜下口蓋裂は口蓋裂と同様、口蓋筋が正中で離断している他に、筋が硬口蓋の後端に付着しているため、開口させて「アー」を発声させると、健常とは異なる逆V型の薄い軟口蓋がみえます（図V-2）。粘膜下口蓋裂例のすべてに声・構音の問題は生じないで、良好な言語の人もいます。したがって、上顎に粘膜下口蓋裂がみられても、口蓋の手術をするかどうかは言語の状態で決まるので、言語担当者の評価が重要となります。

(4) 先天性鼻咽腔閉鎖不全症

先天性鼻咽腔閉鎖不全症の場合も、明らかな裂がありません。発話時にレントゲンの写真をとると、**鼻咽腔閉鎖機能**（後述）が良好でなく、軟口蓋と咽頭後壁に隙間がみられます。声はその隙間から鼻に抜け、鼻声（開鼻声）となります。構音は喉をつめた声門破裂音（後述）になる例が多いです。鼻咽腔が閉鎖しない理由として、生まれつき軟口蓋が、①短い、②動きが不良、③咽頭腔（のど）が深すぎることがあげられます。特に②の軟口蓋の動きが悪い例は多く、③の咽頭腔が深いことと重なると鼻咽腔閉鎖不全が重度になります。

粘膜下口蓋裂と先天性鼻咽腔閉鎖不全症の口腔は一見正常であるため、発見が遅れます。発話が不明瞭で、開鼻声や声門破裂音などの構音障害が手がかりとなり、通常4歳過ぎに診断されることが多いです。また、合併症を伴う割合が高く、鼻咽腔閉鎖不全が軽度であったり、言語発達がゆっくりしていたりすると就学後、通級学級の言語担当者に発見されることも少なくありません。

(5) 口唇裂、口蓋裂の原因は不明

口唇裂、口蓋裂の発生原因は明らかではありません。現在のところ遺伝因子と胎内の種々の環境因子が複雑に影響しあい、一定の閾値（敷居：しきい）を越えると発症するという多因子しきい説が考えられています。妊娠初期に口唇裂・口蓋裂は発生しますので、そのときに母体が良い環境であることが望まれます。高年齢、ストレス、栄養不足、薬剤、タバコ、アルコール、感染、X線照射などは望ましくない要因としてあげられます。

(6) 口蓋裂の手術はことばが出る頃

　口唇裂の閉鎖手術は合併症がなければ体重が約6kgになる生後3ヵ月くらいの早い時期にします。一方、口蓋裂の手術は1歳代に手術をする施設が多いです。

　口蓋裂の手術目的は、良好な言語と正常に近い口蓋形態の獲得です。単純に裂を閉鎖するだけですと軟口蓋が短く咽頭後壁と接しないため、隙間から息（声）が鼻に漏れてしまいます。したがって、現在は、硬口蓋の前方の粘膜骨膜を剥がして、全体に後方移動して、かつ左右の筋が連続するように閉鎖するプッシュバック（pushback）法か、軟口蓋のみジグザグに切開して軟口蓋を延長するファーラー（Furlow）法で行なう施設が多いです。

(7) 口蓋裂と合併症

　口唇や口蓋が形成される時期に平行して心臓や眼、耳、手足なども完成していくため、この時期に何かトラブルがあると、口唇裂、口蓋裂の他に別の先天異常が合併して発現することも少なくありません。口蓋裂に合併するのは、ファロー四徴症など先天性の心疾患がもっとも多くみられます。

　また、症候群としてロバン・シークエンス、トリーチャー・コリンズ症候群、染色体検査で診断される**22q11.2欠失症候群**[*2]、プラダー・ウィリー症候群などは口蓋裂を伴うことが多いです。各々の症候群の顔面、身体的特徴や言語については成書（岡崎ら, 2011）を参考にしてください。合併症があると発話障害（開鼻声と声門破裂音が多い）の他に発達障害、学習障害、集団不適応などを起こしやすいので、療育から教育と長期に本人や家族を支援する必要があります。

2　発達にそった口蓋裂のチーム治療

　近年、出生前診断が広く行なわれ、出生前に口唇裂、口蓋裂を診断・告知される家族が増えています。それに伴い、口唇裂・口蓋裂児の家族への支援も出生前から開始されます。口腔・顔面の形態障害の治療については形成外科・口腔外科、哺乳・発育障害には小児科、頻発する滲出性中耳炎には耳鼻科、歯列・咬合不正には矯正歯科、心理社会面の問題はケースワーカー、臨床心理士などが対応します。

[*2] FISH染色体検査法で22番染色体長腕部分が微細に欠失しており、多くの先天性の形態異常と発達障害が生じます。特徴的な症状としては、先天性心疾患（80%）、口蓋裂（粘膜下口蓋裂）や先天性鼻咽腔閉鎖不全症など鼻咽腔閉鎖機能に問題をもつ例が70%、知的障害・低身長が70%です。特徴的な顔貌をもつ例も多く、診断の手がかりとなります。

B　口蓋裂・先天性鼻咽腔閉鎖不全症

　チーム治療における言語担当者の臨床は子どもの年齢によって違います。乳児期（手術前）は発達と家族支援、口蓋裂術後（1歳過ぎ）の幼児期は有意味語が表出されるため言語発達、鼻咽腔閉鎖機能、構音の評価が加わります。必要な子どもには適切な時期に言語指導を行ないます。言語指導の基本的方針は年齢相応の言語を獲得して就学を迎えることですが、発達障害、鼻咽腔閉鎖不全の残存、瘻孔（術後の残孔）、顎裂部骨移植*3などの二次手術、歯科矯正、骨延長*4などの治療開始で、就学後も引き続き言語指導を必要とする子どもがいます。また、発音の問題は解消しても、就学後発達障害が顕在化して学習障害を示す子ども、学校生活に不適応を起こす子どもには学級担当と連携して引き続き支援します。

　青年期・成人期は、継続した治療に対して本人が自主的に取り組みます。この時期は治療に加えて就職、結婚、社会適応など心理社会的な問題が当事者の生活に複雑に関係してきますので、自己実現ができるように支援します。

---

*3　咬合を改善させるために、上顎の歯槽（歯ぐき）の裂に骨を移植して、歯牙（犬歯や側切歯）を誘導します。骨は自家骨が多いですが人工骨も用います。永久歯の萌出する時期が骨移植にとって最適なため、手術は小学校時期と重なります。

*4　口蓋裂は上顎が下顎に比べ後退している反対咬合が多いです。骨延長は咬合・顔貌を矯正するひとつの方法で最近行なわれています。上顎骨を切った後、骨延長器を顎骨に装着して骨・骨膜・粘膜・筋など周囲の軟組織も含めて少しずつ（1日1 mmくらい）前方に出し、切離した部分に新生骨を形成します。

C 口蓋裂・先天性鼻咽腔閉鎖不全症の言語評価

　口蓋裂児の発話が不明瞭な場合、①言語発達、②発声発語器官、③鼻咽腔閉鎖機能、④構音などの問題が単独、あるいは重なって関係していることが多いです。子どもの発話について、正確な評価を行ない、治療が必要な場合は適切な時期に、適切な治療・指導を行なうことが重要です。

1　言語発達の評価

　1歳までは子どもは喃語期で、いろいろな音を出して遊ぶ時期です。一方、口蓋裂児は1年間以上、口蓋が未閉鎖なため、音遊び（vocal play, Ⅲ章参照）ができません。いろいろな破裂音が出る反復喃語期であっても音の種類が母音と半母音[j,w]、鼻音[m,n]と少ないだけでなく、発声量そのものが低下します。また、家族もショック・不安や入院などにより、子どもに話しかけたり、遊んであげる余裕がありません。このような言語環境の不十分さも重なって、2〜3歳くらいまでは、言語発達、特に発声・発語、構音発達が遅れる傾向があるので、乳児期から家族支援を行なう必要があります。

　既成の発達検査に頼るだけではなく、子どもと遊びながらことばのやりとりができるかどうか、状況や経験をことばで適切に表すことができるかを観察して、言語発達を評価します。

2　発声発語器官の評価

　音産生には、口唇、口蓋だけではなく、他の発声発語器官も関与しています。したがって、発声発語器官の形態と機能を評価し、それが発話にどのように影響しているかを観察して評価することが重要です。口蓋裂児に特徴的な発声発語器官の評価として、口唇、鼻は変形や対称性、手術した部位の瘢痕（創傷のあと）、また鼻腔通気が良好であるかをみます。通気が悪いと閉鼻声や睡眠時無呼吸障害の原因になります。口蓋は深さや幅が十分か、瘢痕、瘻孔をみます。特に瘻孔は声や構音に影響しますので大きさ、位置を評価します。軟口蓋は粘膜下口蓋裂の診断や鼻咽腔閉鎖機能の評価に重要です。咽頭にある扁桃腺の肥大は閉鼻声を生じます。舌小帯短縮症と歯列・咬合の評価については後述します。口唇・舌の随意運動の評価はⅣ章を参照してください。発声発語器官は手術や歯科治療の前後の他に、発達によって変化を示すので検査は定期的に行ないます。

C 口蓋裂・先天性鼻咽腔閉鎖不全症の言語評価

3　鼻咽腔閉鎖機能の評価

(1) 鼻咽腔閉鎖機能とは

　安静時、鼻呼吸をしているときには軟口蓋は弛緩し下がっています。鼻腔と口腔はつながっていて肺からの呼気は鼻腔からです。摂食嚥下、吸う、吹く、発声・発話時には軟口蓋は後上方に挙上し咽頭後壁に接し、鼻腔と口腔の間は閉じられます。このような筋の働きを鼻咽腔閉鎖機能と呼んでいます。鼻咽腔閉鎖が正常に機能しないと開鼻声（鼻に抜けた声）や呼気鼻漏出による子音の歪みがみられ、全体に発話が不明瞭になります。また摂食時や吹くときに、飲食物や呼気の鼻漏出が見られます（図V-3）。

　鼻咽腔閉鎖機能良好例の割合は初回手術の時期、手術の方法、裂型で違ってきます。口蓋裂の専門施設で、口蓋の初回手術を1歳代で実施すれば、良好な鼻咽腔閉鎖機能を獲得する割合は高く80～90％です。2歳以降に口蓋閉鎖をすると、1歳代までの手術例に比べ良好な言語を獲得する例は明らかに減少します。また、粘膜下口蓋裂、先天性鼻咽腔閉鎖不全症や合併症があると良好例が減少します。

　鼻咽腔閉鎖機能が良好であることが、口蓋裂児が正常な言語を獲得するための基礎となります。したがって、鼻咽腔閉鎖機能の評価は、口蓋裂言語の中で最も重要なものであることを理解してください。

(2) 鼻咽腔閉鎖機能の評価

　鼻咽腔閉鎖機能を評価するためにはいろいろな検査がありますが、ひとつの検査のみ

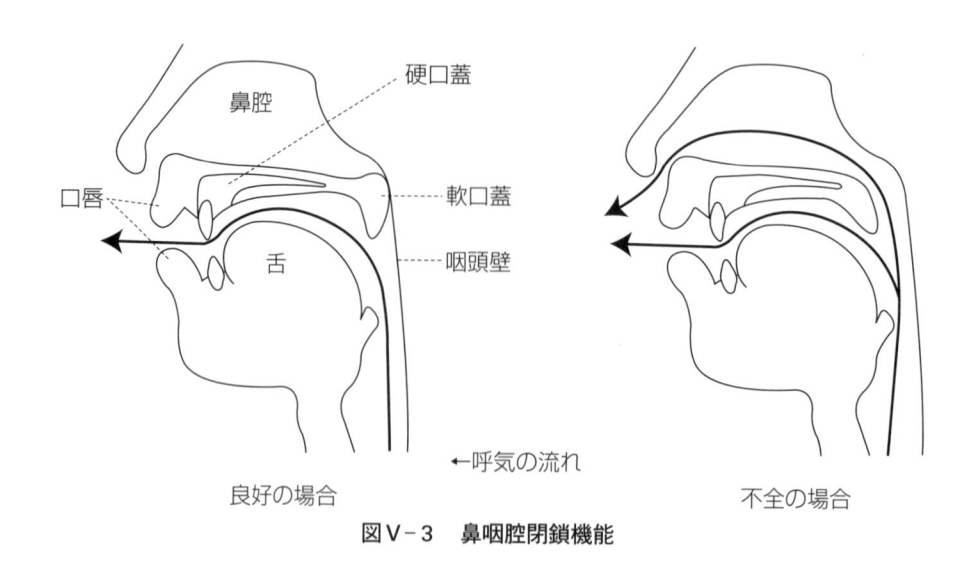

図V-3　鼻咽腔閉鎖機能

で「鼻咽腔閉鎖機能が不良なので、手術が必要です」などと診断するのは危険です。複数の検査を必要な場合は時間をかけて行ない、総合的に評価することが大事です。

　現在使用されている鼻咽腔閉鎖機能の検査は、①言語の担当者が臨床の場で比較的簡単に評価できる検査と②口蓋裂の手術機関などで実施されている機器を用いた精密検査に大別できます。はじめに、言語担当者が機器を使用しなくても簡便に評価ができて、他の施設と情報交換がスムーズにできる口蓋裂言語検査（日本コミュニケーション障害学会，2008）を紹介します。この検査は、音声言語、ブローイング検査と口腔内評価の項目から構成され、各検査結果から鼻咽腔閉鎖機能が4段階で判定できます（**図Ⅴ-4**）。また実施手順と音声言語評価の基準音声サンプルが挿入されているDVDが添付されていますので、DVDを見ながら検査法を練習することもできます。

1）音声言語による検査

　音声言語の聞き取り（聴覚判定）により開鼻声と呼気鼻漏出による子音の歪みを「なし」から「重度あり」まで4段階で評価します。言語担当者にとって音声言語の評価は非常に重要な検査であるため、あらかじめ基準音声サンプル（DVD）を参照して聞き取りに習熟しておくことが必須です。

　①開鼻声

　開鼻声は鼻腔共鳴の過剰により鼻音化する母音を評価します。したがって、母音に着目して聴き取ります。評価対象は、単母音「ア、イ」、短文、会話です。「あおい　いえは　いいよ」の文はほとんどの音が母音でできているため、開鼻声を判定するのに有効です。

　②呼気鼻漏出による子音の歪み

　鼻咽腔閉鎖機能が不良の場合、口腔内圧が高い破裂音[p,t,k]や摩擦音[s]などは、呼気が鼻腔より漏出するため、子音の歪みがみられます。検査では、[pa,ka,sa]の単音節、短文、会話で評価します。判定は、子音部分に着目して呼気鼻漏出による子音の歪みがあるかどうかを評価します。

2）ブローイング検査

　ブローイング検査にはソフトブローイング検査とハードブローイング（らっぱ、巻き笛）検査がありますが、発話時の鼻咽腔閉鎖運動により近いソフトブローイングで行ないます。コップに水を入れ，曲がらないストローを使用します。一息でできるだけ長く水の泡立てをさせて，鼻孔の下に置いた鼻息鏡で呼気鼻漏出の有無と程度を評価します。呼気の鼻漏出の程度は3段階で評価します。

C 口蓋裂・先天性鼻咽腔閉鎖不全症の言語評価

鼻咽腔閉鎖機能検査

1) 音声言語の評価（DVD参照） N.Y.（4才8ヶ月）

◀開鼻声▶

	聴覚判定	鼻雑音	鼻渋面	呼気鼻漏出の程度
/a/	0 1 ② 3 検査不能	⊖ +	⊖ +	− ⊕ ++
/i/	0 1 ② 3 検査不能	⊖ +	⊖ +	− ⊕ ++
短文・会話	0 1 ② 3 検査不能	⊖ +	⊖ +	

◀呼気鼻漏出による子音の歪み▶

	聴覚判定	鼻雑音	鼻渋面	呼気鼻漏出の程度
/pa/(/ba/)	0 1 ② 3 検査不能	− ⊕	− ⊕	− + ⊕⊕
/ka/	0 ① 2 3 検査不能	− ⊕	− ⊕	− + ++
/sa/	0 1 ② 3 検査不能	− ⊕	− ⊕	− + ⊕⊕
短文・会話	0 1 2 ③ 検査不能	− ⊕	− ⊕	

◀閉鼻声▶ ⓝ なし あり　◀嚏声▶ ⓝ なし あり

◀構音障害▶ なし ⓐり [ⓢ声門破裂音　咽（喉）頭摩擦音・破擦音　咽（喉）頭破裂音　口蓋化構音　側音化構音　鼻咽腔構音　その他（　　　）]
誤っている子音 [P, t, K]

2) ブローイング検査　ⓢソフトブローイング　ハードブローイング

	呼気鼻漏出の程度	鼻息鏡図	呼気鼻漏出の程度	鼻息鏡図
	− + ⓐ++ 検査不能	3 2 1 0 1 2 3	− + ++ 検査不能	3 2 1 0 1 2 3
補綴物使用時	− + ++ 検査不能	3 2 1 0 1 2 3	− + ++ 検査不能	3 2 1 0 1 2 3

◀呼気鼻漏出の変化▶　◀鼻渋面▶ − ⊕

3) 口腔内の評価

軟口蓋の長さ	正常範囲　ⓨやや短い　短い　検査不能
軟口蓋の動き（/a/発声時）	良好　ⓨやや不良　不良　検査不能
咽頭側壁の動き（/a/発声時）	良好　やや不良　不良　検査不能

◀その他の所見▶

セファログラムの所見（4：6）
口蓋-咽頭間距離　a：4mm
　　　　　　　　i：5mm

◀瘻孔など▶
術後瘻孔：ⓝなし　あり
顎裂部未閉鎖：なし　ⓐり
硬口蓋未閉鎖：ⓝなし　あり

乳歯列　　永久歯列

4) 鼻咽腔閉鎖機能検査のまとめ

◀検査の結果▶開鼻声（　）　呼気鼻漏出による子音の歪み（　）　ブローイング時の呼気鼻漏出（　）

◀鼻咽腔閉鎖機能の判定▶

開鼻声（聴覚判定）	呼気鼻漏出による子音の歪み（聴覚判定）	ブローイング時の呼気鼻漏出の程度		判定
0	0	−	⇒	良好
0 1 1	1 0 1	− +	⇒	ごく軽度不全
1 2 2	2 1 2	− +	⇒	軽度不全
② 3 3	③ 3 3	+ ⊕⊕	⇒	ⓝ不全
0 1 2 3 検査不能	0 1 2 3 検査不能	− + ++	⇒	判定保留

図V-4　記入例

鼻咽腔閉鎖機能検査―言語臨床用（日本コミュニケーション障害学会口蓋裂言語委員会編，2007）

3）機器による評価　（図Ⅴ-5）

①頭部Ｘ線規格写真（セファログラム）

　安静時並び発声時に頭部を側方からＸ線で撮影します。安静時には軟口蓋の長さ、咽頭腔の深さを、発声時には軟口蓋の動きと、軟口蓋が咽頭後壁に接しているか、接していない場合は口蓋と咽頭間の距離を測ります。セファログラムは計測できることと、規格化されているため前回の評価と比較ができることが利点です。検査音は母音や摩擦音単音の持続発声のみで、連続した音の鼻咽腔閉鎖運動は観察できません。比較的簡便で３歳以降であれば実施可能です。

②内視鏡検査（鼻咽腔ファイバースコピー）

　鼻孔からファイバースコープを挿入して、吹くときや発声時の鼻咽腔閉鎖機能の状態を上咽頭から観察します。内視鏡検査は軟口蓋と咽頭壁（側壁・後壁）の閉鎖運動を連続した発話で直接観察できるという利点があります。またＸ線のように被爆の心配がありません。４～５歳から実施可能です。

(3)　鼻咽腔閉鎖機能の総合評価と処遇

　嗄声（かすれ声）や高い声、構音障害、瘻孔、手術直後、発達障害、患者の検査に対する協力度などは鼻咽腔閉鎖機能の判定に影響するので、注意を要します。鼻咽腔閉鎖

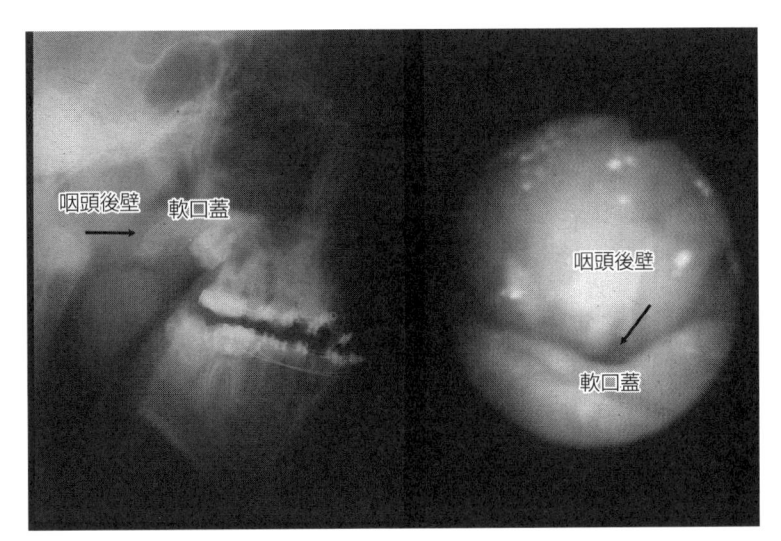

Ｘ線検査（セファログラム）　　　　　内視鏡検査
　　　　　　　　　　　　　　　　　　→隙間があいている

図Ⅴ-5　鼻咽腔閉鎖機能の評価（軽度不全例）

C 口蓋裂・先天性鼻咽腔閉鎖不全症の言語評価

機能の評価は患者の状態を全体的に把握した上で、各検査の結果の意味を考えて総合的に行なわなければなりません。

4 構音の評価

口蓋裂児に最も多い構音障害は、発達途上にみられる誤り（例：サ行音がタ行音やチャ行音に置換）です。それに加えて、機能性構音障害児にはあまり見られない誤り方も多いです。これらの誤りは歪み音が多く、自然改善が少ないため誤りが固定しやすいという特徴があります。これらの構音障害の誤り音がどのように作られるかは、いろいろな観察法によりほぼ明らかにされています。

また、非口蓋裂児に比べて、構音障害の発現頻度が高いというのも口蓋裂児の特徴です。1歳代で初回手術を受け鼻咽腔閉鎖機能が良好な口蓋裂児であっても、構音障害の生ずる割合は、多くの施設で40〜50％と高い割合を示します（**図V-6**）。

構音の評価は構音検査で行ないます。誤り音・誤り方の特徴、誤り音の記述などはIV章を参照してください。

ここでは口蓋裂児の**特異な構音操作による構音障害（いわゆる異常構音）**について述べます。これらの構音障害は鼻咽腔閉鎖機能の状態によって2つに大きく分類されます。

```
①鼻咽腔閉鎖機能不全と関連が高い構音障害
  →声門破裂音
②鼻咽腔閉鎖機能不全と関連が少ない構音障害
  →口蓋化構音、側音化構音、鼻咽腔構音
```

これらの構音障害の舌の動き、音の聴覚印象などは、口蓋裂言語検査のDVD、口蓋裂構音障害スピーチサンプルのCDや成書を参照にすると分かりやすいです。

(1) 声門破裂音
【誤る音】高い口腔内圧を必要とする無声破裂音[p, t, k]や破擦音[ts, tʃ]に多いですが、[s, ʃ]などの摩擦音にも見られます。声門破裂音は[ʔ]の記号で表記します。

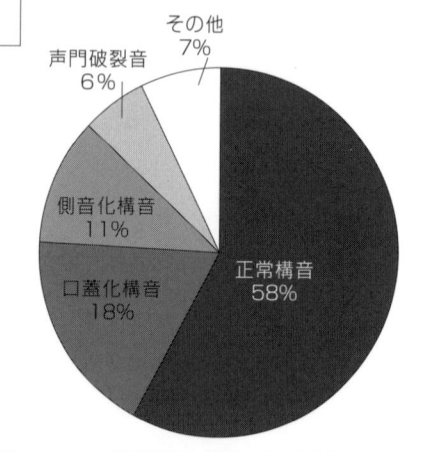

図V-6 口蓋裂児の構音（4歳児）749例
（昭和大学口蓋裂診療班手術例, 2003）

正常構音 58%
口蓋化構音 18%
側音化構音 11%
声門破裂音 6%
その他 7%

×：構音の位置

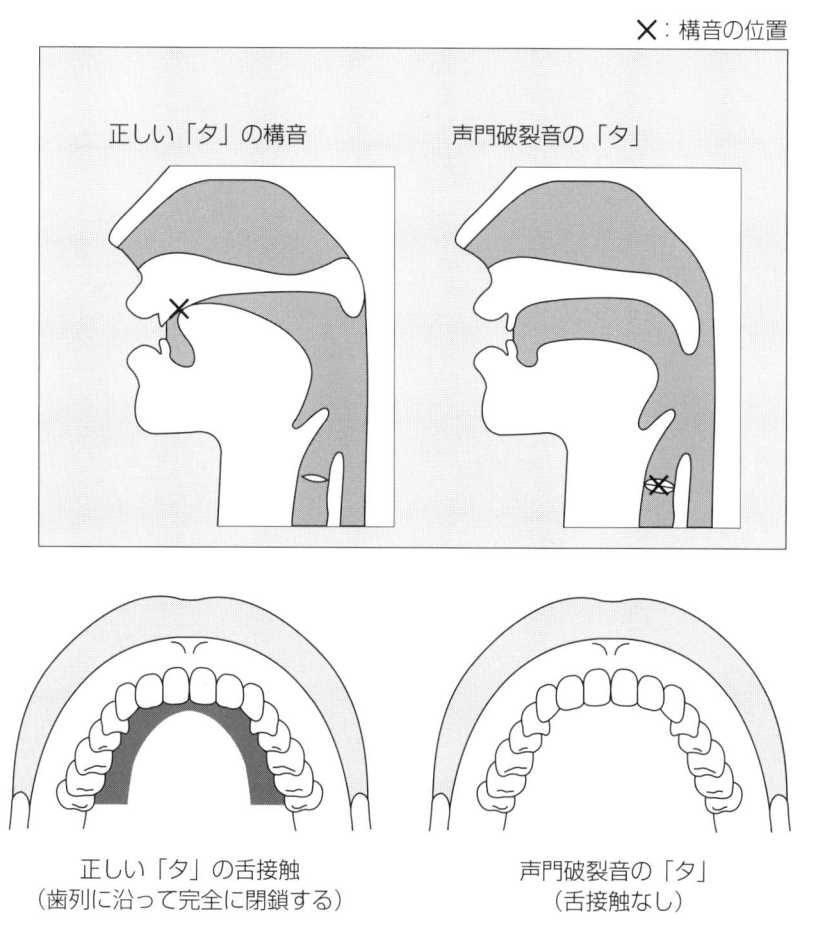

正しい「タ」の構音　　　声門破裂音の「タ」

正しい「タ」の舌接触　　　声門破裂音の「タ」
（歯列に沿って完全に閉鎖する）　　（舌接触なし）

図Ⅴ-7　声門破裂音の構音

【構音操作】　[p,t,k]は口腔内に息をため一度に出す破裂音ですが、鼻咽腔閉鎖機能が良好でないと口腔内に息をためることが難しくなります。その結果、[p,t,k]を構音する位置が口腔から喉頭（声門）に移動します。同時に構音器官も口唇・舌から声帯に代わり、声帯、仮声帯を強く閉鎖して開くときに音がでます（**図Ⅴ-7**）。そのため、声門破裂音は代償構音といわれています。

【視覚的特徴】　構音は喉頭でされるため、[p,t,k]の音が声門破裂音になると、音産生時に、口唇の閉鎖や舌先や奥舌の挙上が見られません。開口させ「アカ、アカ、アカ」と言わせると、正しい音の場合は奥舌が上下しますが、「ア、ア、ア」の産生時と同様で舌は動きません（**図Ⅴ-13a**）。

　鼻咽腔閉鎖機能が不全のまま年長になると、声帯の破裂と同時に[p]や[t]を産生する2重構音が見られます。その場合、口唇や舌の動きがみられます。

C 口蓋裂・先天性鼻咽腔閉鎖不全症の言語評価

【聴覚印象】[pa, pi, pu, pe, po]場合、子音[p]が脱落して、喉をつめて"母音を強く区切って発声したような音"に聴こえます。のどを詰めた状態を小さい「ッ」で示すと、「ッア、ッイ、ッウ、ッエ、ッオ」に近く聴こえます。

表記は[ʔa, ʔi, ʔu, ʔe, ʔo]で、子音の省略[a, i, u, e, o]と間違えないように注意しましょう。2重構音の場合、[p]や[t]の音も聴こえますが、正しい音より破裂は弱く喉頭に力が入って滑らかでない印象があります。

【発現原因など】鼻咽腔閉鎖機能不全が原因と考えられています。それ故、鼻咽腔閉鎖機能が不全のまま訓練を続けても正しい音が産生できません。

(2) 口蓋化構音

【誤る音】舌先と歯茎部で作られる、[s, ts, dz, t, d, n, r]の音にみられます。

【聴覚印象】舌先が使用されていませんので、全体にもごもごした不明瞭な歪み音です。サ行音はシャ行やヒャ行音に近く、タ行音・ダ行音はカ行音・ガ行音に近い歪み音です。

【構音操作】舌先の使用はみられず、舌の中央部が挙上して硬口蓋の後端で狭めを作ります（図V-8）。破裂音[t, d]の場合は、硬口蓋後端から口蓋前方まで舌が接触している例もあります。

【視覚的特徴】歯茎音にみられる舌先の挙上はみられません。代わりに舌の中央部が挙上して硬口蓋から軟口蓋に接します。また舌全体が緊張して棒のように丸くなる傾向があります（図V-16a）。

【発現原因など】口蓋前方部が狭く浅い例や反対咬合の例に多いことから、口蓋の形態異常が発現原因ではないかと考えられています。口蓋裂の構音障害の中で最も頻度が高く（図V-6）、鼻咽腔閉鎖機能は良好例が多いです。

(3) 側音化構音

【誤る音】イ列音や拗音に多く、[ke, ge]、[ʃ, tʃ, dʒ]、[s, ts, dz]にもみられます。

【聴覚印象】シはヒに、チはキに、ジ、リはギに、サ行音はヒャ行音に近く、独特の雑音を伴った歪み音です。

【構音操作】正常構音の場合は、呼気（音）は口蓋と舌の中央からでます。一方、側音化構音は口蓋のほぼ全面に舌が接しているため、呼気は口蓋からでません。音は一側の舌縁と臼歯付近で作られ、呼気は歯列の頬側部を通って口角からでます（図V-9）。呼気がでている頬側部を手で押すと音が途切れたり、音に変化が見られたりします。舌の前額断を超音波で観察すると、音が出ている側の舌縁のみが上下に動いています（加藤

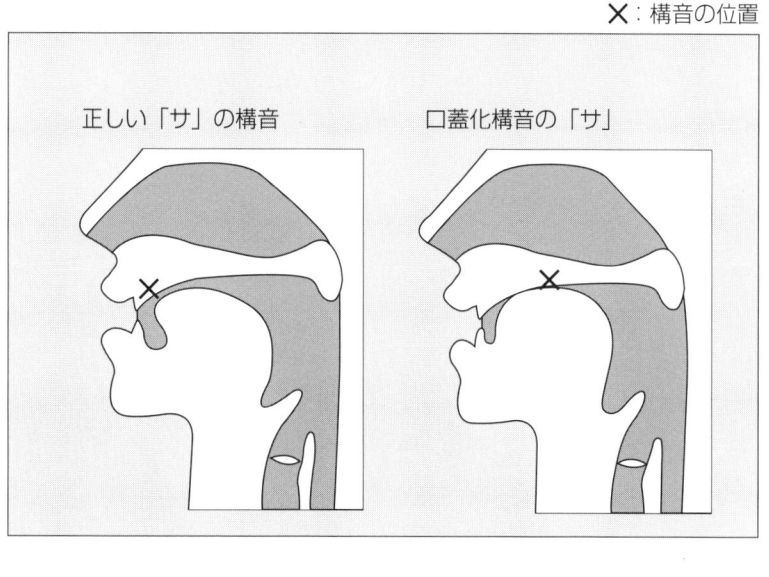

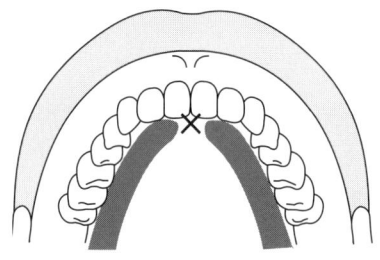

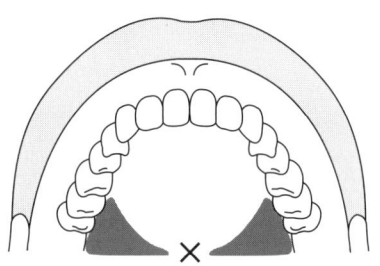

X：構音の位置

正しい「サ」の構音　　　口蓋化構音の「サ」

正しい「サ」の舌接触　　　口蓋化構音の「サ」の舌接触
（側方歯列に沿って前歯裏まで）　（硬口蓋の後端）

図Ⅴ-8　口蓋化構音

ら，2002）。

【視覚的特徴】構音時に、舌は全体に丸くなって、呼気流出側の口角が引かれたり下顎の偏位が見られたりします（図Ⅴ-17a）。

【発現要因など】明らかな原因は不明ですが、歯列不正の影響が示唆されています。機能性構音障害にも多い構音障害で、自然改善が少ないため成人にもみられます。口蓋裂では口蓋化構音について頻度が高く、鼻咽腔閉鎖機能は良好例が多いです。

(4) 鼻咽腔構音

【主な誤り音】イ列音、ウ列音に多く、時には[s, ts, dz]に見られます。

【聴覚印象】母音はン、破裂音はクンに近い歪み音です。発話全体が鼻音化して聞こえるため、鼻咽腔閉鎖機能不全と誤ることがあります。正しい音で鼻咽腔閉鎖機能を評価

C 口蓋裂・先天性鼻咽腔閉鎖不全症の言語評価

×：構音の位置

正しい「シ」の構音　　側音化構音の「シ」

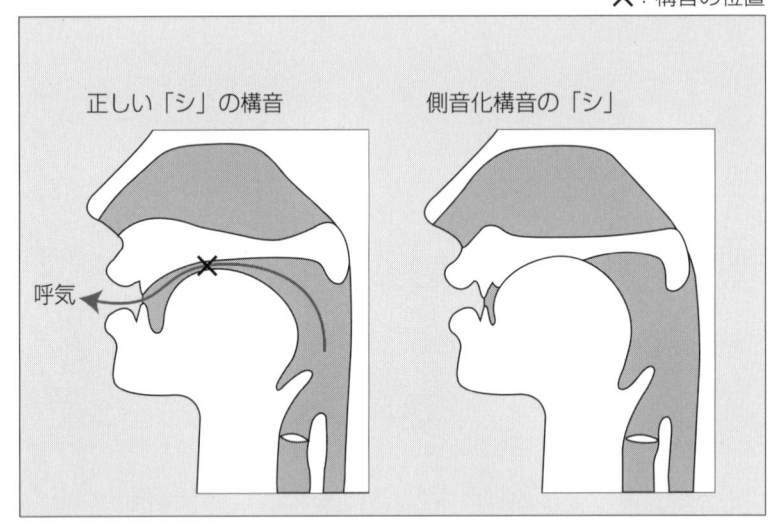

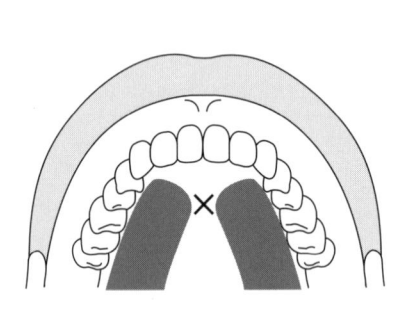

呼気

正しい「シ」の舌接触
（側方歯列に沿って接触、呼気は口蓋中央部から流出）

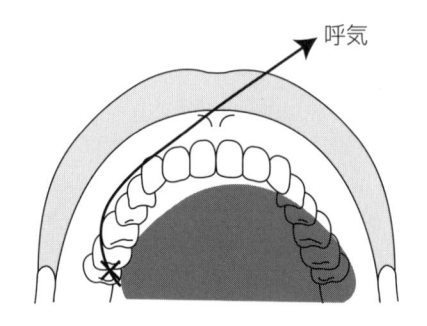

側音化構音（右側例）の「シ」の舌接触
（呼気は口蓋上ではなく歯列の頬側部から流出）

図Ⅴ-9　側音化構音

する必要があります。

【構音操作】舌は口蓋に完全に接したまま、軟口蓋と咽頭壁に狭めを作り、音を産生します。音(呼気)は全て鼻腔からでます（図Ⅴ-10）。鼻孔を閉じると音がでません。

【視覚的特徴】口唇は閉じて、呼気は全て鼻腔からだされるため、鼻息鏡を鼻孔の下においてウやイを発声させると、アなどではみられない呼気の鼻腔流出が見られます。

【発現要因など】明らかな原因は不明です。ロバン・シークエンスやトリーチャー・コリンズ症候群などの小顎症や咽頭腔の狭窄例に多いです。

×：構音の位置

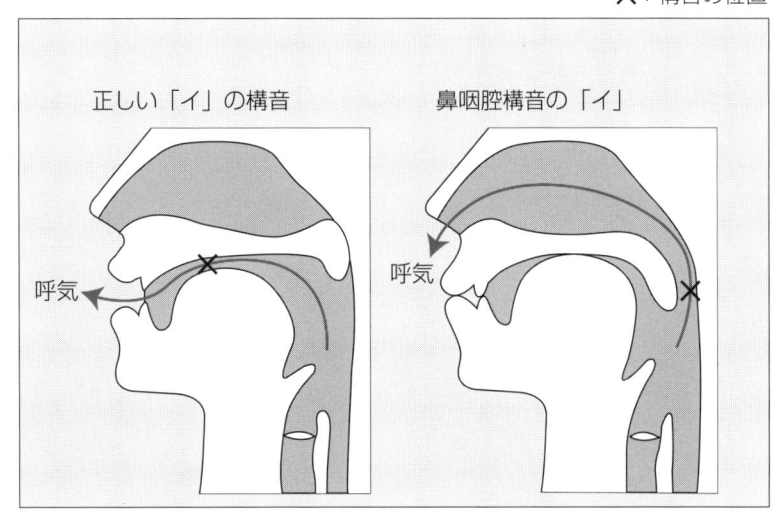

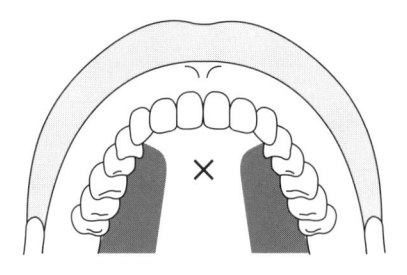

正しい「イ」の構音　　鼻咽腔構音の「イ」

呼気　　　　　　　　　呼気

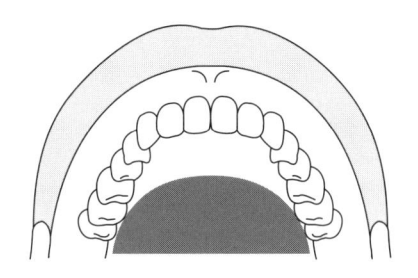

正しい「イ」の舌接触　　　　鼻咽腔構音の「イ」の舌接触
（呼気は口蓋中央部から流出）　（呼気は口腔ではなく鼻腔からすべて流出）

図Ⅴ-10　鼻咽腔構音

D 口蓋裂言語の治療・指導

1 鼻咽腔閉鎖機能の治療

　初回手術後、鼻咽腔閉鎖機能が良好でない場合の治療法は、不全の程度と子どもの状態により異なります。

　明らかに鼻咽腔閉鎖機能が不全である場合は、外科治療を行ないます。鼻咽腔閉鎖機能が不全の状態で、言語治療を継続すると声帯の過緊張や新たな構音障害を生じる場合があります。軽度不全の場合は、経過観察や言語指導、補綴物(ほてつ)の装着などを試みます。

　鼻咽腔閉鎖機能軽度不全で言語指導をする場合は、試み訓練（約3ヵ月）を行ない、言語の改善がみられない場合は、鼻咽腔閉鎖機能を再評価し医学的治療を考えます。

　二次手術は咽頭弁形成術をする施設が多いです。これは、発声時に生じる隙間を狭くするために、咽頭後壁から剥離した粘膜（咽頭弁）を軟口蓋に橋のようにつけます。咽頭弁の幅と、弁を軟口蓋につける位置で鼻咽腔閉鎖の状態は違ってきます。弁が細すぎたり、つける位置が軟口蓋の下方すぎたりすると結果が良くありません。反対に、弁が太すぎると鼻腔通気が悪くなり、寝ているときにいびきをかいたり、閉鼻声を生じたりします（図Ⅴ-11）。

　鼻咽腔閉鎖機能を改善する治療法として、手術ができない例や訓練しながら経過をみる例に対しては、補綴治療を行ないます。これは、発音補助装置（バルブ型スピーチエイド、軟口蓋挙上装置：パラタルリフト）といわれ、口腔内に義歯のようなプラスチック

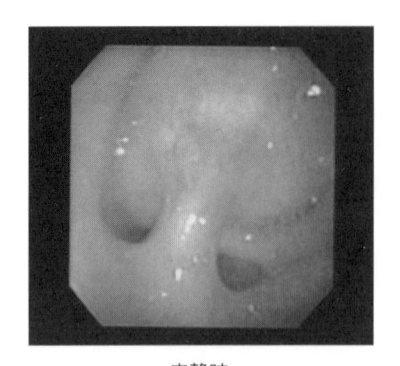

安静時
（咽頭弁の両隙から鼻呼吸）

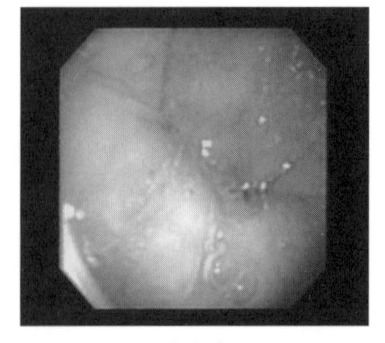

発声時
完全に閉鎖している（鼻咽腔閉鎖機能良好）

図Ⅴ-11　咽頭弁（内視鏡による観察）（昭和大学口蓋裂診療班提供）

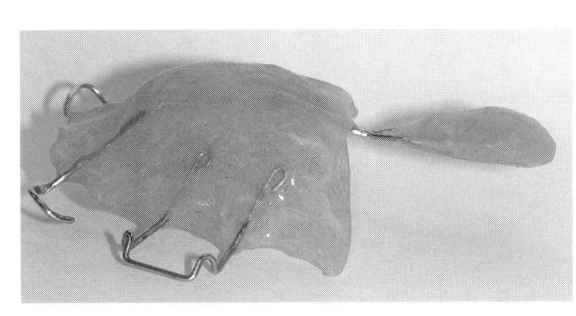

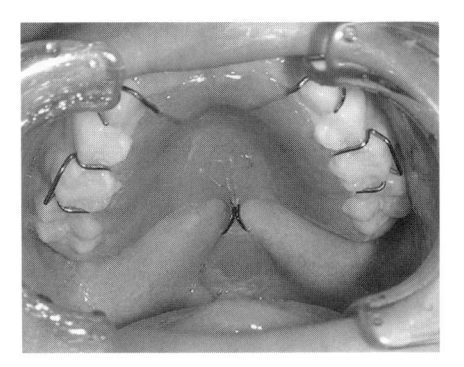

a　装置　　　　　　　　　　　　　　　b　装着時

図V-12　軟口蓋挙上装置（パラタルリフト）

のプレートを装用します。バルブ型スピーチエイドはプレートの先に小さな玉がついていて、咽頭腔の隙間に蓋をして鼻漏れを防ぎます。軟口蓋挙上装置はプレートにヘラのような挙上子がついていて、発声時に軟口蓋の挙上を助けます（図V-12）。発音補助装置は、5歳ごろから矯正治療開始まで子どもに合わせて使います。

2　構音指導

(1)　構音指導の原則

　声門破裂音など鼻咽腔閉鎖機能と関連する構音障害は、閉鎖不全の状態で指導を続けると力が入った不自然な構音操作が固定する場合がありますので、鼻咽腔閉鎖機能を改善して構音指導をします。

　鼻咽腔閉鎖機能、言語発達、構音発達、口腔形態（瘻孔、歯列・咬合不正）、発声発語器官の随意運動などを評価し、構音障害の原因と推定されるものの除去、軽減をはかりながら構音指導を開始します。合併症がなければ、就学時までの正常構音獲得を目標として、系統的な構音指導（Ⅳ章参照）を4歳ぐらいから始めます（表V-1）。

　各段階で目標の課題を徐々にスピードをあげ反復練習（ドリル）をして、8割くらい正しい音がスムーズに出せるようになったら、次の段階に進みます。音節・単語が定着

表V-1　系統的な構音指導

①構音操作（発語器官の構え・呼気の出し方）
②音（単音）の産生
③語音（音節）に定着
④単語、句、文で練習
⑤日常会話で使用

D 口蓋裂言語の治療・指導

するまで、聴覚刺激はやさしく、ゆっくりした声で提示します。

(2) 構音指導の実際

　ここでは、機能性構音障害にはあまり見られませんが、口蓋裂患者にはよく見られる構音障害を取り上げ、一般的な指導法を述べます。音ごとの指導法は成書（阿部, 2008）を参考にして下さい。

　また、以下の内容は主に構音操作、すなわち舌など構音運動の指導法に限定しましたが、正しい音が定着するには、誤り音と正しい音との聴覚弁別が必要条件です。したがって、指導過程で聴覚弁別の課題（Ⅳ章参照）を子どもに応じて、取り入れることが望ましいです。また幼児の場合、家族に同室してもらいできたことを宿題にすると、正しい音が定着します。

(3) 声門破裂音

1) 指導のポイント・留意点
- 口の中に息をためる。
- 喉を詰めないで、やさしい声を出す（強い声で刺激しない）。
- 正しい構音位置（例、ｐ：口唇、ｔ：舌先）から、呼気がでていることを視覚的にフィードバックする。
- 摩擦音・母音など声帯が開く音を利用する。
- 鼻咽腔閉鎖機能が不全の状態で訓練を続けない。

2) 鼻咽腔閉鎖機能が軽度不全の口蓋裂児で、多くの音が声門破裂音だったＭちゃんの構音指導

> 　Ｍちゃんは片側口唇口蓋裂で誕生した女児で、口唇裂の手術前から言語管理をしました。1歳に口蓋の初回手術をしたあと、言語発達は順調でしたが、多くの音が声門破裂音だったため発話は不明瞭で、内容が分からないと何を言っているか周りは理解できない状態でした。鼻咽腔閉鎖不全は軽度であったため、医学的治療よりも構音指導を先行しました。4歳6ヵ月から1年間指導をして、単語、文の段階まで意識すれば正しい音がでるようになりましたが、会話になると声門破裂音が頻発しました。そこで、5歳8ヵ月に咽頭弁による再手術をしました。再手術後に鼻咽腔閉鎖機能が良好になると、声門破裂音は短期間で消失しました。発音を意識しないで自然なスピードで正しい音が会話でだせるようになり、友達をたくさんつくることと給食を楽しみに就学しました。

①構音指導開始時の状態（4歳6ヵ月）
- 言語発達、発語器官の随意運動：正常範囲
- 聴こえ：時々、滲出性中耳炎に罹患するため、耳鼻科に通院治療。
- 咬合：前歯が反対咬合
- 鼻咽腔閉鎖機能：①音声言語の判定では、開鼻声、呼気鼻漏出による子音の歪みが軽度にみられました。②ストローによるブローイング検査では、2～3秒ぐらいしか吹けず、呼気鼻漏出が1～2cm鼻息鏡で観察されました。③側方頭部X線規格写真（セファログラム）では、軟口蓋の動きが不良で、発声時に口蓋と咽頭間に3mmの空隙がみられました。これらの結果から、鼻咽腔閉鎖機能は軽度不全と判定しました。
- 構音：声門破裂音になっていた音　[p,t,k,g,s,ts,ʃ,tʃ,h,ç,ɸ]
　　　　置換　[dz→d]　　　正しい音　[m,n,b,d,dʒ,w]

声門破裂音時は、[t]の舌先挙上や[k]の奥舌挙上がみられませんでした（図V-13a）。[p]は口唇の閉鎖はみられましたが、2重構音の声門破裂音でした。

②再手術前の指導経過（4歳6ヵ月～5歳6ヵ月）

個別に週1回30分、構音運動が良く見え口腔内圧を溜めることが比較的易しい[p]から、系統的構音指導を始めました。

パ行音の指導

❶まず口唇をしっかり閉鎖して、口腔内に呼気を貯める。指導者が「あっぷっぷ」と言いながら、頬を膨らまし口腔内圧が高いことを子どもに指で押させて理解させる。子どもに頬の膨らましを真似させる（**構音操作の段階**）。

❷口唇を閉じ口腔内に貯めていた呼気を一気にだし破裂音[p]を出すが、喉の力をとる為に、[p]の後に摩擦音[ɸ]をつけ、優しく[pɸɸː]を聞かせ模倣させる。口唇の前に短冊に切った紙片を置いて、口唇から呼気が十分に出ると紙が動くことをみせたり、子どもの掌に[pɸɸː]の呼気を当てて、吹くときと同じ冷たい呼気を触覚的に感じさせたりする。喉に力が入るので、強く吹かない（**単音の段階**）。

❸喉頭に力が入っていない破裂音[pɸː]ができるようになったら後続母音をつけるが、口唇の形が[p]に類似している[u]から始める。喉に力を入れないようにするため、母音を伸ばす（[pɸɸː]→[pɸɸuː]→[puː]　**音節の段階**）。

音と母音をつなげて音節にするポイント

[p]と[u]が離れてしまい、[pu]（音節）にならないときは、「pɸːの風の後、すぐウを言おうね」「風と一緒にウを言おうね」などと言って、ゆっくり　[pɸuː]を

D 口蓋裂言語の治療・指導

繰り返し聞かせ模倣させる。あるいは、「pɸːちゃん」と「ウー[uː]ちゃん」が始めは離れている絵を描き、次にくっついている絵を描き、「合体」と言いながら[pu]音節にするイメージを教える。

❹[pu]の単音節が安定したら、[pu, pu, pu]と連続で言わせたり、速度やリズムを変えたり、[pu]でよく知っている歌のメロディーを唱えたりして流暢に[pu]がでるようにする。

❺[pu]の無意味音節（前後に母音をつける例）
（pu ＋ a, i, u, e, o：pua, pui, puu, pue, puo）→（a, i, u, e, o ＋ pu：apu、ipu・・）→（a, i, u, e, o ＋ pu ＋ a, i, u, e, o：apua、apui・・）

❻[pu]単語（**単語の段階**）語頭（プリン）→語尾（スープ）→語中（エプロン）、2音節語（プール）→3〜4音節語（プレゼント）

❼[pu]単語が改善したときに、他の後続母音の[p]音節を導入する。[pu]に続けてすぐ[a]を言わせ（pua：2重母音）、[pa]をつくる（pu⌢a → pa）。同様に、pu⌢o → po、pu⌢e → pe、pu⌢i → pi の音節を指導する。

❽[p]単語（プリン）→ p句（おいしいプリン）→ p文（短文：プーさんがプリンをたべた）

❾日常会話への般化（日常場面に近い状況を作り、目標音を正しい構音操作で自発的に言わせる）

例）[p]単語の絵カードやミニチュアを並べて、パン屋さんで買い物ごっこ。「アンパン、ジャムパン、メロンパンください」と子どもに言わせる。そのとき、アンパンの[p]が声門破裂音であったら、すぐに子どもの[aNʔaN]を模倣して、[aNpaN]と訂正させる。

カ行音・ガ行音の指導

[p]が文の段階になったときに、[k]と[g]を改善するために、[g]の鼻音[ŋ]から指導を始める（ŋ → g → k）。

❶口を閉じた状態で「ンー」を言わせる。

❷次に口を開けたままで、「ンー」を言わせると、音は[ŋ ŋː]になる（**単音**）。[ŋ]の発話時に、奥舌が軟口蓋に接しているか確認する。

❸開口したまま[ŋ]を伸ばしたまま[a]をすぐ言わせると[ŋa]になる（ŋŋːaː → ŋŋaː → ŋa：**音節**）。舌が下顎と一緒に動く場合は、舌のみが挙上するように下顎を押さえる。

❹[ŋa]音節が安定したら単語、句と進み、同時に、他の後続母音を付けた[ŋo、ŋe]音節を練習する。[ŋ]を単語で練習する中で自然に[g]が出てくることも多いが、鼻を詰まんで閉鼻にすると[g]がでやすい。

❺「内緒話を言おうね」と言いながら、[ŋa/ga]のささやき声を出すと、[ka]に近い音がでる（ŋa/ga の無声化→ka）。聴覚刺激も[ka]のささやき声に変えていく。

❻[k]に母音をつけて[ka]の音節にすると声門破裂音になる場合は、[k]と[a]の間に摩擦音[h]を入れて、[khha:]とする。後続母音[a]はやさしい声（軟起声）で長く伸ばす（khha:→ ka:）。

タ行音の指導

❶舌先を上口唇から上歯につけて、やさしく破裂させ[t]の音をだす。声門の緊張をとくために、[t]の後に、摩擦音[ɸ]、後続母音[u:]をつける（tɸɸ → tɸu:→ tu:）。

❷[tu:]のあとすぐ[o]を言わせ、[to:]にする（tu⌢o: → to:）。

❶、❷とも舌先から破裂の呼気がでていることをフィードバックするため、[p]訓練と同様、口元に紙片を置き呼気の動きをみせる。

③再手術・再手術後（5歳8ヵ月～6歳3ヵ月）

1年間の構音指導のあと、開鼻声はやや減少したがいまだ残存しました。構音は単語・短文は音を意識すれば正しく出せますが、普通の会話では声門破裂音が頻発しました。鼻咽腔閉鎖機能の再評価をした結果、鼻咽腔閉鎖がいまだ完全でないことが分かり、このことが会話での正しい構音を妨げていると考え、5歳8ヵ月に咽頭弁による再手術をしました。再手術2ヵ月後開鼻声は消失し、6ヵ月後には自然な速さの会話において声門破裂音は消失しました。

自然改善した音：[s, ts, dz, ʃ, tʃ]の音は、訓練しないで改善しました。

図V-13は、声門破裂音の訓練前後の舌の状態です。訓練前の「カ」は、喉頭で構音されているため奥舌の挙上が見られませんが、訓練後は舌の挙上がみられます。

(4) 口蓋化構音

1) 指導のポイント・留意点

・舌・口唇の緊張をとる（脱力、図V-14）。

D 口蓋裂言語の治療・指導

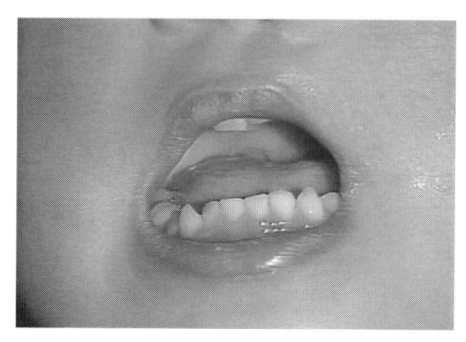

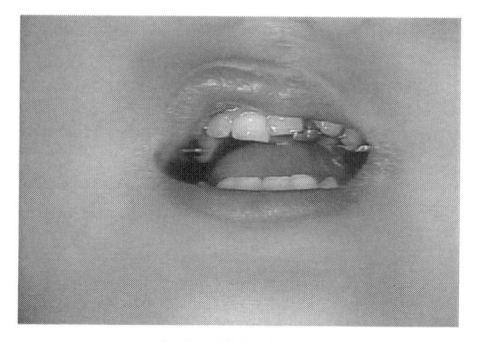

舌の動きがない
a 訓練前

奥舌の挙上がある
b 訓練後

図Ⅴ-13 声門破裂音の訓練（「カ」発話時）

- 平らな舌を前歯の間から少しだす。
- 舌はすぐに歯の中に入れない。
- 破裂音[t]より摩擦音[s]が治りやすい。
- 歯並びや咬み合わせを評価する。

2) 歯並び、咬み合わせが悪く、舌先の音[s, ts, dz]が口蓋化構音であった高校生N君の構音指導

> N君は小さいときから電車が大好きでした。特に家の近くを走っているK線の電車に乗ることも多く、ホームで「出発進行」と指差し確認をしている車掌が格好良く、いつしか電車の車掌になることが将来の夢になりました。高校生になりK電鉄に就職することを現実に考えるようになりましたが、話すときに舌がもごもごして動きにくいこと、発音がはっきりしないことを自覚していました。このような状態では車内放送ができない、就職試験も受からないと考えていたとき、発音を治す専門家がいることを知りました。A病院言語室で口蓋化構音と診断され、訓練を約1年した後、正しい音が出せるようになりました。同時にB歯科大学矯正科で矯正治療を始めました。矯正治療のみでは咬合の改善は難しく、いずれ顎の外科的手術が必要と言われています。

①訓練前の状態（16歳8ヵ月）
- 発語器官の随意運動：正常範囲
- 歯列・咬合：上下顎とも小さいため、歯が歯列に並びきれず叢生（そうせい）（がたがたの歯並び）を示しており、前歯の咬み合わせは開咬でした。
- 構音：口蓋化構音になっていた音[s, ts, dz]

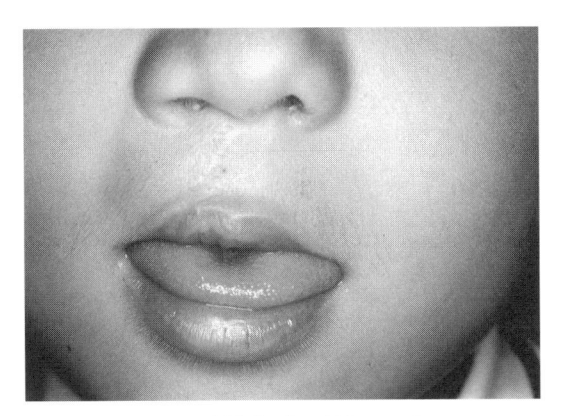

平らで舌縁が口角に触れている
図V-14　脱力した舌

　[s]の音を出そうとすると、舌全体が棒／薩摩芋のように丸まりそのまま、奥のほうから口蓋化構音の摩擦音を出していました。通常の[s]に見られる舌先の挙上は見られませんでした（**図V-16a**）。

　N君は、舌や歯の大きさは普通ですが、顎が小さく、歯並びと咬み合わせが悪いため、舌先を自由に動かす口腔のスペースが十分でないことが、口蓋化構音になった原因と考えられました。

②訓練経過（16歳8ヵ月～17歳7ヵ月）

サ行音の指導

　舌の緊張が少ない音は破裂音より摩擦音であること、正しい舌先の構音操作を視覚的にも聴覚的にも長く[sss:]と提示することができるため、[s]を第一指導音としました。

❶丸まっている舌の余分な緊張をとるために、舌を平ら（ふわーっとしたホットケーキの形）にして少し歯間にだす（舌の脱力、**図V-14**）。舌を歯間に出すのは、舌の中央部が挙上しないようにするためと、舌が平らになっていることが視覚的に分かりやすいからです。

❷舌を平らにして、動かさないで2～3秒持続させる。口角を引くと舌が緊張するので引かないようにして、舌縁を左右の口角に付ける（**図V-14**）。正しい舌と口蓋化構音の舌を指導者が示したり、舌の形を絵に書いたりして本人に教える。時々本人の舌の形を鏡でみせて、目標となる脱力した舌のイメージをもたせる。

❸舌を歯間においたまま、舌先からやさしく吹く（強く吹くと舌に力が入る）。この時口唇と舌が開きすぎると、[h]に近い音（温かい呼気）になるので気をつけ

D　口蓋裂言語の治療・指導

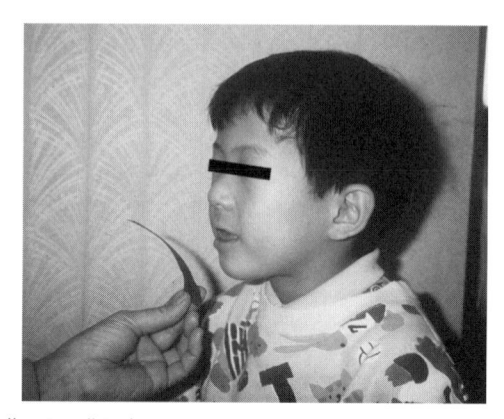

岡崎恵子・加藤正子・北野市子編（2011）『口蓋裂の言語臨床（第3版）』医学書院

紙片を吹かせてフィードバックする

図Ⅴ-15　舌を平らにして舌先から呼気を出す

る。呼気をケースの手のひらに当てて、舌先からの冷たい呼気であることを確認させる。

❹歯間音[θ]（英語のth）に近い摩擦音（以下[θ]とします）を模倣させる。

❺[θ]に口形が近い母音[u]を舌を出したまま[θ]のあとに言わせ、[θu]音節にする（θθ: + u:→θu:→θu）。[u]の時に舌が後退しないように注意する。舌の先から摩擦音が出ていることを確認するために、口元に紙片を置き呼気を流れを示しながら音を出させる（図Ⅴ-15）。

❻[θu]音節が安定したら、[θu]単語を練習する。

❼[θu]単語が改善したら、θu⌒a →θa、θu⌒o →θo、θu⌒e →θeと他の後続母音の[θ]音節を練習する。

❽[θ]単語、句、文の訓練へと進む。句の段階になると、誤った場合「舌をだして」というと、すぐに正しい音に訂正できる。

❾短文訓練の段階になるとスピードが上がるので自然に舌が正常な構音位置に後退し、[θ]から[s]になる場合が多い。自然に後退しない場合は、舌先を歯間から歯茎部まで後退させ、[s]音節から訓練をする。既に舌の緊張が取れているため舌の後退指導の時間は短くて済む。

　口蓋裂患者の場合、反対咬合が多いので舌先を口腔内に後退させると、再び口蓋化構音に戻ることがあります。その場合は、歯間音の状態で終了し矯正治療後まで経過をみます。訓練後、舌は平らになり舌先の使用が認められるようになりました（図Ⅴ-16）。

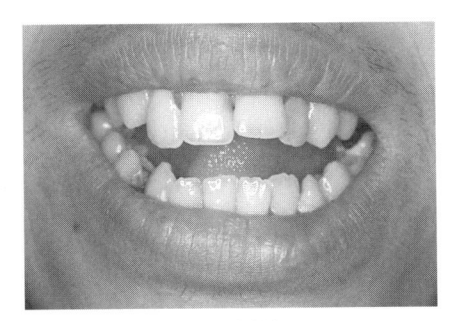

a　訓練前　　　　　　　　　　　　　b　訓練後
　舌が丸くなっている　　　　　　　　　舌が平らである
　舌の中央部から呼気流出　　　　　　　舌先から呼気流出

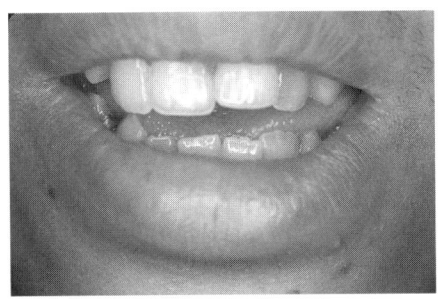

図Ⅴ-16　口蓋化構音の訓練　「サ」の発話時

(5) 側音化構音

1) 指導のポイント・留意点

　舌・口唇の緊張をとる（脱力、図Ⅴ-14）。

・平らな舌を歯間からだす。

・口角や下顎が偏位しないように正す。

・舌縁は口角につける（舌と口角の隙間をつくらない、図Ⅴ-14）。

・イ列音は母音の[i]から、[ʃ,tʃ,dʒ]は[ʃ]から訓練する。

2) 粘膜下口蓋裂が小学3年生で発見された、側音化構音のO君の指導

> 　O君は学習面では問題ありませんでしたが、ことばが少し不明瞭で時々聞き返されていました。明るい性格なのであまり気にしていないようでしたが、小学3年生の学級担任からことばの教室へ紹介されました。軽度の開鼻声と側音化構音があることが分かり、A大学病院形成外科と言語室を受診したところ、開鼻声の原因は粘膜下口蓋裂によるものと診断されました。口蓋裂の手術により開鼻声は消失しましたが、側音化構音には変化がありませんでした。手術後1ヵ月、側音化構音の訓練を開始し、ほぼ1年で正常な発話になり、ますますおしゃべりになっています。

①初回時の言語評価（9歳2ヵ月）

・発語器官の随意運動、聴こえ、学習面：正常範囲

・口腔評価：アーと発声させると筋の走行異常がみられ、また軟口蓋の正中部の透過性、口蓋垂裂、口蓋骨後端の骨欠損もあり、典型的な粘膜下口蓋裂の特徴（図Ⅴ-2）

D 口蓋裂言語の治療・指導

を示していました。
- 咬合：前歯部が切端咬合（前歯の上下の先端どうしが咬み合っている状態）
- 鼻咽腔閉鎖機能：①音声言語の判定では、開鼻声並び、呼気鼻漏出による子音の歪みが軽度にみられました。②ストローによるブローイング検査では、呼気鼻漏出はみられませんでした。また、③側方頭部X線規格写真（セファログラム）では、軟口蓋の動きはやや不良、長さはやや短く厚さが薄い軟口蓋でした。発声時に口蓋と咽頭間に3mmの空隙がみられました。④内視鏡検査では、軟口蓋は動くが口蓋と咽頭後壁とに空隙がみられ鼻咽腔は閉鎖していませんでした。これらの結果から、鼻咽腔閉鎖機能は軽度不全と判定しました。
- 構音：すべてのイ列音・拗音が側音化構音

側音化構音時、舌先は丸くなって、右の口角を引き、それとともに下顎も偏位していました。[iː]や[ʃː]発声時、左の頬を押さえても変化はありませんが、右の頬を抑えると音が出なくなりました。鼻息鏡で観察すると、呼気は右の口角から斜めに流出していました（図Ⅴ-17ab）。

②手術（9歳3ヵ月）

口唇裂・口蓋裂の専門病院で粘膜下口蓋裂と診断され、pushback法（137ページ参照）による口蓋の手術をしました。

③構音指導開始時の状態（9歳5ヵ月）

手術後、開鼻声は消失して鼻咽腔閉鎖機能は良好となりました。しかし、側音化構音に改善はみられなかったので、系統的構音指導を開始しました。

④指導経過（9歳6ヵ月～10歳6ヵ月）

側音化構音は舌背が挙上して硬口蓋を完全に閉鎖します。その状態で舌の側縁を臼歯部付近に近づけ音を作ります（図Ⅴ-9）。O君の場合、呼気は右の頬側部（歯列と頬の間）を通って右口角からでます。舌背の挙上を除去するために、口蓋化構音と同様に舌の脱力の訓練から始めました。

[ki, tʃi, ri]のように舌と口蓋が完全閉鎖する音よりは、隙間がある母音[i]や摩擦音[ʃ]のほうが舌の緊張が少ないので、母音[i]から指導を始めました。

母音イの指導

❶ 舌を平らにして、歯間に置く（脱力、図Ⅴ-14）。
口角を引かないようにする。
❷ 脱力した舌が安定したら、その状態で[i]を伸ばして産生させる。音は[e]に歪んでもこの段階では許容する。舌が良い形になると、呼気は自然と口腔の正中部

から流出する。あるいは、口角を引かないで舌を平らに出して[e]をだし、そのまま動かさないで、すぐ[i]をつけて伸ばす（e͡i:→i:単音）。

❸[i]の場合は、正しい[i]と側音化構音の[i]を聴覚的に弁別するのは難しいので、呼気の流出方向を鼻息鏡でフィードバックをしたり、舌背の挙上や舌の形を鏡で見せて視覚的に確認させる。また、呼気鼻漏出側の頬を押さえると音に変化があることを聴覚・触覚的に教える。

❹舌が安定した状態で、連続して[i]を産生できるようになったら、母音や正しくだせる子音をつけて無意味音節で練習をする（音節）。

❺単語練習が終了してから舌を後退させる。

シ・チの指導

[i]が句の段階になったら、[ʃi]の指導を始める。

❶口蓋化構音と同じように、舌を平らにして歯間においたまま、舌先からやさしく呼気をだし歯間音[θ]をだす。

❷そのまま舌や口唇を動かさないで、[i:]をだし[θi:]から音節にする（θi→si→ʃi）音節。

❸チは、舌を歯間においてしっかり（完全）閉鎖したまま[ʃ]の呼気を舌先から出させると、破裂成分が入り[tʃ]になる。舌を動かさず続けて[i]を言うと[tʃi]になる（音節）。

リ・キの指導

❶[li]は舌先を反転させ上顎歯茎につけて[l]（ルー）の音をだし、その後、改善した平らな舌の[i:]をつけて、[li]をだす(lli:→li)。音節連続、単語と進むと自然に日本語の[ri]になる。

❷[ki]は[tʃi]とおなじ構えで、舌を動かさないで聴覚刺激[ki]をゆっくり与えると近い音がでる。あるいは、舌を口腔にいれ、舌先を下顎の前歯につけ動かないようにして、舌を正しい[i]の構えにする。母音をのばして、聴覚刺激[ki]をゆっくり与えると[ki:]に近い音が出る。[i:]の終わりまで正しい構えの舌を動かさない（音節）。

単語以上の訓練は声門破裂音の[p]に準じます。

D 口蓋裂言語の治療・指導

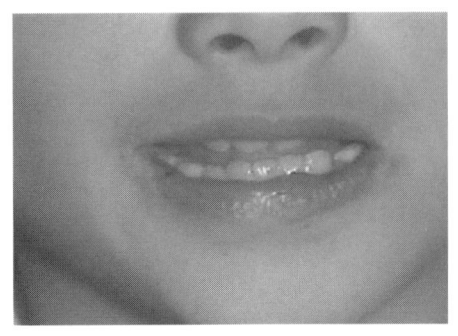

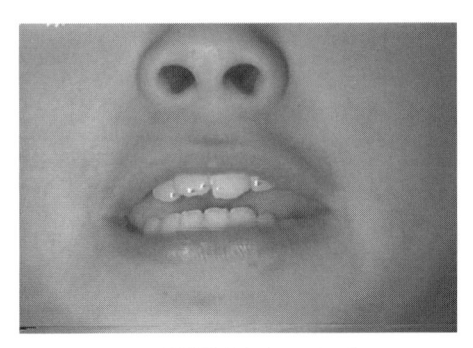

a 舌は丸くなっている　　　　　　　　　c 舌は平らになっている

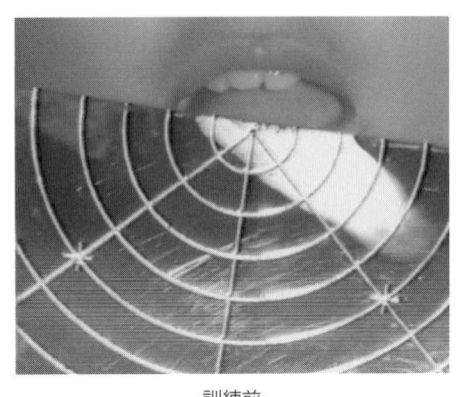

訓練前　　　　　　　　　　　　　　　訓練後
b 右の口角（頰側）から呼気流出　　　　d 口腔正中から呼気流出

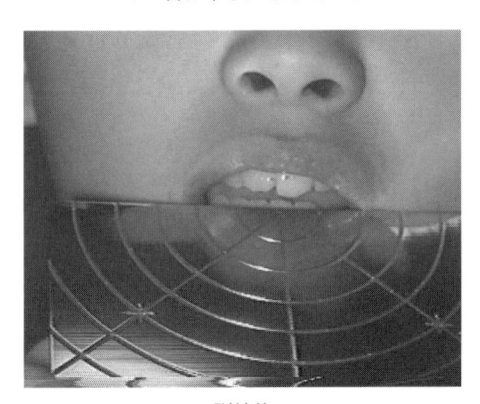

図 V-17　側音化構音の訓練（「シ」発話時）

　訓練後は、舌は平らになり口角・下顎の偏位も消失し、鼻息鏡の観察では呼気は口腔の正中から出ていました（図 V-17）。

(6) 鼻咽腔構音

指導のポイント・留意点
- 呼気は全部鼻から出るので、鼻をつまむと音がでない。
- イ列音は母音[i]から、ウ列音は母音[u]から、[s, ts, dz]は[s]から訓練する。
- 鼻咽腔閉鎖機能不全と誤りやすいので、鼻咽腔閉鎖機能を評価する。

　鼻咽腔構音は、[ン]や[クン]などNが多く聴かれるので全体の発話印象は鼻音化していますが、構音障害の1つです。訓練をする前に鼻咽腔閉鎖機能検査をして、閉鎖機能が良好か確認する必要があります。鼻咽腔構音は舌が口蓋に完全に接した状態のまま、軟口蓋と咽頭壁で音が作られます（図 V-10）が、口蓋化構音や側音化構音のような舌の緊張はありません。したがって、訓練は舌の脱力は不要で舌背が挙上しないようにし

て、呼気を口腔から導き、各音の正しい構音操作を指導します。子どもによっては、鼻孔を閉鎖して[i]を発話させるだけで改善することもあります。

― ウの指導 ―
　正しくできる[o]の音を利用する。[o]を発声させたまま舌を動かさないで、担当者が子どもの口唇を狭くして[u]の形にすると、[o]に近い[u]の音がでる。その音が、正しい[u]であることをフィードバックする。

― イの指導 ―
　側音化構音の[i]の指導に準じます。
　単語以上の訓練は声門破裂音の[ʔ]に準じます。

(7) 発達障害を伴う口蓋裂児の構音指導

　このような子どもに対しては、構音操作を中心にした系統的構音指導のみでは音は改善しません。鼻咽腔閉鎖機能や言語発達の評価・指導をしながら、発語器官の随意運動と音に意識を向けていきます。吸ったり・吹いたり、「あっぷっぷ」と頬の膨らまし[p]、ハミング[m]、舌打ち[t]、うがい[k,g]、鼻腔からの呼気（鼻息）と口腔からの呼気[h]の区別やいろいろな音をだす練習をします。また音への意識を高める指導をします。音の同定、弁別、音節（モーラ：II章参照）の分解・合成、語を構成している音の配列、順序などを理解させます（IV章参照）。様子をみながら、構音操作を導入していきます。具体的な訓練法はVII章「発達障害を伴う構音障害児の評価と指導」や症例報告（竹下，2003）が参考になります。

E 舌小帯短縮症の評価と指導

1 舌小帯短縮症とは

　舌小帯（舌の裏側についている粘膜のヒダ状のひも）が生まれつき短かったり、舌の先端に近いところについている状態を舌小帯短縮症といいます（図V-18）。舌を前に出すと舌の先端が下向きになり、くびれてハート型になります（図V-19）。舌小帯短縮症にはいろいろな呼び方があり、舌強直症、舌小帯癒着症、舌癒着症などと呼ばれることもあります。

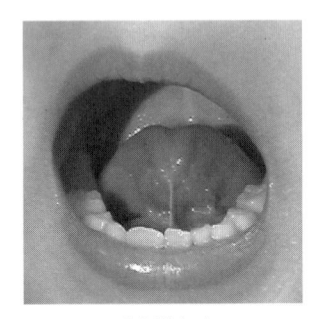

舌尖挙上時
図V-18　舌小帯短縮症の1例

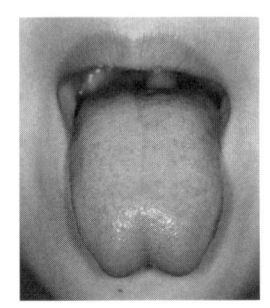

舌を前方に出した場合、舌尖がハート型にくびれる
図V-19　舌小帯短縮症の1例

　舌小帯短縮症の発現頻度は、診断基準により若干の差はあるものの、正常分娩児の5％未満で男女比はほぼ同等か男児に多いとされています。舌小帯短縮症は、生後4ヵ月ころまでは乳児の3分の1に認められ、9〜12ヵ月では10％、3歳では7％までに減少します。舌小帯短縮症は自然回復傾向があり、多少の付着異常は舌の発育に伴い改善し、乳歯列完成期までに正常な位置に自然治癒する場合が多いともいわれています。しかし、明らかに舌の運動制限が認められ、発音や食べ方などに機能的な障害を生じている場合は、手術や構音訓練の必要性について検討します。

2 舌小帯短縮症がみられる子どもの評価

　舌小帯短縮症がみられる子どもでは、「舌小帯短縮の程度がどのくらいなら医療機関を紹介するのか」「構音障害がない場合はどうするのか」「構音障害がある場合は、手術と構音指導のどちらが先？」など迷う場合があります。このような場合は、(1)舌尖[*5]の

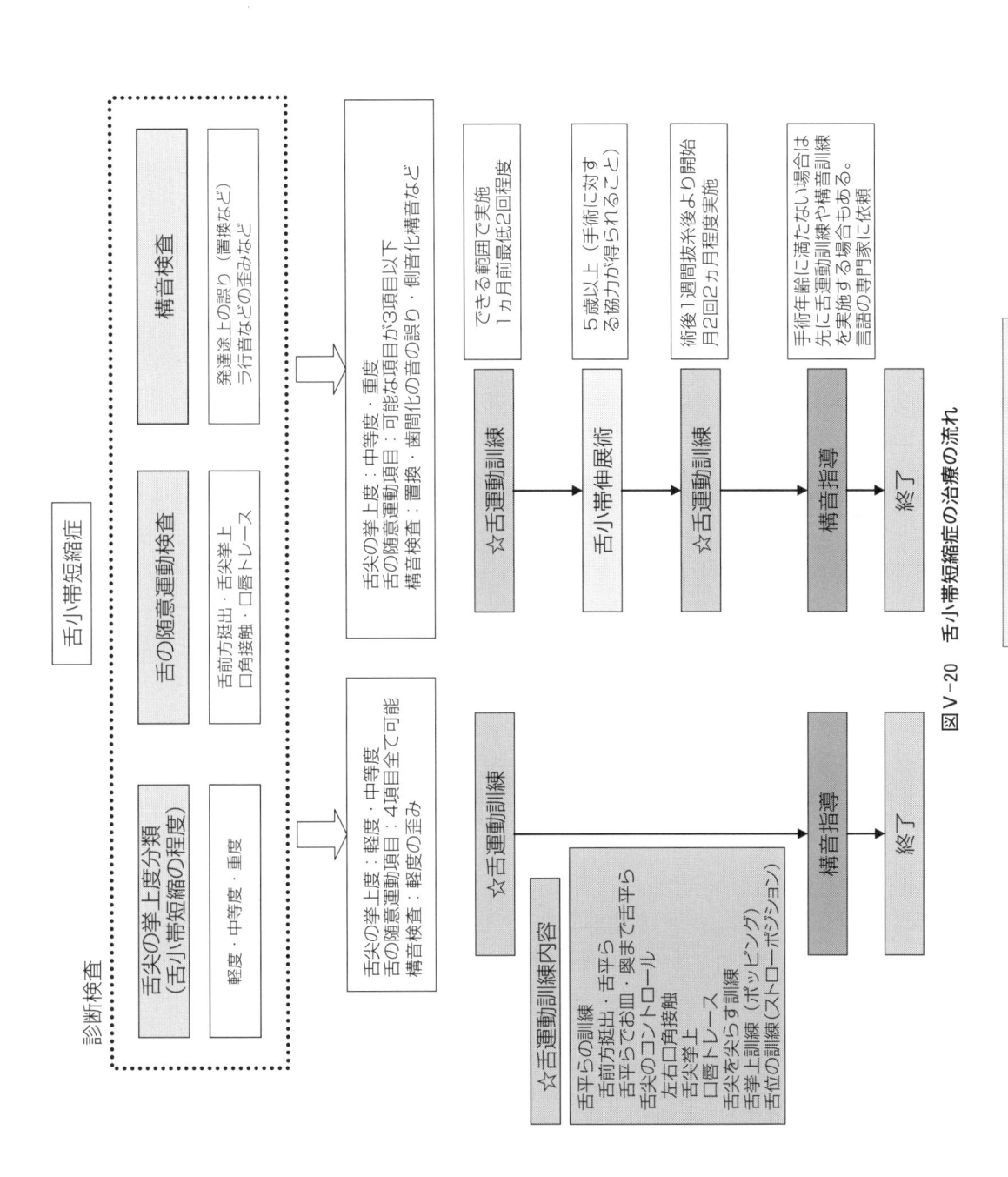

V 器質性構音障害児の評価と指導

診断検査

舌小帯短縮症

舌尖の挙上度分類（舌小帯短縮の程度）
軽度・中等度・重度

舌の随意運動検査
舌前方挺出・舌挙上
口角接触・口唇トレース

構音検査
発達途上の誤り（置換など）
ラ行音などの歪みなど

【軽度ルート】
舌尖の挙上度：軽度・中等度
舌の随意運動項目：4項目全て可能
構音検査：軽度の歪み

↓

☆舌運動訓練

☆舌運動訓練内容
- 舌平らの訓練
- 舌前方挺出・舌平ら
- 舌平らでお皿・奥まで舌平ら
- 舌尖のコントロール
- 左右口角接触
- 舌尖挙上
- 口唇トレース
- 舌尖をならす訓練（ポッピング）
- 舌挙上訓練（ストローポジション）
- 舌位の訓練（ストローポジション）

↓ 構音指導 → 終了

【中等度・重度ルート】
舌尖の挙上度：中等度・重度
舌の随意運動項目：可能な項目が3項目以下
構音検査：置換・歯間化の音の誤り・側音化構音など

↓

☆舌運動訓練（できる範囲で実施　1ヵ月前最低2回程度）

↓

舌小帯伸展術（5歳以上（手術に対する協力が得られること））

↓

☆舌運動訓練（術後1週間抜糸後より開始　月2回2ヵ月程度実施）

↓

構音指導（手術年齢に満たない場合は先に舌運動訓練や構音訓練を実施する場合もある。言語の専門家に依頼。）

↓ 終了

図V-20　舌小帯短縮症の治療の流れ

---

*5　舌の先について、「舌先」と「舌尖」という2つの用語があります。舌小帯短縮症や咬み合わせの異常については、医学領域では「舌尖」という用語が用いられています。本章では、混乱を生じないために「舌尖」という用語を用いました。

E 舌小帯短縮症の評価と指導

挙上度分類（舌小帯短縮の程度）、(2)舌の随意運動検査、(3)構音検査の順で評価を行ない、図Ⅴ-20の治療の流れに沿って対応を考えます。

(1) 舌尖の挙上度分類（舌小帯短縮の程度）

舌尖の挙上度は最大開口時（口をたてに一番大きく開けた状態）に舌尖をどの程度あげられるかによって、軽度・中等度・重度に分類します（図Ⅴ-21）。

1) 判定方法

子どもに「口を大きく開け、舌の先を上あごにつけてください」と言います。最大開口量の2分の1以上舌尖をあげられたら「軽度」、2分の1以下しかあがらない場合は「中等度」、舌を上にあげようとしても下顎の歯よりもあがらないか、全くあげられない場合は「重度」と判定します。

軽度：舌小帯が細いひものように見えます。舌尖を上あごにつけようとするとつけられますが、舌尖が尖らず丸くなって後ろに引かれたりします。

中等度：舌を前に出すと先がハート型にくびれるのが特徴です。舌小帯もしっかりした白いひものように見えたり、ひだに見えたり、膜のようにみえることもあります。舌尖を上あごにつけようとしてもつけられず、口の開き方を小さくすれば、なんとか上あごにつけられるという状態です。

重度：舌を前に出そうとしても下唇くらいしか出せません。舌尖を上に上げることができないので、舌小帯がよく見えない場合もあります。

2) 対 応

軽度の場合は、構音への影響は少ないのですが、中等度と重度の場合は構音への影響

		軽度	中等度	重度
舌尖の挙上度	最大開口時における	最大開口域の1/2以上	咬合平面から最大開口域の1/2まで	咬合平面に達しない

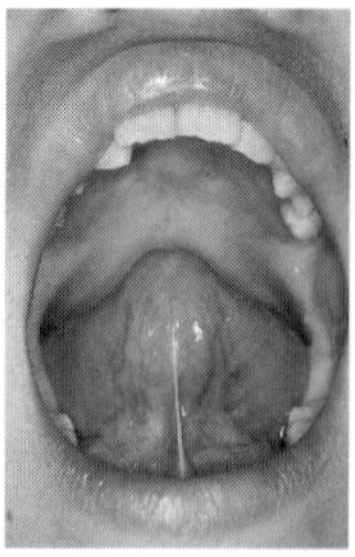

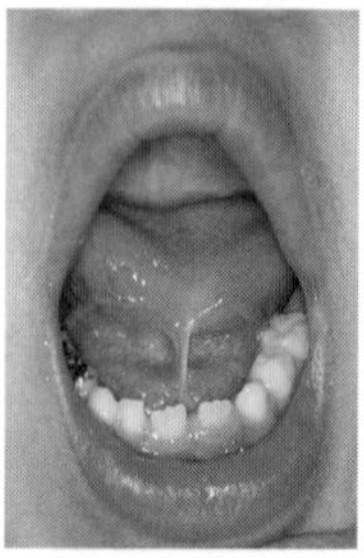

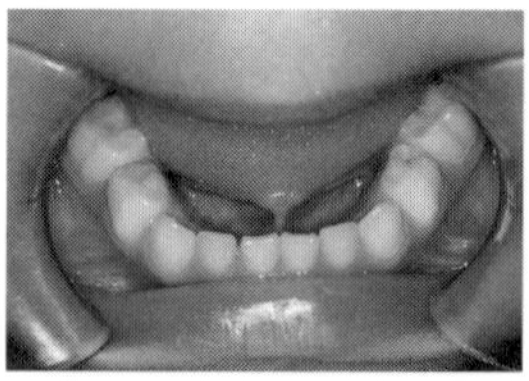

図Ⅴ-21 舌尖の挙上度分類（舌小帯短縮の程度）（根本ら, 2000を改変）

がみられることがあります。

(2) 舌の随意運動検査

医学的に舌小帯が短いと診断され舌の運動制限が生じている場合と、発達の過程で舌小帯が短いため舌を動かす経験が少なく、結果的に舌の随意運動を習得しなかった場合があります。舌の随意運動が習得されなかった場合は、舌運動訓練を行なうことで改善されます。手術が必要か否か見極めるためにも、舌の随意運動検査を行なって舌の運動性を判定します。

1) 判定方法

検査者が4項目の運動のモデルを示し、子どもに模倣させ、表Ⅴ-2の基準に従って判定します。①舌前方挺出：舌を前方に出す、②舌尖挙上：舌尖を上にあげる、③口角接触：舌尖を口角に接触させる、④口唇トレース：舌尖で上と下の唇をなめる。

2) 対 応

舌尖の挙上度が中等度で全体的に舌の運動性が低下している場合は、舌運動訓練を行ないます。一方、中等度でも舌尖の挙上や左右運動ができない場合と重度は医療機関に相談し手術の必要性を検討します。構音障害がなくても舌運動訓練を行なうと舌の随意運動能力が改善し、早口ことばが上手に言えるようになるなど全体的な発話時の明瞭度が高くなります。

表Ⅴ-2 舌の随意運動検査の評価項目と評価点（石野ら, 2001）

評価点	①舌前方挺出	②舌尖挙上	③口角接触	④口唇トレース
0	下顎前歯まで不可	口蓋方向に挙上不可	口角接触不可	上下口唇をなめるが不可
1	下顎前歯まで可	口蓋方向へ挙上可	片側口角接触可	下唇をなめる
2	下唇赤唇まで可	上顎前歯に接触可	両側口角接触可	上唇をなめる
3	下唇赤唇以上可	切歯乳頭に接触可	片側口角水平に接触可	下唇を正確になめる
4	水平に挺出可（舌尖が下向きにならない）	ポッピング（舌打ち）可	両側口角水平に接触可	上唇を正確になめる

(3) 構音検査

構音障害の有無にかかわらず、舌小帯短縮症の子どもの構音の特徴は、①口を開けずに構音する。②下顎を代償的に動かす。③早口で言おうとすると音が歪む（特にラ行）などがあげられ、舌尖の挙上度が中等度・重度の子どもに多くみられます。これらの子

どもでは「滑舌が悪い」「早く言うのが苦手」「小さい声で話す」「手を挙げて発表するのが苦手」「友達とあまり話さない」など苦手意識や心理的なストレスをもつ場合があります。このような子どもでは、舌運動訓練や手術により構音とストレスの両方が改善する場合があります。

　構音障害がある子どもは、構音検査を実施し、構音障害の有無と誤り音の種類を評価し訓練順序を考えます。昭和大学歯科病院を受診した舌小帯短縮症の子ども114例の構音障害を評価したところ、構音障害がある子どもは約70%、構音障害がない子どもは約30%でした。構音障害の種類は、重複はあるものの、置換が38%と最も多く、次いでラ行音などの歪みが27%、側音化構音が18%、歯間化の音の誤りが12%でした。また、舌尖の挙上度が中等度の子どもでは、置換と側音化構音が多くみられました。

3　舌小帯短縮症の子どもの治療法

(1) 手術について

　舌小帯短縮による舌運動制限が明らかな場合（舌尖の挙上度が中等度か重度）は、**舌小帯伸展術**が行なわれます。一般的には局所麻酔で行なうため5歳以降に実施されます。

　手術時間は、30分程度です。最初の麻酔だけ我慢できれば、術中の痛みはほとんど感じません。「手術する意味を本人なりに理解している」子どもは、順調に手術を終えることができます。手術を行なうスタッフや場所に慣れること、術前の舌小帯の写真を見せながら手術の必要性を具体的に説明することが大切です。時期は、比較的長い休みがとれる夏休みまたは春休みがよいでしょう。手術は医療保険が適応されます。

(2) 手術と舌運動訓練

　就学前の子どもの場合には、1週間1回程度舌運動訓練と構音指導を開始し、手術できる年齢になったら手術を実施します。5歳以降では、手術の1ヵ月前から舌運動訓練を実施し舌の運動性を高めます。術後1週間後から1週間1回程度舌運動訓練を実施し、舌の可動範囲が拡大し、舌の運動性が向上したら構音指導を開始します。構音障害がない場合は、1～2ヵ月舌運動訓練を行ない、舌の運動性が高まったら終了します。

　舌運動訓練は、舌の随意運動検査で評価した「舌前方挺出」「舌尖挙上」「口角接触」「口唇トレース」を中心に行ないます。さらに必要に応じて舌平らの訓練、舌尖のコントロール訓練、舌尖を尖らす訓練、舌挙上訓練（ポッピング）を追加します。具体的な実施方法は、Ⅳ章の「E　前段階に舌運動訓練を用いた側音化構音の指導」を参照してください。

(3) 手術と舌運動訓練により舌運動が改善した事例

　7歳のP君は、通常の学級に在籍し、構音障害（側音化構音）についてことばの教室で指導を受けていました。舌小帯が短く舌の運動制限がみられました。構音障害はほぼ改善しましたが、会話レベルで正しい音を般化させるために、舌小帯の手術を検討することになりました。病院での検査の結果、舌尖の挙上度は中等度で、手術が適応と診断されました。舌の随意運動検査では、舌前方挺出は下唇赤唇まで（舌先がハート状）、舌尖挙上は口蓋方向に挙上、口角接触は不可でした。手術前1ヵ月時に病院で舌運動訓練を受け、春休みに手術を受けました。手術後1週間目から舌運動訓練を再開し、病院で3回舌運動訓練を受け、ことばの教室で継続しました。術後は、舌尖が下向きにならず水平に挺出できるようになり、ポッピングも可能となりました。口角接触では、舌先を尖らせて正確に接触できるようになり、舌の運動性が顕著に改善されました。構音でも、会話レベルで正しい音が獲得されました（図V-22）。

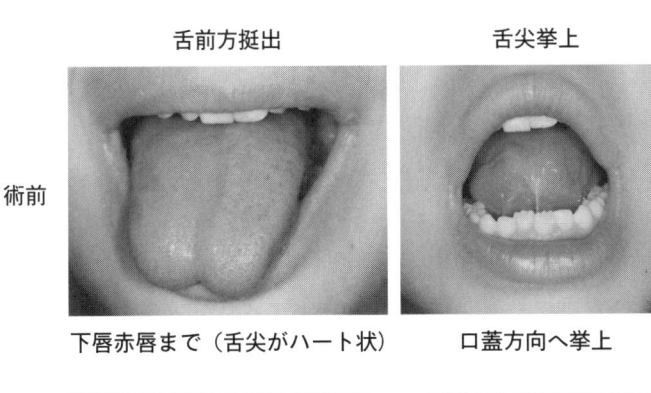

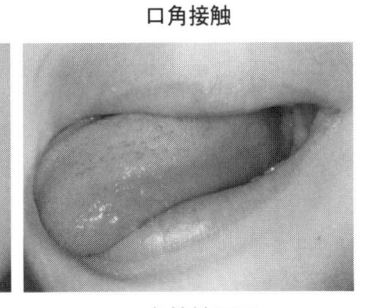

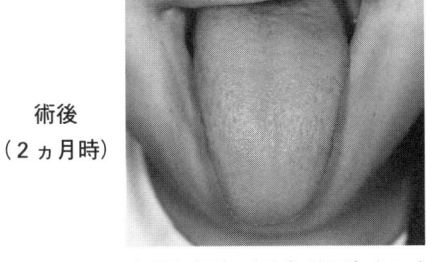

	舌前方挺出	舌尖挙上	口角接触
術前	下唇赤唇まで（舌尖がハート状）	口蓋方向へ挙上	口角接触不可
術後（2ヵ月時）	水平に挺出（舌尖が下向きにならない）	切歯乳頭に接触	両側口角水平に接触

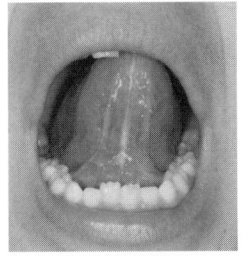

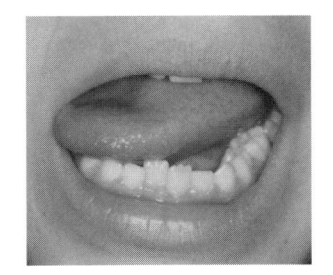

図V-22　手術と舌運動訓練による舌の随意運動の変化

E 舌小帯短縮症の評価と指導

⑷ 舌運動訓練と構音指導

　軽度で手術が必要ないと判断された場合および他施設で手術を実施したものの舌の可動範囲や舌の随意運動が改善されていない場合は、舌運動訓練を月2回、2ヵ月程度実施します。言語治療を担当する施設では、「手術したが舌の動きが良くならない」「手術したが発音が変わらない」と言った保護者からの相談を受ける場合があります。この場合は、手術を何度も行なうことはできませんので、舌運動訓練を行なって舌運動を改善し、構音指導を行ないます。

F 咬合（咬み合わせ）の異常を伴う子どもの指導

　歯が顎骨の上にU字形に並んでいる状態を歯列といい、上下の歯が接触している状態を咬合といいます。歯列（歯並び）の異常とは、歯と歯の間に隙間ができてしまう場合や、顎の成長発育が不十分であるにもかかわらず歯の大きさが大きいために後から生えてくる歯の位置や向きが違っている場合（乱ぐい歯、八重歯など）があります。咬合（咬み合わせ）の異常としては、下顎に対して上顎が著しく大きい状態（上顎前突）（**図Ⅴ-23**）、下顎が上顎と比較して著しく大きい状態（反対咬合、下顎前突）（**図Ⅴ-24**）、上下の歯列の間が離れていて、咬み合わない状態（開咬）（**図Ⅴ-25**）、部位によって咬み合わせが異なるもの（交叉咬合）などがあります。
　原因としては、口唇・口蓋裂、遺伝、口呼吸、長期間の指しゃぶりなどがあります。

1　構音障害の特徴

　下顎前突では、サ行音、タ行音が**歯間化の音の誤り**になりやすく、パ行音、バ行音、

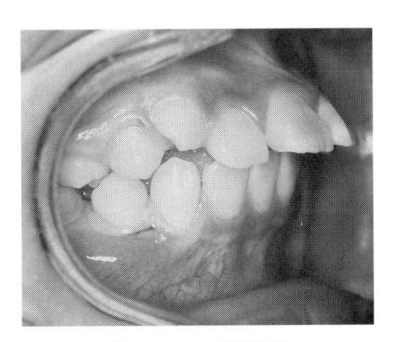

図Ⅴ-23　上顎前突

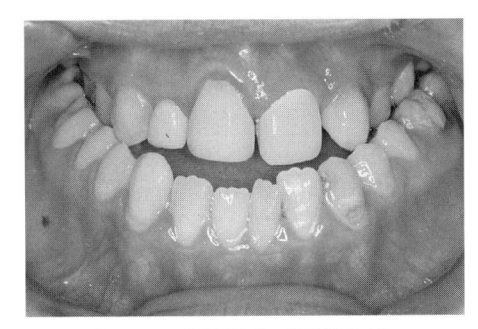

図Ⅴ-24　下顎前突（反対咬合）

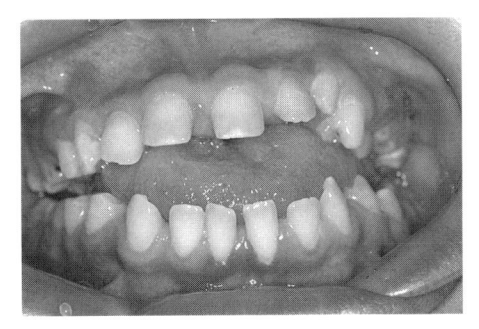

図Ⅴ-25　開咬

マ行音などで口唇閉鎖が不十分な場合もあります。上顎前突では、サ行音構音時に上顎前歯と下唇で構音するため[f]音に近い歪み音になることがあります。開咬では、サ行音、タ行音が歯間化の音の誤りになりやすく、サ行音などの摩擦性が弱くなることもあります。

乳歯から永久歯への歯の交換は、非常に個人差が大きいとされますが、一般的に6歳くらいから始まります。6歳から12歳までは混合歯列期と呼ばれ、その後12歳ころまでに永久歯がはえそろい永久歯列期になります。前歯が抜けてしまった時期にサ行音の指導を行なう場合があります。前歯が抜けても[s]が正しく発音できる子どもたちもいるという報告もあります。「前歯がぬけたので、サ行は指導できない」というのではなく、舌先と前歯の歯茎で狭めをつくり、サ行音を指導します。

2　治療法

咬みあわせの異常を伴う子どもの場合構音指導での改善は難しいので、矯正歯科医に相談します。舌癖がみられる場合は、口腔筋機能療法（MFT、Ⅳ章参照）が受けられる矯正歯科でMFTと矯正治療を同時に受けるのが最も望ましい治療になります。

文　献

阿部雅子（2008）構音障害の臨床（改訂第2版）．金原出版．
石野由美子・山下夕香里・根本京子・丹生かず代・今井智子・鈴木規子・道健一（2001）舌小帯短縮症の重症度と機能障害について―舌の随意運動機能、構音機能、摂食機能についての定量的評価の試み．口科誌，50, 26-34．
金子忠良・豊田潤・近津大地（2011）小帯切除―特に舌小帯と上唇小帯について．小児口腔外科，21, 25-32．
加藤正子・大塚義顕・向井義恵（2002）超音波前額断規格撮影法による側音化構の観察．音声言語医学，43, 30-39．
銘苅泰明・新垣敬一・仁村文和・比嘉努・仲間錠嗣・新崎章・砂川元（2011）小児における舌小帯短縮症の手術時期の検討．小児口腔外科，21, 69-72．
道健一（2000）歯・口腔・顔面の疾患．道健一編　言語聴覚士のための臨床歯科医学・口腔外科学．医歯薬出版，79．
根本京子・山下夕香里・石野由美子・丹生かず代・横山美加・根本敏行・今井聡子・鈴木規子・道健一（2000）舌小帯短縮症患者における機能障害の認識度と自覚症状について―アンケート調査による検討．口科誌，49, 356-362．
日本音声言語医学会監修(1999)口蓋裂の構音障害（CD）．インテルナ出版．
日本口蓋裂学会偏（2007）口唇裂・口蓋裂手引書．学会事務センター内．
日本コミュニケーション障害学会口蓋裂言語委員会編（2007）口蓋裂言語検査（言語臨床用、DVD

付).インテルナ出版.

岡崎恵子・船山美奈子編（2006）構音訓練のためのドリルブック（改訂第2版）．協同医書出版社．

岡崎恵子・加藤正子・北野市子編（2011）口蓋裂の言語臨床（第3版）．医学書院．

鈴木和子（2001）音韻障害に関連する要因．船山美奈子・岡崎恵子監訳　構音と音韻の障害—音韻発達から評価・訓練まで．協同医書出版社，173-175．

竹下圭子（2003）言語発達の遅れを伴った口蓋裂児の構音指導．コミュニケーション障害学, 20, 103-108．

VI

運動障害を伴う構音障害児の評価と指導

A 小児にみられる運動障害による構音障害

　構音障害には機能性構音障害（Ⅳ章）、器質性構音障害（Ⅴ章）の他に、本章で取り上げる運動障害性構音障害[*1]があります。運動障害性構音障害とは、中枢神経から抹消に至る神経系と筋そのものが何らかの病変によって発声発語器官に運動障害が起こり、その結果として生じる**発話障害**です。これには、構音の障害だけでなく発話時の呼吸・発声・共鳴・プロソディの障害から発話に障害が引き起こされることが多く見られます。この運動障害性構音障害にはいくつかタイプがありますが、大きく分けて以下の6つのタイプがあげられます。

①**弛緩性**：筋緊張の低下により、力が入らず、発声発語器官の運動がうまくいかないために弛緩性の構音障害と発話の異常が生じます。

②**痙性**：筋緊張が高く、発声発語器官を動かそうとしても思うように動かないためにスムーズに発話ができません。

③**失調性**：小脳が障害されると運動の力や方向、運動のタイミングなどに障害を生じます。発声発語器官の運動にもこのような運動障害による構音障害や声が小さく揺れたり単調な発話になります。

④**運動低下**：運動能力が低下している状態で、発声発語器官を動かす範囲が少なく、速さが遅くなったり、力強さに欠けるために生じる発話障害です。

⑤**運動過多性**：話そうとすると、異常な不随意運動が生じるために構音障害や発話が異常になります。

⑥**混合性**：上記の症状が重複して現れます。

　このような定義と分類は、成人の基礎疾患にみられる症状を定義し、分類されたものです。子どもの発話障害でも、このような分類に対応した症状をもつ運動障害があります。

[*1] 近年の国際的な発話障害の分類体系は機能性構音障害、器質性構音障害、運動性発話障害、吃音、音声障害の5つに分けられています。そして、運動性発話障害はディサースリア（dysarthria）と発語失行に分けられます。本章ではディサースリアを運動障害性構音障害と表記し、同義として使用しました。ディサースリアの定義は、神経や筋系の病変による発声発語器官の運動機能障害による発話（speech）の障害と言われています。

発話に運動障害をもつ子どもの典型的な疾患は**脳性まひ**ですが、脳性まひは、生後すぐに障害を受けていることから、運動障害性構音障害に含まれないと言われることもあります。あるいは発達性運動障害性構音障害ということば使うこともあります。成人との大きな違いは、成人は正常にことばを使いこなす時期を経てから受傷して運動障害を生じ、そのため構音障害や発話障害になりますが、子どもの場合はことばを獲得する以前から運動障害があるということです。身体や口腔器官の運動障害がある状態でことばを獲得していきます。したがって、子どもの場合は発達経過の中で運動障害に伴って生じる構音障害や発話障害と理解するのがよいでしょう。成人にみられる神経病理学的特徴を参考にしながら、**運動障害を発達的視点で**整理し、指導方法を検討することが必要と考えます。

　たとえば、脳性まひの運動障害は筋緊張や姿勢と運動パターンの障害をもって発達し、その症状は成長に伴って変化し、発話の状態も変化することもあります。また、他の疾患でも、子どもは運動障害をもちながら言語発達の途上で構音障害が生じるので、発達という視点に留意が必要です。

　子どもの運動障害は、大きく分けて**麻痺による運動障害**と明らかな**麻痺がない運動障害**に分けることができます。麻痺による運動障害では、出生時あるいは出生後間もなく脳に障害を受けた脳性まひや先天性障害のメビウス症候群などがあります。また、インフルエンザ脳症や髄膜炎後遺症などによる脳炎、脳症そして頭部外傷、脳出血などによる後天性運動障害にみられる構音障害や発話障害があります。後天性の運動障害では、発症の年齢が乳幼児期であれば、構音の発達を考慮しなければなりません。特に脳炎、脳症は低年齢に発症することが多くみられます。しかし、構音をすべて獲得してからの発症では成人と類似することもあると考えてよいでしょう。それでも成人との違いは、発症が構音獲得後であっても、子どもはあらゆる面で発達途上であることです。構音障害をもちながら発達することの問題や、構音障害から生じるコミュニケーションのとりにくさをかかえた人間関係など、さまざまな問題を考慮しなければなりません。

　明らかな麻痺による運動障害はみられないが、運動発達に遅れがあったり、バランスや協調運動が不得手な子どもがいます。その中では、運動障害を伴う遺伝子系の疾患（たとえば、ダウン症候群など）によって筋の緊張が低く、構音運動がうまくできずに構音障害となることがあります。また、口腔器官の奇形を伴いながら筋の緊張が低く運動障害を生じて構音障害になることもあります。そのような子どもは、発声発語器官の筋力が弱まったり、それらの各器官の協調した運動のコントロールがうまくいかないため、正しい発音ができなかったり、発声が上手くできなかったり、話の速度が不自然になっ

A 小児にみられる運動障害による構音障害

たり、アクセントや抑揚に違和感が感じられる話し方になったりすることがあります。そのような子どもは、多くの場合、粗大運動が苦手であったり、手先が不器用であったりします。

その他、先天性の筋ジストロフィーのように筋そのものに問題があり、運動障害を生じていることがあります。また、原因がはっきりしないのですが、低出生体重児[*2]などにみられるような麻痺はないが筋の緊張が低く、どことなく身体の運動が拙劣であったり、手先や顔面・口腔器官の動きがぎこちない、軽度運動障害や微細な運動障害による構音障害があります。

1　脳性まひにみられる発話の問題

麻痺による運動障害から生じる構音障害の中で最も典型的なものは脳性まひによる発話障害です。そこには構音運動が上手くできないことも含まれます。脳性まひは、「受胎から新生児（生後4週以内）までに何らかの原因で生じた脳の非進行性の病変による永続的だが、変化する運動および姿勢の異常である」といった定義がされています。したがって、脳性まひの構音障害を含む発話の問題は運動および姿勢の異常のひとつとして認識する必要があります。発話は身体の運動や姿勢と影響しあっていることに留意しなければなりません。また、脳性まひの発話は、聞き取りにくかったり、脳性まひ特有の発話がみられます。脳性まひのタイプでは四肢や特に下肢に緊張が高まる痙直型、全身的に筋緊張が変動しやすく不随運動を伴うアテトーゼ型、体幹や四肢の筋の緊張が低い弛緩型、筋の緊張が細かく変動しバランスが悪い失調型、そして重複型などがあります。それぞれの型や重症度によって発話の様相が異なったり、発達過程での変化に違いがあります。脳性まひ児の各タイプに見られる発話の特徴を表VI-1に示しました。

また、**話すときの身体の運動パターンや姿勢、筋緊張と発話が影響しあう**ことが多くあります。話そうとすると体に力が入り、体が反り返ったり、肩があがり、足が突っ張るといった身体の筋緊張が高まることはよくみられます。その筋緊張が今度は喉頭を緊張させたり、頭部を後ろにそられる緊張が強まることで、声が出しにくくなったり、下顎や口唇が閉じにくくなったりします。また、筋緊張が低い場合は、背中を丸め、前方につぶれるような姿勢になり、舌や口唇の動きが悪くなります。これらの状態は口腔器

[*2] 体重が2,500g未満で出生した乳児を低出生体重児と呼びます。その中で、1,500g未満で出生した乳児を極低出生体重児、1,000g未満で出生した乳児を超低出生体重児と呼びます。このような子どもたちの中に脳性まひになる子どもがいます。また、麻痺はみられませんが、全身の筋肉の緊張が低く運動面の発達が遅れたり、手先の不器用さがみられたり、そして構音障害がある子どももいます。

表Ⅵ-1　脳性まひ児の各タイプにみられる発話特徴

発声	・声の高さ、大きさでは、痙直型には声が小さく、アテトーゼ型は大きさの変動がみられる。失調型には、声の震え、爆発的な大きい声、高さの変動などの特徴がみられる。 ・声の質では、痙直型、失調型には努力性が認められ、アテトーゼ型には努力性、気息性の嗄声が認められることが多い。
構音・共鳴	・各タイプとも構音障害が多くみられ、鼻咽閉鎖機能不全による開鼻声のこともある。構音では、子どもによって誤る音が異なったり、誤り方が異なることがよくある。全般に音の歪がよくみられるが、中には健常児では比較的早期に獲得すると言われている口唇音のマ行、バ行、パ行の獲得が他の構音より難しいこともあり、一般的な構音の獲得経過に添わないこともある。 ・アテトーゼ型では単音節、単語、文章での構音の誤りが浮動的で、場面やことばによってその誤りが一貫しないことが多い。痙直型では、構音の歯切れが悪く、母音、子音ともに歪んだ音になったり、奥舌音、摩擦音、破擦音や弾音に置換がみられることも多い。
プロソディ	・各タイプとも抑揚に乏しく、アクセントが付けられなかったり、単調な話し方になりやすい。 ・アテトーゼ型は音、音節がばらばらに聞こえたり、音、音節の持続時間が不規則に崩れやすい。
話す速さ	・痙直型や失調型は遅い話し方がみられる。 ・アテトーゼ型は速い話し方や、速くなったり、遅くなったりと速度の急変がみられることもある。
明瞭性と異常性	・脳性まひ児の発話の問題は聞き取りやすさに関する明瞭性の側面と脳性まひ特有な話し方である異常性の側面がある。聞き手にとってこの2つの側面は共通したり、どちらか一方が強く感じる場合がある。独特な話し方であるが一応話している内容が聞き取れることがある。また、脳性まひ児の話し方に慣れてくると聞き取りやすくなることもある。

官の運動障害がしずらくなり構音障害をさらに悪化させます。

2　後天性の脳障害による運動障害

　運動障害を呈する脳障害後遺症では、脳性まひに類似した発話の問題がみられることがあります。運動機能が回復しても口腔機能の細かい運動が苦手になる場合もあります。そのような場合は、母音は比較的構音できても子音では破裂音や摩擦音、破擦音といった瞬発的に口唇に力を入れたり、舌先の微細な運動が必要な構音に誤りが生じることもあります。

A　小児にみられる運動障害による構音障害

3　筋の緊張低下による運動障害

　これらの子どもの場合、粗大運動やバランス感覚が弱く、手先の不器用さがあります。特に**手先の不器用さと発声発語器官の運動の拙劣**が出現することが多くみられます。このような子どもの構音障害は、機能性構音障害と類似していますが、基本的に口腔器官の運動そのものが拙劣で運動範囲が狭かったり、各器官の協調運動がぎこちなかったり、力強さやスピードが欠けていたりすることが原因で構音運動がうまくできないことがあります。時には構音障害に伴って発声や共鳴の問題を呈することがあり、聞き取りにくくなっていることもあります。

B 評価（構音以外に関する項目）

1 発話に関しての評価

　成人の運動障害による発話の問題を評価する方法として、福迫ら（1983）は「発話特徴抽出検査評価」を考案しました。それを参考にして運動障害による小児の発話特徴評価に使用できるように作成しました。声の質、声の高さや大きさ、話す速さ、プロソディ、共鳴・構音、発話全体のカテゴリーに分け、カテゴリー内の各項目で評価します。評価の項目の内容を表VI-2に示しました。各項目では、声の高さ、声の大きさ、話す

表VI-2　小児の発話特徴評価項目とその内容（福迫ら，1983を改変）

	評価項目	評価内容
声質	1．粗糙性	荒れたようながらがら声
	2．気息性	かすれ声、ささやき声
	3．無力性	弱々しく か細い声
	4．努力性	しぼりだすような苦しい声
声の高さ・大きさ	5．声の高さ	声の高さが年齢や性別に比べ高過ぎるか、低すぎる
	6．声の翻転	声がひっくり返る、時々裏声になる
	7．大きさ	声が大きすぎたり、小さすぎる
	8．大きさの変動	声が急に大きくなったり、小さくなったりする
	9．声のふるえ	声がふるえる
話す速さ	10．速さの程度	話す速さが速すぎたり、遅すぎる
	11．速さの変動	数音節あるいはそれ以上の単位で話し方が早くなったり、遅くなったり変わる
プロソディ	12．音・音節の持続時間が不規則に崩れる	個々の音・音節の持続時間が不自然に、また不規則に長くなったり短くなったりする
	13．抑揚に乏しい	一本調子で、単調な話し方になる
	14．繰り返しがある	音、音節、単語の一部などを繰り返す
共鳴・構音	15．開鼻声	鼻腔共鳴による母音の誤りがある
	16．鼻漏れによる子音の歪み	呼気の鼻漏出による子音の誤りがある
	17．構音の誤り	母音、子音に歯切れの悪さ、不鮮明さ、省略、置換などがある
	18．構音の誤りが不規則に起こる	母音、子音の誤りが不規則に起こる
発話全体	19．異常度	発話全体に感じる異常の程度
	20．明瞭度	発話全体の明瞭さの程度

B 評価（構音以外に関する項目）

表Ⅵ-3 小児の発話特徴抽出評価（福迫ら，1983を改変）

対象児名　　　　　　　　　男・女　　実施年月日
生年月日　　　　　　　年齢　　　　　評価者
評価に使用した資料（自由会話、単語や文の復唱、音読など）

カテゴリー		項目	特徴の程度			
声質	1	粗糙性	なし	少々あり	あり	目だってあり
	2	気息性	なし	少々あり	あり	目だってあり
	3	無力性	なし	少々あり	あり	目だってあり
	4	努力性	なし	少々あり	あり	目だってあり
声の高さ・大きさ	5	声の高さ	低い	少々低い	普通	少々高い　高い
	6	声の翻転	なし	少々あり	あり	目だってある
	7	大きさ	小さい	少々小さい	普通	少々大きい　大きい
	8	大きさの変動	なし	少々あり	あり	目だってあり
	9	声のふるえ	なし	少々あり	あり	目だってあり
話す速さ	10	速さの程度	遅い	少々遅い	普通	少々速い　速い
	11	速さの変動	なし	少々あり	あり	目だってあり
プロソディ	12	音・音節の持続時間が不規則に崩れる	なし	少々あり	あり	目だってあり
	13	抑揚に乏しい	なし	少々あり	あり	目だってあり
	14	繰り返しがある	なし	少々あり	あり	目だってあり
共鳴・構音	15	開鼻声	なし	少々あり	あり	目だってあり
	16	鼻漏れによる子音の歪み	なし	少々あり	あり	目だってあり
	17	構音の誤り	なし	少々あり	あり	目だってあり
	18	構音の誤りが不規則に起こる	なし	少々あり	あり	目だってあり
発話全体	19	異常度	なし	少々あり	あり	目だってあり
	20	明瞭度	明瞭	少々不明瞭	不明瞭	非常に不明瞭

評価時の留意点
①子どもの生活年齢や性差、言語発達レベルに留意する
②評価をしながら、発話を録音して、カテゴリーの声質、声の高さ、声の大きさ、話す速さ、プロソディ、共鳴・構音、発話全体ごとに1回以上聞き評価する。

速さ以外は4段階評価をします。声の高さでは、年齢に留意しながら普通を中心に高低を評価し、声の大きさでは、普通を中心に大小を評価し、話し方の速さでは、普通を中心に速い、遅い、を評価します（**表Ⅵ-3**）。この評価は必要に応じて使用します。

2 顔面・口腔器官の評価

(1) 全身運動と発声発語器官の運動との関連

　運動障害のある子どもたちの評価では、全身の運動状態をみることからはじめます。脳性まひ児では、全身の筋緊張状態や運動パターンが頭部の安定性を左右し、それは呼吸、喉頭や口腔器官の運動にも影響してきます。また、身体の筋肉の緊張状態は、各発声発語器官の筋肉の緊張状態を推測することができます。筋緊張状態は大きく分けて、緊張が低いタイプ、緊張が高いタイプ、緊張が変動するタイプに分けられます。また、身体の部位によって緊張状態が違うこともあるので注意して観察します。たとえば2,500g未満で生まれた低出生体重児のなかに体幹（胴体）は低緊張でも手や足の緊張が高かったり、不随意運動のある子どもがいます。低出生体重児の中には麻痺はありませんが、全身の筋の緊張が低く運動が不得手で口腔器官でも微細な運動が苦手であったり、力強さやスピードに欠ける場合もあり、そのことにより構音障害を生じていることもあります。

　一見運動障害があるようにはみえなくとも、全身を使った運動がうまくいかなかったり、手の操作や指先の操作がスムーズでなく、不器用と思われたりする子どもの中に構音障害がある子がいます。このような子どもは、発声発語器官の運動にも問題がみられることもあるので運動障害としてとらえてアプローチすることがあります。

　普段の姿勢、立位、座位姿勢の特徴、歩いたり、絵や文字を書いたり、製作をするなど手を使った運動時の姿勢の特徴、特に食事のときの姿勢や身体の動きを観察します。構音検査をするときも座っているとき、立っているときといった姿勢の違いでの構音や発話を観察するようにします。対象児の年齢に対応した運動発達をしているか、特有な運動パターンをしているか、ぎこちなさがあるかなどを具体的に記録します。

(2) プレスピーチアプローチでの評価

　生まれたばかりの子どもは、首も座らず、ミルクしか飲むことができませんが、1歳前後に歩き始め、離乳食が完了し、初語がみられます。新生児から1歳までの1年間の粗大運動、口腔器官の運動、摂食嚥下機能、音声、発語の発達をみると、それらの発達は相互に関連していることが分かります（**表Ⅵ-4**）。

　粗大運動の発達は、呼吸や発声の発達の基になるとともに発声発語器官の運動を保障する頭部の安定に大きくかかわっています。構音運動に必要な主な発声発語器官である下顎、舌、口唇の運動は頸部がしっかりと頭部を支えることによって保障されます。頸

B　評価（構音以外に関する項目）

表VI-4　粗大運動発達と口腔機能の発達

月齢	粗大運動発達	口腔機能	摂食パターン	発声・発語機能	
0	生理的屈曲、非対称性姿勢 非対称性緊張性頸反射様肢位	・舌、顎、口唇は一体となって動く ・口腔周辺への触刺激に過敏に反応する	・反射的に取り込み、乳児性嚥下 ・スプーンで与えると押し出されることが多いが嚥下時、口唇、顎は閉鎖する	単調な泣き方 開鼻声（+）	叫声期
1	モロー反射、ギャラント反射				
2	伸展活動が出現する			母音（アー、ウー）	
3	定頸、対称性姿勢 迷路性立ち直り反応	・口腔周辺への触刺激に対する過敏な反応が徐々に軽減する ・口での探索活動が始まる ・吸啜・嚥下が分離する	・離乳食を開始する* ・始めはスプーンから取り込んだ食物が口から押し出されることが多いが次第に軽減する	声を出して笑う 甘えの声、訴えの声	喃語期
4	正中位指向性 両手動作が始まる			発声持続 m, b, p	
5	上肢支持の腹臥位で遊ぶ				
6	上肢で最大リーチする（腹臥位） 平衡反応、多様な運動が出現	・舌と下顎の上下運動 ・口唇は舌、顎の運動から分離し、閉じられている	・離乳食初期から中期の食物摂取 ・口唇にリーチの動きが出現する ・スプーン上の食物を口唇で受け取り込む。Munchingが出現する ・取り込んだ物が押し出されない	喃語がさかんになる 開鼻声（-）	模倣期
7	体に働く体の立ち直り反応			音の模倣	
8	座位を保持する 腹臥位から座る			t, d, n, tʃ, s ʃ, dz	
9	座位から腹臥位に移る つかまって立ち上がる				言語理解期
10	四つ這い移動 手指の巧緻動作	・舌と下顎は分離して動く ・食べ物の特性、大きさ等によって口の開け方が違う ・咀嚼できる ・舌の側方運動	・食べ物の特性、大きさ等によって口の開け方が違う ・咀嚼できる ・ストロー、コップ、麺類などの摂取が上手になる	名前に手をあげる 電話のベルを指さす	
11	立体で遊ぶ、伝い歩き 床から立ち上がる				
12	一人で数歩歩ける			始語	

嘔吐反射・咬反射──────生涯続く
捕捉・探索・吸啜・嚥下反射──嚥下反射は生涯続く

*厚生労働省によって2007年3月に発表された新しい指針「授乳・離乳食の支援ガイド」では離乳食開始時期5ヵ月頃とされている

日本聴能言語士協会講習会実行委員会編（2002）『アドバンスシリーズ／コミュニケーション障害の臨床3 脳性麻痺』協同医書出版社　115ページ

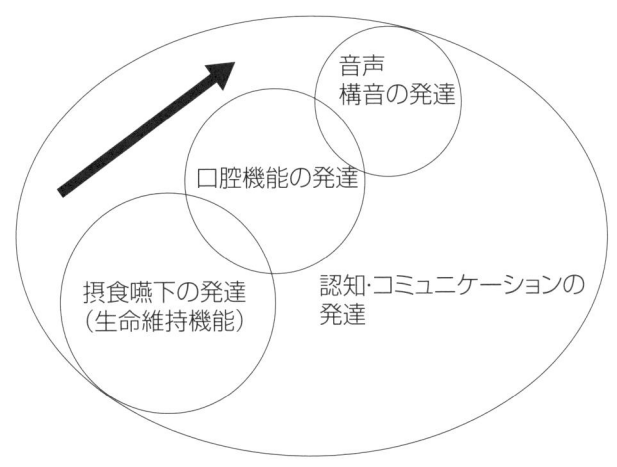

```
        音声
        構音の発達
    口腔機能の発達
摂食嚥下の発達
（生命維持機能）   認知・コミュニケーションの
                 発達
```

新生児は反射的に哺乳をして栄養をとるように、口腔機能は生命維持機能（摂食嚥下）がある。これを基盤にして、ことばを話すための口腔運動へと発達する。口腔器官は食べることと話すために使われる。

図Ⅵ-1　口腔機能の発達（生命維持から話しことばへ）

部や頭部がしっかりするためには、腰や体幹が安定し、しっかりと頸部、頭部を支えられていなければなりません。

　身体のバランス機能や協調運動、手先の機能を評価するには、随意運動発達検査（田中, 1989）を使用するとよいでしょう。

　下顎や舌、口唇、頬などの口腔器官は食物を食べるときとことばを話すときに同じ器官を使用します。**図Ⅵ-1**の「口腔機能の発達」に示したように、口腔器官の機能の発達は生命維持機能としての哺乳運動から始まり、離乳食へ移行しながら摂食嚥下機能が発達します。離乳食がすすむにつれて、下顎、口唇、舌、頬といった口腔器官の運動機能が発達し、音声や構音の発達につながるといった関係性があります。構音を獲得するためには、口腔器官の運動がうまくできるといったことが必要条件になるでしょう。しかし、口腔器官の機能に問題がなくてもことばを獲得できなかったり、構音に問題がある場合がみられることにも留意しなければなりません。

　運動障害のある子どもには、指示した随意運動や運動の模倣をすることが難しい場合があります。そのようなときは口腔器官の機能を評価する前に、食物を食べるときの口腔器官の動きを観察してみます（**表Ⅵ-5**）。このような評価や顔面や口腔の過敏性、口腔の形態や呼吸・発声、コミュニケーション発達など、子どもの発話の発達に必要な評価をし、アプローチするのがプレスピーチアプローチ（コラム2参照）です。この評価

B 評価（構音以外に関する項目）

表Ⅵ-5　摂食嚥下機能の観察と口腔機能の評価

摂食嚥下機能の観察	口腔機能の評価
①水分をスプーンで飲む、コップで飲む、ストローで飲むなどを観察する ⇒	上唇の使い方、口唇の閉じ、下顎の安定などを評価する
②嚥下、取り込み、食物保持、咀嚼（咬断、粉砕、臼磨）を観察する ⇒	下顎の安定性が高まっているかを評価する。
③嚥下、取り込み、食物保持を観察する ⇒	口唇閉鎖の力がついているか評価する
④食物の送り込み、保持、咀嚼を観察する ⇒	舌の動きのバリエーション（前後→上下→左右）を評価する
⑤食物の形態や大きさへの対応や口唇についた食物を舌で取るなど、細かい食物処理を観察する ⇒	舌、口唇、下顎の分離した運動や協調した運動が可能かを評価する

表Ⅵ-6　プレスピーチアプローチの評価項目

①表情
②口腔－顔面周辺の触覚感受性：口腔反射・感覚の過敏性・鈍麻
③摂食機能：取り込み・咀嚼・保持・嚥下
④口腔器官の運動：舌・口唇・下顎・頬
⑤歯や口蓋：歯列・咬合・硬口蓋の状態・歯茎の状態
⑥呼吸
⑦発声
⑧コミュニケーション（理解・表出）

項目を表Ⅵ-6に示しました。

　食べる機能を観察するには、水分とヨーグルトのような半流動の食物と固形物といった食物ごとにその摂食嚥下の様子を観察します。観察と評価のポイントは、随意的運動と食べるときの運動との関連を考えながら行なうことです。
　また、呼吸と発声では、口鼻呼吸の分離、呼気の持続、声の大きさ、発声の持続などを評価します。

3　知的発達評価

　脳性まひをはじめとする運動障害のある子どもの多くには知的発達の遅れが見られます。知的発達の評価は必須です。脳性まひ児の知的発達の評価は身体の運動障害があることにより、既存の評価方法では困難なこともありますが、子どもができる検査法を選んだり、既存の検査を部分的に使用したりします。また、検査場面での様子や家庭や保育園、幼稚園、学校などでの情報を得たり、課題や遊びでの子どもの反応をみたりしながらおおよその発達段階をとらえます。また、子どもにとって、視覚的な情報と聴覚的

な情報のどちらが入りやすいか、あるいは違いがないかなど認知の特性にも留意します。

4　言語能力評価

　ことばの意味をどの程度理解しているのか、表現できるのか、文法的なことばの使用に問題ないか、**音韻認識**[*3]ができているか、場面にあったことばの使用ができるかなど、言語能力を評価します。特に脳性まひ児の中には運動障害だけではなく音韻認識の発達が未熟なことも加わって構音やことばに問題がみられることもあり、それが文字表現にまで影響することがあるので留意します。

[*3]　音韻認識は音韻意識（phonological awareness）と同じ意味です。語音に対する注意・認知・記憶を含み、音を操作する能力です。課題としては音の同定、弁別、音節分解、音節抽出（Ⅳ章84ページ参照）などがあります。音を操作する能力は4歳前後から発達し、このころからしりとり遊びができるようになります。音韻認識はその後の文字学習の基礎となります。

C 構音、発話指導の実際

1 脳性まひ児の指導

　発話の指導では、評価に基づいて発声と構音へのアプローチを行なっていきます。構音については、口腔器官の緊張の程度や随意運動の準備ができているかどうかを観察しながら、音の練習に入るのですが、その前に食物などを使って、プレスピーチアプローチを行なうことも有効です。以下に具体的な方法を述べます。

(1) 呼吸・発声

　まず、**姿勢づくり**です。車椅子や椅子に座った状態でしたらお尻をしっかり椅子の奥まで入れるようにします。骨盤が斜めにならないようにするのがポイントです。また骨盤に左右差がでないようにします。背中を伸ばしてゆっくりとした深い呼吸をつくっていきます。鼻から吸って口から吐く呼吸ができるとよいでしょう。子どもの吹く機能に合わせて、綿玉を吹いたり、ティッシュペーパーを吹く練習から徐々にリコーダーなど笛やラッパを吹く、まき笛（吹きもどし）やストローで水を吹く、といった課題を行ないます。ラッパは吹き口が丸くなっているので、脳性まひの子どもはその吹き口に合わせて口唇をすぼめることが難しいことがあります。リコーダーの吹き口は横長で平らなので口唇の形に近く子どもは口を当てやすいです（図Ⅵ-2）。

　また、脳性まひ児は対象物があると口唇を閉じることが困難な場合が多いので、口唇

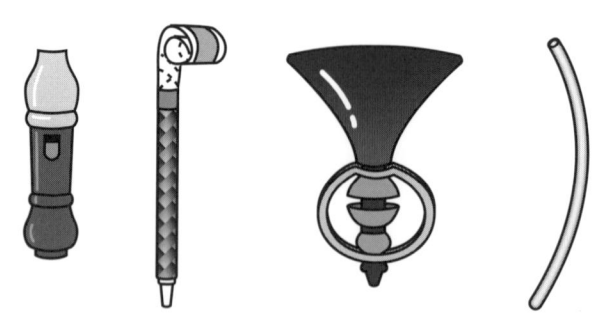

リコーダーは長く扱いにくいので、上部の部分のみをぬいて使うと便利である。

図Ⅵ-2　吹く練習に使用するもの

を押さえてあげるような工夫が必要です。また、口に笛などをもっていくと呼気が鼻から出てしまう場合もあります。そんなときは、子どもの呼吸のタイミングに合わせて、息を吸った後にすっと鼻をつまんで鼻から呼気が漏れないようにしてあげます。この方法は子どもの了解を得てからやります。介助しながらでも笛の音が出ると子どもは成功感を得て、だんだんと口から吹くことを学習するでしょう。シャボン玉はストローを口にくわえると吸ってしまうことが多いので、呼吸のコントロールがつき、吹く機能がよくなってから始めます。

　呼気の練習とともに発声も練習します。車椅子や椅子に座ったり、あるいは、立位が安定している場合には、立ってテーブルに手をつきながら練習します。注意することは背中を後方に反り返らないようにすることです。できれば少しだけ前方に身体を傾むけるぐらいにします（**図Ⅵ-3**）。1つの音を一定の音量で、持続した発声を練習することも必要ですが、単語や短い文を使って楽に発声ができるように練習することもよいでしょう。「あ」で発声を促すときは、口を大きく開けすぎないよう注意します。口を大きく開けて大きい声を出すと、身体の緊張を高めるきっかけとなることが多いです。「おーい」といったことばでの発声練習がよいこともあります。ことばでは「おはよー」「おいしいー」など、あまり長くなく、小さな開口で言える「お」で始まることばを選び、最後の音を伸ばしながら声をだすように働きかけます。無理に大きな声や長い発声持続を指示しないほうがよく、自然に声が出るように工夫していきます。指導者がちょっと遠くにいて聞くようにしたり、離れた人形に声をかけるように働きかけたりすることもできます。大きな鏡があれば、少し離れて鏡に映った自分に声を届かせる方法もあります。

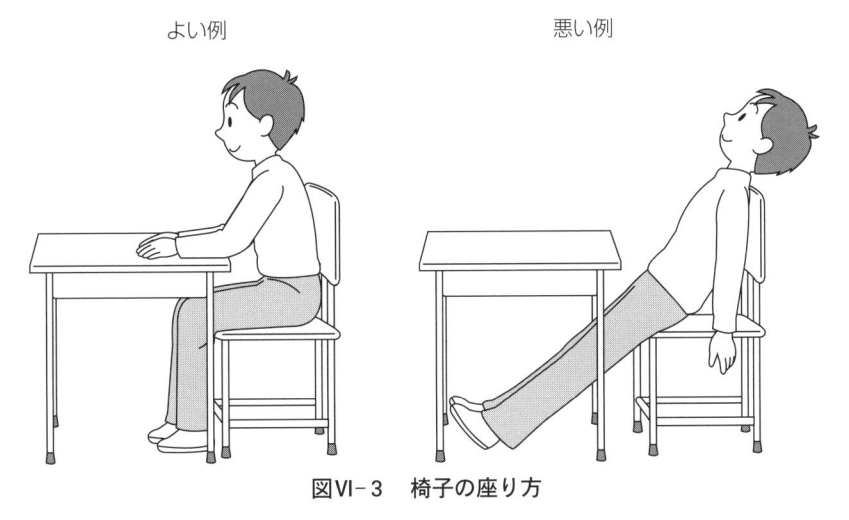

図Ⅵ-3　椅子の座り方

C 構音、発話指導の実際

　発声の練習を楽しく進めるためには歌を歌うことが有効です。短く簡単な歌から幼稚園、保育園、学校で歌っている歌を一緒に楽しく歌うことは、発声とともにリズムやプロソディの練習にもなります。

(2) プレスピーチアプローチ

　食物を食べたり飲んだりすることは、**口唇、舌、下顎、頬の口腔器官が単独で動いたり、他の口腔器官と調整しながら動くといった分離協調運動を促進していきます**。基本的な方法としては、オーラルコントロール（コラム2参照）といって、下顎を支えるようにします（図Ⅵ-4）。この方法では、姿勢を調整すること頭部を安定させることにより、口腔器官の安定性と運動性を引き出すことを目指します。脳性まひ児はちょうど良い口の開け方ができなかったり、口唇や舌の運動では動きに乏しかったり、微細な運動も苦手です。下顎を安定させることで、口唇や舌の分離、協調した運動を引き出すようにしていきます。

下顎・舌へのアプローチ

　咀嚼では下顎の安定や舌の動きのバリエーションを促進します。また、この練習では、下顎の上下運動を促進します。また、噛むことで下顎の安定を高めていくこともできま

オーラルコントロールのときの手の力は、強すぎず弱すぎず子どもの反応に合わせていく。

①側方からのオーラルコントロール　　　　②前方からのオーラルコントロール

①子どもの右側から行なうときは、子どもの左側に位置し、頭の後ろから腕をまわしてオーラルコントロールを行なう。反対方向から行なうときは、指導者の位置と手が反対になる。子どもの特性に合わせてどちらから行なうか決める。親指は顎関節に触れないようしながら頬に沿わせる。人さし指は口唇の下に置き、中指を下顎の下で舌根部に当てながら下顎を安定させるようにする。弱すぎず、強すぎない圧を加える。親指を広げられないときは、人さし指に添わせるように置いてもよい。
②前方から行なうときは、親指を口唇の下にあて、人さし指は顎関節の下方に当てる。中指は曲げて下顎の下の舌根部に当てるようにする。

図Ⅵ-4　オーラルコントロール

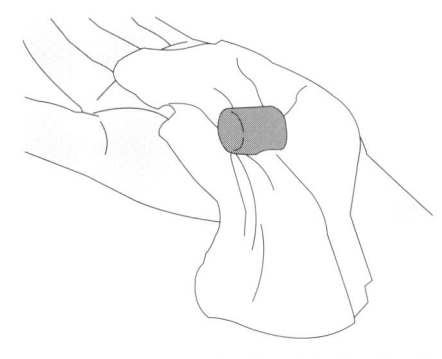

噛む練習のために、水で湿らせたガーゼにグミキャンディやガムなどを包んだものを使用する。

図VI-5　噛む練習に使用するもの

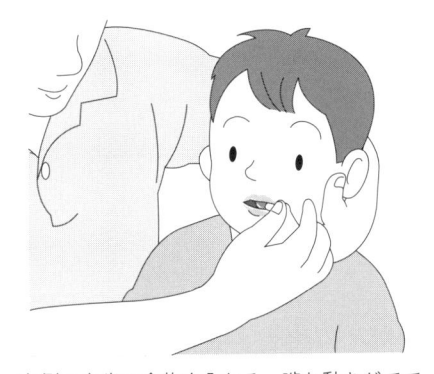

左側の奥歯に食物を入れる。噛む動きがでてくるとともに舌が食物のある側に寄りやすくなる。

図VI-6　ガーゼにつつんだガムを噛む

す。どんなものを噛むかは、子どもの機能に合わせます。リズミカルに噛むことを引き出すのか、ぎゅっと噛む力をつけることを促進するかなどの目的によって食材を選択します。軽くリズミカルに噛むときはさくさくしたビスケットや棒状のスナックなどがあります。力を入れて噛んだり、食物を口の中で動かすことで、下顎や舌の協調運動を促進したいときは、グミキャンディやドライフルーツ、ガム、時にはソフトイカなどを使います。このような食物は間違って飲んでしまうことがあるので、食物を飲み込むことが不得手な子どもや丸呑み傾向のある子どもには、水でぬらしたガーゼに包んで、奥歯で噛むように介助します（**図VI-5、6**）。

口唇へのアプローチ

　口唇の動きで目指すのは閉じることです。そして、口唇の動きには下顎の安定が必要です。下顎の安定を保ちながら口唇の閉じを練習するのには、オーラルコントロールの方法を使用します。コップで水分を飲むときに上唇が水分についているかどうか、ついていなかったら、なるべく頭をコップに向けて前に倒すようにして、上唇を水分に付けるようにします。半流動食の場合はヨーグルトを平らなスプーンにいれてゆっくりと口に持っていきます。それから水平

口にそうようにヨーグルトが入ったスプーンを口唇にもっていき、上唇を使って、取り込むことを促す。

図VI-7　口唇を使った食物の取り込み

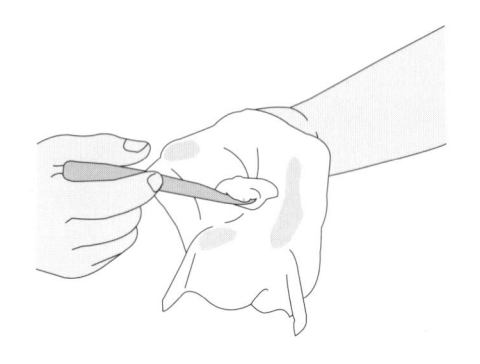

C 構音、発話指導の実際

ヨーグルトの量は子どもが処理できる程度のものにする。

図Ⅵ-8 ヨーグルトをガーゼにくるむ

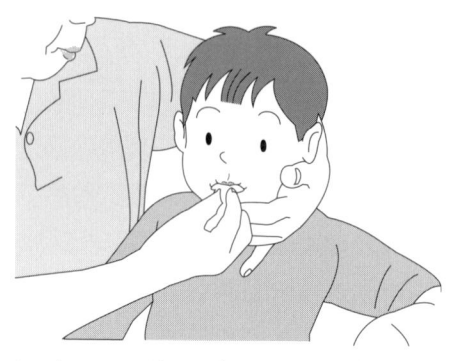

ガーゼにつつんだヨーグルトを吸い上げ子どもが吸い上げるタイミングに合わせてガーゼを引き出すようにする。

図Ⅵ-9 口唇をすぼめる力をつける

に口に入れ、上唇がおりてくるのを待ちます。上唇がおりてきたらスプーンをゆっくりと水平に抜き取ります（図Ⅵ-7）。スプーンを上方に抜き取ると顔が上を向くようになり、それをきっかけに後ろにのけぞるような緊張が入ってしまうので注意します。ガーゼにヨーグルトを入れて、吸わせてみることも口唇をすぼめる動きを作ります（図Ⅵ-8、9）。その他には、ストローで水分を飲むこと、もう少しハードルを高くするには、ストローでヨーグルトを吸い上げることです。

最も難しく、調整とパワーが必要な運動は、麺類をすすることです。太めのうどんをすする練習から細い蕎麦やラーメンの麺をすするよう促します。この課題はできる子どもが限られるので、様子をみてできないようでしたら、あまり無理をしないほうがよいでしょう。子どもが自信をなくす前にやめます。

舌へのアプローチ

前述した咀嚼の練習は、舌の動きを誘導することにもつながります。脳性まひ児の舌は、緊張していて盛り上がっており、緊張で前方に押し出すような動きをすることや逆に緊張が弱くべたっとしていることがあります。

舌の筋の緊張を調整したり、運動を引き出したりするには、大きい形の食物を噛んだり、棒のついた飴玉を使います（図Ⅵ-10、11）。棒がついていることで、喉の奥に行くことを防げます。また、玉なので噛みにくく、なめるといった運動になります。しかし、子どもが飴玉を噛みこまないよう十分に注意をします。口腔の感覚が過敏な場合や硬い固形物を食べた経験のない子どもは、はじめ「オエッ」となったり、新しい食べ物を口に入れることが怖く口を開けることを拒否したりします。最初は口唇に飴玉をつけたり

大きさは子どもの口の大きさに適したものを選ぶ。
図Ⅵ-10　練習に使いやすい棒つき球状のあめ玉

子どもがうまくできるようであれば、あめ玉を左右の頬に移動するように働きかける。
図Ⅵ-12　あめ玉を右の頬に入れる

舌はあめ玉を受け入れるため少し凹状態になり、口唇は棒に向かってすぼめるように力が入る。
図Ⅵ-11　舌の上にあめ玉を入れる

歯列の内側に入れない程度で口の中に入れたりします。特にはじめは舌の上まで入れないことです。緊張の強い子どもは、飴玉をかもうとしたり、一度口の中に入れると棒を噛んでしまって、今度は飴を出せなくなってしまったりするので、口に入れるタイミングや出すときのタイミングを調整することが必要ですし、子どもに今何をしているかを説明しながら、子どもの反応を見て、ことばかけをし、心身ともに緊張しないよう働きかけるよう十分に配慮をします。また、頬の内側に飴玉を入れることで頬の動きを出したりすることもできます。このときは、口角を広げながら飴玉を入れるように介助しながら頬に向けて入れ込みます（**図Ⅵ-12**）。

(3) 構音の練習

　プレスピーチで、口腔器官の運動の準備ができてきた子どもには、少しずつ音の練習も行なっていきます。構音の練習とプレスピーチでの練習を並行する場合もあります。ターゲット音を決めるときは、舌、口唇、下顎の動きで出しやすい音から選択していきます。麻痺や運動性の低下のため構音類似運動が完全にできるようなるのが難しいことがよくあるので、そのときは、少しでも構音類似運動に近づけながら音を産生する練習

C　構音、発話指導の実際

を取り混ぜていきます。その後の指導方法の基本は機能性構音障害の指導（Ⅳ章）を参照してください。なお、単音節では正音が言えるようになっても単語、文章では音が歪んだり、省略や置換したりすることがあるということに注意しなければなりません。時には声門破裂音、鼻咽腔構音、開鼻声の傾向が残ることもあります。麻痺が顕著な子どもには完全な構音を目指すことが困難な場合があります。このような子どもへの、構音指導では、**脳性まひの独特な話し方の改善よりも発話が明瞭になることを目指します**。

(4)　音韻認識への働きかけや音への注意を促す

　脳性まひ児の話し方では、音節の省略や付加などにより聞き取りにくいことがあります。時に音韻認識が弱く、そのことが発話に関連していることもあります。また、上肢機能や手の運動機能障害で文字を書くことが困難なこともあります。音への注目や音韻認識への働きかけが必要なこともあるので、子どもの状態をみながら音韻認識への働きかけも考慮します（具体的な指導法についてはⅣ章・Ⅶ章を参照）。

　脳性まひ児では、音への注目が弱いこともあります。音の弁別の練習を行なうことも考慮します。しかし、このような練習は、他の練習と並行させながら行なうのがよいでしょう。

(5)　その他の注意

　脳性まひ児は表出言語の発達に遅れが多くみられるので、表出言語発達への配慮をしながら、発話へのアプローチを行ないます。つまり発話へのアプローチをしながら、表現する気持ちを引き出し、ことばだけではなく、表情やジェスチャー、発声なども受け止め、やりとり関係を高めるようにしてコミュニケーションの発達も促進していきます。また、脳性まひ児の構音や発声、話す速さ、プロソディなどが含まれる発話を改善するには、時間がかかります。時には年単位で少しずつ改善していくこともあるので、指導内容を工夫しながら気長に練習を続けます。そして最も大切なことは、指導者は子どものことばに慣れて、より多くの内容を聞き取る力をつけることです。子どもは聞き取ってくれる人にはよく話します。しかし、うまく聞き取ってくれないと感じると話すことを止めてしまうことがあります。それでは発話の練習にたどり着くことができません。子どもが楽しく、のびやかに話すことができる場面で指導が行なえるようにしていきます。

2　後天性の脳障害による運動障害

　後天性脳障害による運動障害のある子どもでは、脳損傷の部位や損傷の程度によって障害の様相が異なります。知的側面と運動面が強く障害を受けた場合は、発語がみられないことが多いです。身体の運動機能の回復に伴って、発話の発達がある場合でも軽度から重度の麻痺による運動障害が残ることもありますし、発語器官にも微細な運動障害が残存していることもあります。発達性失語や高次脳機能障害[*4]も呈することがあるので、構音障害だけでなく、脳障害の部位や程度、身体の運動障害と発語器官の運動障害との関連など、子どもがもつ問題を全体的に把握し、取り組む順序を整理しておく必要があります。

3　筋の緊張低下による運動障害

　低出生体重で誕生したり、特に原因が特定できないが、精神運動発達に遅れのある子どもや染色体異常による障害がある子どもの中に身体の筋緊張が低い子どもがいます。このような子どもは、麻痺はないのですが、筋力が弱く運動がうまくいかないことがしばしばみられます。発声や口腔器官の運動にもこのことが影響し、構音障害や話し方に問題を生じることがあります。声の大きさが小さかったり、口腔器官の運動で力強さや速さに欠けたりすることから構音障害となります。また、舌や口唇、下顎の協調運動がうまくできなくて構音障害になっていることもあります。

　このような場合は、まず身体の運動性を高めることから介入するとよいでしょう。特に望ましい姿勢を保持できるようにしてから口腔器官の運動機能を高めます。このような子どもたちは、咀嚼が弱いこともあるのでプレスピーチアプローチと構音指導を平行しながら進めるとよいでしょう。

[*4] 人間の脳には、知識に基づいて行動を計画し、実行する精神活動の能力や注意力、見当識、記憶、遂行機能など高次な機能があり、それを高次脳機能といいます。何らかの原因でこのような機能に障害を生じ、日常生活や社会生活に問題が生じることを高次脳機能障害といいます。

C 構音、発話指導の実際

4 事例紹介

(1) 脳性まひアテトーゼ型

> Q君は脳性まひアテトーゼ型の現在高校2年生の男子。通級指導の先生方と言語聴覚士が連携して、身体の緊張を少なくし発声や構音の練習した結果、アテトーゼ型の話し方の特性を残しながらも発話の明瞭性が改善しました。

　在胎36週、生下時体重2,550gでした。仮死はなかったのですが、黄疸が強くアテトーゼ型の脳性まひと診断されました。身体の運動障害は比較的軽く、知的障害もなく3歳で歩き始め幼稚園と小学校とも通常のクラスに在籍し、高校受験を通過し現在都立高校の2年生です。10カ月時のABR[*5]検査では反応がみられず、聴力の問題が懸念されましたが、1歳前に始語がみられ2歳10ヵ月で2語文がみられたので、その後聴覚の問題についてはたち切れになっていたようです。幼児期には時々聞き返しがあり、発話面の発達はゆっくりでしたがことばでのコミュニケーションが取れていました。小学校入学後、低学年ではなんとか友達とのコミュニケーションが取れていましたが、成長とともに発話が増え、発話の内容も複雑になってくると発話の不明瞭さがコミュニケーションの問題となることが多くなってきました。そこで小学3年生からことばの教室で通級指導を受けることになりました。指導開始後、ことばの教室で聴力検査を行ない、その結果ははじめて聴力損失が発見されました。すぐに補聴器装用指導を行なった結果、補聴器を常時装用するようになりました。6年生のときのWISC-IIIではVIQ101、PIQ59、FIQ79でした。

　小学校5年生のときにことばがはっきりしない、最初のことばが出にくい、構音の練習や発声の練習を重ねるにつれて緊張が高まり、ますますことばがでにくくなってしまうことに通級の先生は問題を感じていました。また、周囲の人は聞き取れず聞き返すと話すをやめてしまうので、会話が途中で途切れてしまうことが多くあったようです。単語での構音検査では、[s,ʃ,d,n,k,r]に歪があり、[ts]→[tʃ]、[ʃ]→[tʃ]、[k]→[n]や[tʃ]などの置換もみられました。母音では[i,e]が歪むこともあり、子音は後続母音によって誤り方が変わったり、単語の中での音の位置や場面によっても浮動的な誤りにな

[*5] ABR は anditory brainstem respons（聴性脳幹反応）の略です。この検査は、頭に電極をつけレシーバーで音を聞かせて脳幹からでてくる脳波をコンピュータで解析し、聞こえを調べます。子どもの場合はねむらせて行ないます。

ったりするようなことがよくみられました。文章になると声が続かず意味に関係なく途中で途切れたり、構音も曖昧になることがあり、聞き取りにくくなることもありました。話すときには、身体や肩の緊張を高め首を斜めにして口をゆがめた状態で話していました。発音の練習をするときには自由会話のときより緊張が高まり、発音が不明瞭になることもあったとのことです。通級指導教室では、そのような状態であったので、構音指導を続けた方がよいのか、発話明瞭度を上げる指導方法があるのかについて、担当の教員から医療機関の言語聴覚士（以下ST）に相談がありました。ことばの教室の依頼によって医療機関のSTがことばの教室に出向き、Q君のことばの評価と指導を行ないました。STの評価では、発声や発語を意識的に上手くしようとすると身体の緊張とともに肩や首の緊張が高まり、頭を右に傾け、努力して発声し、話そうとしている様子が見られました。また、話しているときに緊張が高まってくると右側の顔面が引きつるような動きも見られました。声のでにくさや担当の先生が評価されていたような構音の誤りがみられ、時々開鼻声もありました。p, bを構音しようとするときには、弱音化とともに鼻に抜けるよう音になることがあり、はっきりと構音しようとすると口唇に力が入り緊張が高まる様子も見られました。

　STのアプローチでは、まずリラックスして楽に声を出す感覚を本人に感じてもらうため、足、腰、胴体、首、頭の位置を正しく整えるような姿勢をつくりました。その状態で身体の筋の緊張を安定させるように両手でビーチボールを持ち上げ、高い位置でボールをやりとりしたり、壁面を左右差なく押す運動などをしました。その後、両方の坐骨がバランスよく椅子の座面につくような座り方をして、足裏はしっかり床に付け体重を支えるようにし、胴体を少し前に倒すようして机に肘から腕をついて身体を支えるようにしました。頭も胴体と同じように少し前に傾けます。また、同様の姿勢で机の上にバルーンを置き、そのバルーンを抱くようにして力を抜くような状態を作りました。そのような状態で、小さな声を少し出すようにし、だんだんと声を大きくするように誘導していきました。これは、力を入れないで声を出す練習です。だんだんと力が抜けて、ビーチボールがなくても少し頭をさげるようにすると楽な発声ができるようになり、同席していた母親や本人もこんなに声が楽に出せたのははじめてと言っていました。それから単語レベルでの発話練習をしました。母音のひずみが減少し、少し明瞭な発話になってきました。

　このことから、Q君にとっては、まずリラックスして声が出せること、その発声を基盤にして単語レベルからことばを楽に話すことへ移行していくのがよいと、担当の先生に理解していもらい、指導の方向性を話し合いました。努力して発声したり構音練習し

C 構音、発話指導の実際

たりするのを避けたうえで、通級での指導を継続し、また医療機関でもST指導を始め、中学以降の発話指導を行なう道筋を付けることができました。中学生以降も医療機関でST指導を継続し、都立高校受験を目指しました。面接に備えて、発話時の文の切りかたや、イントネーションの付け方などを含め、相手が聞き取りやすい話し方ができるように練習をしました。高校受験では、他の生徒より1.5倍の時間の枠を取ってもらうことができ、別の部屋で試験が受けられるような配慮を受け、無事に合格することができました。現在はパソコン部に入り高校生活を楽しんでいます。仲の良い友人は少ないようですが、友人とのコミュニケーションは取れているとのことでした。

この事例では、ことばの教室担当の先生が自分の指導法に疑念をいだき、医療現場のSTに指導法について相談することで、脳性まひ児の特性を理解した指導に切り替えることができ、子どもの本来の能力を引き出すことができました。学校と医療との連携が上手くいった例といえます。

このようなアテトーゼ特有の緊張と不随意運動がある子どもは、文字を書いたり手の作業をするときなどは緊張がはいり、細かい操作が苦手です。そして、発話時も意識して上手に話そうとすると、かえって身体の緊張が高くなり発声や発語器官の運動が緊張のために動きづらくなるために発話の明瞭性が低くなることがあります。そのような状態のときは、まず身体全体をリラックスさせて発声発語ができる状態を本人に感じ取ってもらい、その状態に本人がコントロールできるように誘導していくことが必要です。したがって、一つひとつの構音の正確さを目指して、緊張を高めるような指導方法を避ける必要があります。少しでもリラックスして発声発語ができるようになってきたら、楽に練習ができる構音運動に導き、構音の練習に進めます。そのときも一つひとつの音が正確に出せるようになることよりも、各ターゲット音の構音が近似音になる程度でよく、発話全体が聞き取りやすくなることを目指します。このような子どもは、脳性まひ特有の話し方をすべて取り除くことは困難です。周囲の人々は、発話が不明瞭でもなるべく本人の発語に慣れて、聞き取るようにしたり、文字などの補助を使ってでも子どもが話すことをあきらめないように働きかけるよう配慮します。

(2) 頭部外傷の後遺症

> Rさんは頭部外傷の後遺症があり、そのとき生じた水頭症の手術を受けた小学3年生の女児です。きこえとことばの通級教室で指導を受けています。頭部外傷後遺症と水頭症の手術後で身体や顔面に軽度の麻痺を残している構音障害に対して、構音指導の準備として粗大運動とプレスピーチアプローチを行ないました。発語器官の運動性が改善されたことで構音の改善が進みました。

在胎40週、生下時体重3057gと周産期や出生時には問題がありませんでしたが、生後4ヵ月時にベットから転落し、頭部外傷による脳挫傷を受け、水頭症も発症しました。水頭症の手術を受け、その後2歳まで鼻腔からの経管栄養でした。1歳6ヵ月から食事指導を受け、次第に経口から食事が食べられるようになり、2歳になって鼻からの管を抜き、経口摂取に移行しました。脳波異常があり抗痙攣剤を服用していましたが、5歳のときてんかん発作が出現し、1年生のときも熱性けいれんをおこしています。運動発達は少し遅れながらも独歩できるようなりましたが、上下肢とも軽度の右麻痺があり、粗大運動ではバランスが悪く、中腰ができなかったり、腰や足の筋力の弱さもみられました。左利きで、書字も左手で行なっていましたが、文字のバランスが悪くはねたりとめたりする細部がうまく書けません。

右側に軽度の顔面麻痺があり、口唇閉鎖時も右の方が弱く、時々夢中になると右口角から流涎が垂れるときがありました。舌は前方に出すことはできますが、右に寄っていました。舌を左右の口角に触れることでも右の方がやっとという状態で左右差がありました。また、かみ合わせも上顎が左に寄っていて、上顎と下顎にずれがあり、開口時には右側が開けにくい状態でした。喉に痰が絡んでいるような発声で、時にざらざらした声がありました。口腔内では口腔器官の右側をほとんど使っていないようで右側に過敏性が見られました。構音障害は、[s]→[t]、[ts][ʃ]→[tʃ]、[ts]→[t]、[r]→[d]、[dz]→[d]の置換がみられました。知的能力は、小学3年生のときのWISC-IIIではVIQ70、PIQ78、FIQ71でした。

構音指導の準備として、粗大運動の指導をはじめに行ないました。両手でビーチボールを投げる、両手でタオルの端を持ち、タオルをピーンと張らせて左右同じように上から下へ、下から上へと動かすといった両手での動作を促進しました。胴体の安定を保ったり、バランスや下肢の両側の運動を促進するため、しゃがみ立ち上がりや小トランポリンでのジャンプ、両足とびでのケンパなどを練習しました。

C　構音、発話指導の実際

　発語器官の運動ではプレスピーチアプローチを行ないました。顔面、特に頰や口唇周辺のマッサージをして頰筋や口輪筋の動きの意識を高めました。そして、咀嚼で左右で咬むという経験から口腔内の右側への意識を高めました。飴玉を左右の頰に移動させることで、右側の頰の緊張を緩め頰の動きを作りました。吹く練習では、巻き笛やストローは口唇の中央に置き右側の口唇を介助しながら右側の口唇の筋緊張を高めるようしました。だんだんと口腔内のお菓子を右側へ移動できるようになり、舌で右の口角を舐められるようになり、舌先が挙上するようになりました。口唇は右側も少し動くようになり、右側を少しだけ介助すれば左右均等に動かすことができてきました。唾液や痰の貯留に対応するために、うがいや短く大きい声での発声、咳払いを練習しました。うがいができるようになり、唾液の嚥下や痰を吐き出すことを促進したことにより、よい声での発声ができるようになりました。自然に涎(よだれ)を嚥下することも見られるようになりました。吹くことや発声持続を促すとまだ肩の緊張が入るので、肩に手を置いて緊張を抜くよう働きかけています。プレスピーチアプローチと平行して、構音の練習を行ないました。舌を平らにして力を抜くことがスムーズにできるようになり、∫音が獲得できました。s音も出ることが多くなってきています。[su]音はほとんど獲得できており、[sa]の練習にはいっています。現在は[∫i]と[sa]が出始めているところです。また、ゆっくりでよいので大きい声ではっきりと教科書を音読することで、発話への自信を高めていくことも行ないました。

　Rさんのように顔面や口腔器官に麻痺がみられるときには、麻痺を意識した粗大運動やプレスピーチアプローチで準備をしながら構音練習を行なっていくことが有効と考えます。

(3) 超低出生体重で筋緊張が低く軽度知的障害

> 　S君は軽度知的障害レベルで特別支援学校に在籍する小学2年生男児です。言語発達が進み就学後に構音障害が目立ってきたため指導を行ないました。麻痺はないのですが、体幹や発語器官の筋緊張が低いため運動の範囲も狭く、動きのパワーやスピードが不足し、発語の流暢性が乏しいS君に粗大運動とプレスピーチアプローチを行ないながら構音練習を行ないました。

　妊娠中、出産時に特に問題なく在胎23週、生下時体重984gで出生しました。早産低体重だったため運動発達は遅れ気味でしたが、乳児期から理学療法を受けながら、時間

をかけて発達段階を踏んで成長してきました。言語発達は初語が2歳1ヵ月、2語文が3歳3ヵ月と遅れがみられました。3歳児健診で自分の名前が言えない、表現力が未熟ということでことばの発達が遅れていると指摘されました。4歳から就学まで療育施設で言語指導を受けていました。指導内容は、言語理解や表現力を促進する指導が中心で、就学前には語彙も増え、ことばでのコミュニケーションも進んできました。しかしながら、ことばでの表現が進んでくると構音障害が目立つようになってきました。1年生の3学期から新たに他の療育医療センターで構音の練習を行なうことになりました。構音の誤りは[ki]→[tʃi]、[ke]→[tʃe]、時に[te][ʃi]→[tʃi]、[sa]→[ta]、[se]→[te]、[so]→[do]、[ra]→[da]、[ro]→[do]、[dza]→[da]の置換があり、[na][ne][dze][de]に歪みがみられました。

口腔器官の運動では、大きく口を開けられれず舌の動きが鈍く、左右の動きや舌先の挙上は模倣も自発運動も困難でした。模倣時にはどのように動かしてよいのか、試行錯誤する様子もみられました。頬をスムーズに膨らませることが難しく、試行錯誤しながら、やっと膨らませるといった様子でした。また、巻き笛の吹き伸ばしも時間がかかっていました。

身体の筋緊張が低めで、粗大運動では、ぎこちないながらもジャンプやスキップは可能でしたが、両足をそろえて手をたたき、ジャンプをしながら足と手を開く、次にジャンプをしながら足と手を閉じるといった「手足の開閉」の課題はリズムをとることや手足の協調運動が難しく、できるまでに時間がかかりました。キャッチボールは投げるときに身体全体の緊張が高まり、向かったところに投げることが難しい状態でした。粗大運動でのバランス、協調運動など運動面での不得手さが目立ち、自分の身体像といったボディーイメージなども弱いように思われました。

手指の運動では、ゆっくりですが指模倣ができました。第3指、第4指、第5指の分離がぎこちなく、拇指との各指の対応では、これらの指は一緒に動く傾向がありました。口腔器官や手指の微細運動のぎこちなさがみられました。

小学校1年生3学期から指導を開始しました。指導では、体幹をしっかりさせるためにサッカー遊びのなかで、ボールをけること、両手を上げた状態での30～40cmのビーチボールのやりとり、野球遊びのなかで20cm程度のビーチボールをバットで打つなどを行ないました。次に口腔の運動を促進するために、鏡を見ながらプレスピーチアプローチを行ないました。口唇の閉じを高める練習、舌と下顎の協調運動を促進するための咀嚼の練習、舌先の動きを高めたり、舌を平らにして力を抜くための練習、また、うがいや吹く練習などをしました。S君がこれらの練習に慣れてきて、口腔機能に変化が見られ

C 構音、発話指導の実際

るようになった段階で、構音の練習をも開始してプレスピーチアプローチと平行して構音指導を開始しました。

　S君は、食べ物を使った練習に意欲をみせ、鏡を見ることにより口への注意が高まりました。そして食べることでも意識して口を動かすようになりました。口への意識が高まってきたところで、構音運動がほぼできているけれど歪みがあるといった音で、視覚的手がかり得やすく、S君にとってはスピードやパワーが課題となる[na]の練習から始めました。続いてナ行の明瞭な音の産生を目指し、その後サ行の音に取り掛かっています。セラピストの口形の模倣も試行錯誤しながら少しずつできるようになってきています。

　S君のように麻痺はないけれど、筋緊張が低く運動性に乏しい場合には、粗大運動で体幹の筋緊張を高め、同時にプレスピーチアプローチで発語器官の筋緊張を高め、各器官のパワーやスピードをつけるような準備をしながら、構音の練習をしていくとよいでしょう。

5　終わりに

　運動障害による構音障害への指導について、粗大運動や発語器官の運動の準備を中心に述べました。口腔の運動だけではなく身体の運動障害の特性をよく理解し、構音障害を口腔器官の運動との関連性から考えていくことが必要です。また、脳に何らかの障害をもった運動障害のある子どもは、発話面だけではなく知的能力や言語能力、知覚、認知や高次脳機能などについても問題をもつことがよくみられます。広い視野で子どもを評価しアプローチしていくことが大切です。

文　献

福迫陽子他（1983）麻痺性（運動障害性）構音障害の話ことばの特徴―聴覚印象による評価. 音声言語医学, 24, 149-164

紀伊克昌監修（1998）ボバース概念の実践ハンドブック. パシフィックサプライ.

日本聴能言語士協会講習会実行委員会編（2002）アドバンスシリーズ／コミュニケーション障害の臨床3脳性麻痺. 協同医書出版社.

高見葉津（2010）脳性麻痺・重複障害. 玉井ふみ他編　標準言語聴覚障害学　言語発達障害学. 医学書院.

田中美郷監修（1989）随意運動発達検査. 財団法人発達科学研究教育センター.

ヨークストン, K. M.他　伊藤元信他監訳（2004）運動性発話障害の臨床―小児から成人まで. インテルナ出版

コラム2　プレスピーチ（pre speech）

　1967年にスイスのヘレン・ミュラーによって考案開発された治療的アプローチで「プレスピーチの評価と治療」という16ミリフィルムで最初に紹介されました。ヘレン・ミュラーはその後、1972年に「摂食とプレスピーチの促通」という論文を発表しています。日本にこの概念を紹介したのは理学療法士の今川忠男氏です。今川氏は、「このプログラムは、表現や構音器官の運動発達等の話しことばの準備段階を援助する口腔─顔面運動機能治療や、母子相互作用という最も初期のコミュニケーションの具体的場面である摂食嚥下機能障害に対する治療である。さらに、発声や嚥下の際に協調運動が要求される呼吸コントロールの障害に対する治療、発声、発語及び実際の話しことばの問題についての治療プログラムも含まれている」と述べています。このように、プレスピーチアプローチは脳性まひにみられる話しことばの障害を口腔の感覚運動発達の障害としてとらえ、構音の練習をする前段階として口腔器官の感覚運動機能を促進する方法です。口腔器官には発話の産生機能と摂食嚥下機能の機能があります。プレスピーチアプローチでは、食物を使いながら舌、口唇、下顎、頬などの口腔器官の運動を引き出す方法です。摂食嚥下アプローチでは食物を食べることが目的となりますが、プレスピーチアプローチでは食物を使っての口腔の感覚運動機能発達の促進が目的となります。両者とも食物を摂取するといった同じ行動をとるので、重複して行なわれることはよくみられます。

　プレスピーチアプローチを行なうときに、口腔器官や口腔周辺の感覚運動機能を促進するためにオーラルコントロールという方法を使います。この方法は、体幹や頭部の位置関係を整えることや、摂食嚥下時に下顎や舌、口唇、頬などの器官の異常な筋緊張や異常な運動パターンをより少なくすることを目指します。これらの器官の望ましい位置関係や程よい筋緊張を保ちながら食物を食べることで摂食嚥下機能の発達を促したり、摂食嚥下時の問題を改善したりするとともに、これらの器官の分離・協調運動を促進することに役立ちます。オーラルコントロールには基本的に側方からのコントロールと前方からのコントロールの方法があります。その基本的なやり方は190ページで解説しています。また、子どもの状態によっては、これらの方法にさらにバリエーションを加えることもあります。子どもの反応をよく観察して、強すぎず弱すぎず適度な強さで、子どもの運動を引き出すように行なうことが大切です。また、構音練習のときにオーラルコントロールを使うと構音しやすくなる子どももいます。

VII

発達障害を伴う構音障害児の評価と指導

A 発達障害児の構音の障害とは

1 発達障害児とは

　発達障害児とは、認知面や行動面の発達に遅れや異常がある子どもたちを総称することばです。**発達障害**の代表例は、知的、運動面の障害ですが、その他に、言語発達のみに問題をもつ**特異的言語発達障害（SLI）**、読み書きや算数など学習に問題をもつ学習障害（LD）、行動に問題をもつ広汎性発達障害（自閉症、アスペルガー障害）や注意欠陥・多動性障害（ADHD）などがあります（**図Ⅶ-1**）。

　言語は、正常な感覚機能（聴力・視覚・触運動など）、知的機能（認知や象徴機能）、対人関係、発声発語機能、高次脳機能（記憶や注意など）の発達により、獲得されます。したがって、これらのどこかに問題があれば、言語発達に遅れや歪みがでてきます。

　構音は言語の一側面です。発達障害児は、構音だけでなく、言語のもついくつかの側面の発達に問題をもつ子どもたちです。したがって、発達障害児の構音の問題は、構音以外の言語の諸側面の発達状況を踏まえて、考えていくことが必要です。

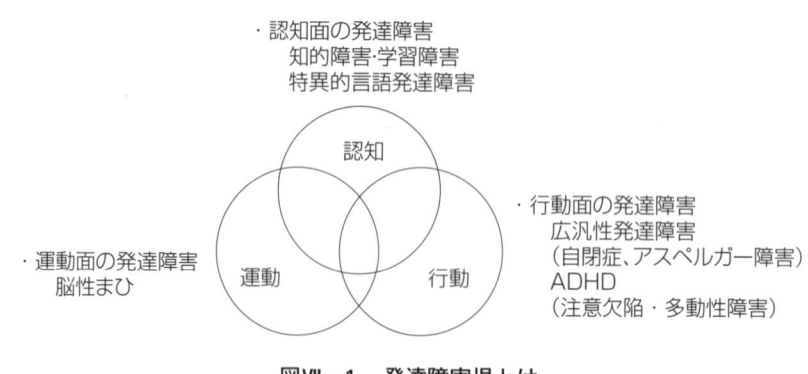

図Ⅶ-1　発達障害児とは

・認知面の発達障害
　知的障害・学習障害
　特異的言語発達障害

・運動面の発達障害
　脳性まひ

・行動面の発達障害
　広汎性発達障害
　（自閉症、アスペルガー障害）
　ADHD
　（注意欠陥・多動性障害）

2 言語の要素

　言語とは、その社会に住む人たちで共通に約束されたシンボルとその組合せのルールによって成り立つシステムです。子どもたちは、出生後の数年で、周囲の人とのかかわりを通して、この「人がもつ共通のシステム」を獲得し、人とのコミュニケーション

形式(form)―音韻
　　　　　形態
　　　　　統語

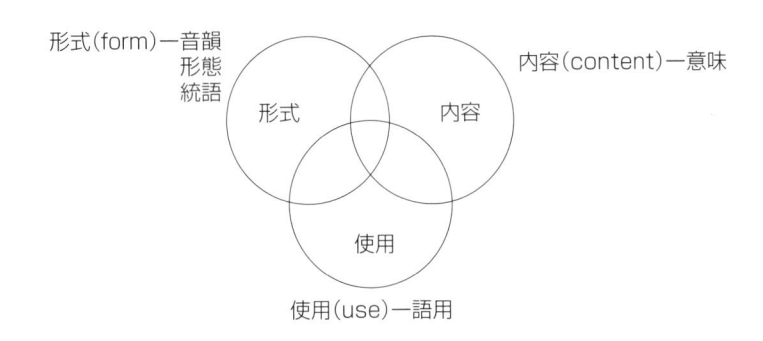

内容(content)―意味

使用(use)―語用

図Ⅶ-2　言語の3要素

に使用するようになります。

　言語は複雑な構造をもっていますが、それを成立させる3つの要素があります。（**図Ⅶ-2**）

　そのひとつは、言語を形付けるもの、形式です。形式には、音韻と形態と統語があります。音韻とはことばの音の単位ですが、音の種類はそれぞれの国によって異なります。日本語の場合は、およそ100音あります。子どもたちは、周囲の人の話すことばを聞きながら、聴覚機能や口腔機能の成熟とともに、その国の言語表現を支える音の聞き取りや音の発声（表出）を習得していきます。したがって、聴覚や発声発語器官やその機能に問題をもつ子どもたちは、音韻の習得に歪みや遅れが出てくる可能性があります。

　形態は、それらの音を組み合わせて作られる意味をもつ最小の単位である単語のことです。単語（音の連なり）の形成にもその言語特有のルールがあります。例えば、日本語の場合、「N」は語頭音にはきません。また、2つのことばから成り立つ単語、たとえば「ふでばこ」のような単語の場合には、2番目の単語「はこ」は濁音になり「バコ」になるなどのルールがあります。こうした単語の獲得には、単語を構成している個々の音への注意力や音の順序を記憶すること、またその記憶した音の順序に従って、発音することが必要です。こうした機能の習得に問題をもつ子どもたちは、単語の発音、すなわち構音に問題をもつことになります。

　統語とは、単語を組み合わせて、文を作ること、文法のことです。単語の組み合わせにも、その順序やつなげ方に一定のルールがあります。日本語の場合には、「女の子がリンゴを食べている」のように、動作主＋目的語＋動詞という順序で、文の最後に動詞が来ます。しかし、会話の中では、「リンゴ食べてる、女の子が」など、単語の順序が逆転したり、単語をつなげる「が」「を」などの助詞が抜けていることがしばしばあり

ますが、それでも話の内容は理解されます。しかし英語の場合には、この単語の順序の違いがその文の意味に影響してきます。このように統語のルールもそれぞれの言語により異なります。

　形式は、それぞれの国で使われている言語の形ですが、そうして作られた形、すなわち単語や文には、その内容を表す意味があります。すなわち、「リンゴ」という音の連なりは、「赤くて甘酸っぱい果物」を表していますし、「タベル」という音は「人が食物を口に入れて、飲み込む」ことを表しています。ことばとは、この音の連なり（記号）と意味との関係を表わしたものです。人は意味を記号で表現すること（符号化）に気付き、それを記憶し、必要なときに瞬時に思い出して、理解または表出するのですが、この音と意味との関係の習得を支える機能が知的な機能です。知的障害があると、この意味の習得に遅れがでてきます。

　使用とは、形式と意味を使って、人と人とが情報を交換することです。この情報交換（会話）をするときにも一定のルールがあります。共通の話題に沿って、質問したり、答えたり、相手によってことば使いをかえたりします。この人とのかかわりの中で、共有された音と単語と文を使い、自分の伝えたい意味を表現したり、相手のことばを理解していくことでコミュニケーションが成立します。

　子どもたちは、生後数年の間に、形式・内容・使用のルールを獲得し、社会の中で人とのかかわりをもてるようになっていきます。

3　発達障害児の言語の問題点

　発達障害児の言語の問題は、その障害により多様です。上述した**言語の3要素**の中のどこに中心的な問題があるのかは、それぞれの障害によって異なりますし、構音（音韻）だけに問題をもつわけではありません。また構音もその障害や重症度により多様です。したがって、発達障害児の構音を評価し、その指導を組み立てるためには、構音以外の言語の諸側面の発達の状態を押さえて、構音の問題を引き起こしている背景を探ることが大切です。そして、構音の問題を乗り越えさせるには何を育てることが必要なのか、その方法として何を使うことが効果的なのか、さらに構音を育てる時期はいつなのかなどを検討した上で指導していくことが必要です。

B 発達障害児の評価

　発達障害児には、知的障害をもつ子どももいれば、もたない子どももいます。言語はその社会の共通認識のうえに成り立っているシステムであり、特に構音のルールの習得には、聴覚機能・知的機能・発声発語機能・注意や記憶などの高次脳機能の発達が必要です。したがって、発達障害児の構音の問題を考えるときには、構音の習得にかかわる諸側面の発達を評価していきます。

1　聴覚機能の評価

　末梢的な聴力障害の有無を評価します。評価は基本的な聴力検査で行ないます。発達障害児の中には、耳介・耳小骨の形態障害や外耳道の狭窄や短縮など聴覚器に問題をもっていたり、中耳炎などを起こしやすく、聴力が低下している場合もあります。聴力には問題がなくても、個々の音の聞き分け、弁別に問題をもつ場合もあります。さらに、単音レベルの弁別には問題はなくても、単語レベルになると聞き取りに問題をもつ場合もあります。単語レベルの音の聞き取りについては、**音韻認識**の問題として、読み書きの発達との関係で検討されますが、構音の習得にも密接に関係しています。

2　音韻認識の評価

　音韻認識とは、単語を構成する個々の音、そしてその音の順序についての気付きと言ってよいと思います。子どもたちは生活の中で、単語や文を刺激として受け取るわけですが、初めはその音の連なりを一塊の音としてとらえ、それに意味を対応させて覚えていきます。したがって、ことばを覚え始めた子どもたちの発語は、単語の一部であったり、イントネーションやリズムで意味を表現しています。それでも周囲の人は何を表現しようとしているか、周囲の状況などの手がかりもあり、理解することができますし、子どもたちの構音も徐々に聞き取りやすくなっていきます。さらに4歳を過ぎるころから、子どもたちは音の連なり（単語）の意味だけではなく、単語を構成している音やその音の順序に気づくようになります。すなわち、音韻認識が育ってきます。しかし、発達障害児の中には、こうした音韻認識の発達につまずき、いつまでも不明瞭な発話にとどまってしまう子どもたちもいます。音韻認識の発達の評価は、単語の語頭音や語尾音・語中音を抽出させたり、単語を逆唱させたりする検査で行ないます。ただ、幼児や

B 発達障害児の評価

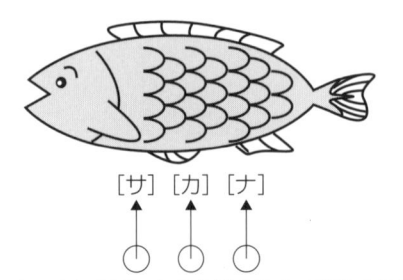

「サ・カ・ナ」と言いながら積木を3つ移動させる。
図Ⅶ-3　音節分解の指導

　発達障害児の場合にはこうした検査がなかなかできない場合もあります。その場合には、単語の発音に際し、個々の音に併せて、積木を動かしたり、手をたたかせるなど遊び的な要素を取り入れながら、音節分解が可能かどうかを評価します。子どもたちの遊びのひとつで、じゃんけんをして、「グリコ・チョコレート」などと言いながら、前に進んでいく遊びがありますが、そうした遊びができるかどうかで、音韻への気づきの有無を判定することもできます（図Ⅶ-3）。

3　知的機能の評価

　言語は、内容と無関係な記号で表す、符号化のシステムです。これは、知的機能によって支えられています。したがって、知的機能が十分育っていない場合は、音は表出できても、その音の組み合わせによって表現される単語や文の意味を理解したり、自分の思いをことばで表現することにつまずいてしまいます。知的機能の評価に当たっては、音声言語による評価だけではなく、視知覚系（動作性）の評価をきちんとしておくことが大切です。具体的には、田中ビネー検査やWISC系の検査が利用できますが、どの検査をする場合でも、単に数値を得るだけでなく、どのような項目ができて、どの項目ができていないのか、それぞれの問題に対してどのように反応したかについての考察が大切です。

4　発声発語機能の評価

　これについては、すでにⅣ章で触れられていますので、そちらを参照してください。ただ、発達障害児の中には、日常生活の食事場面などでは、口唇を閉じて食物を口腔内に送り込んだり、水分をストローで啜って飲んだり、笛を吹いたりできるのに、意識的にそうした動きを要求されるとできなかったり、音を出そうとすると口唇を閉じることができなくなってしまう子どもたちがいます。また発声はあり、口唇を閉じたり、舌を

出したり、引いたりの模倣はできるのに、声を出しながら、口唇や舌の動きをまねることができない、すなわち2つの動きを同時に行なう協調動作ができないなどの問題をもつ子どもたちもいます。また、口腔器官には特に問題はないと思われるのに、何か話そうとすると、声が無声音になってしまうなどの問題をもつ子どもたちもいます。特に問題をもたない子どもたちが何気なく出している声やことばなのですが、発達障害児にとって、声を出すこと、模倣すること、そして周囲の人が聞き取れるように発音することはなかなか難しいことです。

5　注意と記憶の評価

　構音に限らず、言語の指導に当たっては、指導者の提示する刺激に注意を向け、一定時間注意を集中持続させることが必要です。特に構音指導の場合には、指導者の口唇や舌に注意集中し、その動きを模倣することが要求されます。発達障害児の中には、この注意の集中持続に問題をもつ子どもたちがいます。また、そうして学習した動きを記憶し、別の場面で再生したり、別の単語で応用したりすること（般化）が困難な子どもたちがいます。これらの注意の集中持続や記憶に関する検査は、成人で使用されているものが中心で、小児版はまだ研究者の中で検討されているのが現状です。したがって、検査で問題の有無を評価するのではなく、指導場面の中で、ある課題にどの程度注意を集中持続して取り組むことができるかなどを観察します。記憶については、知能検査や言語検査（ITPAなど）も利用できます。聴覚記憶と視覚記憶に差がないかどうかを見ておくことも大切です。

6　構音の評価

　構音検査については、Ⅳ章の方法に準じて行ないます。ただ、発達障害児の構音は、単音節のレベルでも歪みが多く、日本語の音としての記述が困難である場合が多く見られます。さらに単語レベルになりますと、抑揚などで何となくこのことばを言っているらしいということは分かるのですが、音の区切りがはっきりせず、不明瞭なことが多く、どの音に置換しているのかなど日本語の音で記述するのが難しいという特徴があります。そこで、母音は分化しているか、単語の音節数はきちんととらえられているか、音の模倣はできるか、発話の中ででている子音はあるのか、などを評価します。

C 発達障害児の構音の指導

1 特異的言語発達障害の事例

> Tさんは、聴覚機能・知的機能・対人関係・発声発語機能などには問題はなかったのですが、言語表出の発達が遅れ、特に構音の障害が就学後まで続いてきました。就学後、構音の問題はほとんど目立たなくなりましたが、高学年になっても、時々「き」と「ち」を混同することがみられました。

(1) 言語発達経過

　Tさんに初めて会ったのは、2歳直前です。妊娠出産時ともに問題はなく、知的にも大きな遅れは見られませんでした。言語理解の発達は多少遅れが見られる程度でしたが、発語の遅れはやや大きく、「ママ・ブーブ」などが出ているだけでした。まだ年齢も低く、音声の模倣が出始めていましたので、親御さんには、①お手伝いなどをさせながら、言語理解力を伸ばす、②子どもの要求や発話をしっかり受け止める、③子どもの要求や発話を表わすことばに直して聞かせる、④無理に発話を求めないなど、家庭での対応の仕方を助言し、しばらく様子を見ることにしました。3歳ころには、名詞や動詞だけでなく、3語連鎖の聞き取りも可能になり、単音の復唱にも応じるようになってきました。3歳3ヵ月ころには、wh疑問文の応答が可能になり、「ママ・オイデ」「アカブーブ」など2語連鎖の表出も聞かれるようになりました。その後、日常会話の応答なども順調に伸びていきました。しかし、その発話は音節数やイントネーションは正しいのですが、個々の音の発音は母音中心で、聞きとりにくいものでした。4歳時に構音検査を行なったところ、単音節レベルでは、100音節中56音節の構音は可能でした。構音の誤りは、単音節レベルで、ki → tʃi、na → da、ra → da、gi → dʒi、gu → do、ge → de、su → ʃo、so → tʃo など、子音のすべてが別の子音に置換されるというのではなく、後続母音によって異なっていました。単語レベルになると、50単語中正しく構音できた単語は2単語で、音節数の誤りは3単語、母音の置換は3単語にみられ、子音の省略が最も多く、48語中37単語で、語頭音での省略が25語、語中が7語、語尾が5語でした。子音の置換は、48単語中34語にみられ、そのうち語頭音が15語、語中が12語、語尾が7語でした。置換は、[k]が[p,t,n,b]、[s]が[t,n,m,ʃ]になるなど、音韻環境による一貫性のない置換

が目立っていました。しかし、Tさんの発話は音節の区切りが比較的はっきりしていたので、音の誤りは記述しやすいものでした。

知的な障害もなく、4歳を過ぎていましたので、文字を導入しながら、表出語彙を拡大するとともに、構音の改善を目指しました。

(2) 構音へのアプローチ

Tさんの構音の誤りは一貫性のない誤りでしたので、単音節ではなく、単語レベルでアプローチすることにしました。具体的には、2〜3音節の文字単語を使い、文字をマッチングさせるとともに、文字を指差しながら、表出を促しました。また、単文字の理解を促すためには、「アイスのあ」のようにキーワード法を使いました。また、**音韻認識**を育てるために、いくつかの絵カードを並べておき、「あがつくものはどれ？」などと聞いて、単語を想起し選択させるようにしました（**図Ⅶ-4**）。また、構音練習時にキュードスピーチ、すなわちサインを利用して、音の違いを意識化させるとともに、構音を促しました。

キュードスピーチとは、ろう教育などで使用されてきた指導法ですが、最近はあまり使われていないようです。ただ、聞こえに問題がなく、発話の不明瞭な発達障害児には、音の区別や表出を促す方法として、なかなか有効な指導法だと思います。考え方は、母音の場合は口形で判断できますが、子音は構音点が異なりますので、それぞれの子音の構音点や構音方法の手がかりを手で表現し、その動きを視覚的にとらえさせながら、発音させるというものです。たとえば、[k]は、「奥舌」を使う音ですので、喉の所に握りこぶしを当てて、発音する、[b]の場合は、口唇を1回閉鎖してから開くので、手のひらを閉じた後、勢いよく指を開くなどのサインを使います。サインはそれぞれの施設によって異なっていますが、筆者はそれらを参考にして独自な動きをサインとして使っています。その具体例の一部を、**図Ⅶ-5**に示します。

「あがつく物はどれ？」と質問し、5枚の絵の中から選択させる。

図Ⅶ-4　単語の想起の指導

C　発達障害児の構音の指導

カ行		奥舌で構音する音なので、握りこぶしを顎の下に当てる。
サ行		摩擦音なので、手のひらを下にして、口唇の前から水平に動かす。
タ行		破裂音なので、口の前で、手のひらを前に向け、下に指を動かす。
ナ行		鼻音なので、鼻に指をあてる。
マ行		口唇閉鎖音なので、唇に指をあてる。
バ行		口唇破裂音なので、指を閉じた状態から開く。

図Ⅶ-5　キューサインの一部

(3) その後の構音の発達

　4歳8ヵ月時に行なった音の順序の聞き取りや音節分解の検査では、特に問題は見られませんでした。構音へのアプローチにより、5歳には61音節の構音が可能になりましたが、単語レベルでは相変わらず50語中7単語しか正しく発音できていませんでした。ただ、4歳時と違って、子音の省略は43語中6語に減り、置換による誤りが中心となり、

43語中49音に置換がありました。置換は[k]が[p,t,tʃ,n]、[s]が[p,t,m,d,ʃ]など4歳時と同様な一貫性のないものでした。また2音節単語でも子音の置換が10語で見られました。6歳8ヵ月には88音節の構音が可能になり、50語中43単語が正しく構音でき、子音の置換は7語にみられただけになりました。ただ、発音に際し、かなり意識的になりゆっくりと注意しながら、音を区切って発音することがみられました。その後、平仮名の習得とともに、構音の誤りは徐々に減り、構音の問題は目立たなくなりましたが、高学年になっても時々[ki]と[tʃi]の混同がみられました。

(4) まとめ

　Tさんの構音の発達経過を整理すると、単音節レベルの構音の習得にもやや時間を要していましたが、それ以上に単語レベルでの構音の改善がなかなか進みませんでした。聴力に問題なく、知的発達もWISC-Ⅲで、言語性IQが102、動作性IQが100、全検査IQが101で、問題はありませんでした。K-ABC検査では、継次処理尺度が84、同時処理尺度が97で有意な差はみられませんでしたが、継次的な処理の方が落ちていました。Tさんの構音の誤りは、構音運動というよりは、単語レベルでの音の聞き取りにつまずき、それが単語を構成する音のプログラミングにも影響したのではないかと思われます。そのつまずきは、平仮名を学習し、音と文字を対応させることにより、音の違いがとらえられやすくなり、構音時のプログラムも容易になったので構音が改善したと思われます。

(5) 特異的言語発達障害児の構音の特徴

　特異的言語発達障害児は、言語発達を遅らせる聴覚障害・知的障害・対人関係障害・発声発語機能障害などがないにもかかわらず、言語発達が遅れてしまう一群の子どもたちです。その言語の問題は、言語理解よりも言語表出の発達の遅れが大きく、特に文法形態素（日本語の場合は、助詞や動詞活用など）の習得の遅れや語想起の問題が指摘されています。そして、それらの問題の背景には聴覚記憶や聴覚的な情報処理の問題があるのではないかと言われています。特異的言語発達障害児の中に、言語表出の遅れだけではなく、特に構音の発達の遅れが大きい子どもたちがいます。その子どもたちの構音の特徴は、機能性構音障害の子どもたちとはやや異なり、単音節では構音できるのに単語の中では構音できない、しかも、単語によって正しく構音されたり、同じ音なのに置換される音が異なっているなど、一貫性のない構音の誤りが多いというところにあります。Tさんの場合、色名の「赤」のときは、[aka]と出ているのに、[mikan]が[mipan]、

C 発達障害児の構音の指導

[kaɲi]が[naɲi]になるなどの誤りがみられました。これらは、音が作れないというのではなく、単語の中の音の認知がよくできない、単語の構成音をうまく組み立てられない、その組み立てたものの実行がうまくいかないなどの問題なのだろうと思われます。また、前後の子音の構音位置に引きずられる「同化」が生じているとも考えられます。いずれにしても、こうした子どもたちの指導に当たっては、文字の果たす役割は大きいと思われます。日本語の場合は、音と文字が一対一対応していますので、文字を示しながら、音を聞き取らせ、発音させる指導は、有効な手段だと思われます。

2　ダウン症の事例

> U君は、ダウン症児で、知的障害があり、言語理解・表出ともに遅れがみられました。特に音声模倣が難しく、不明瞭な発話がなかなか改善されない子どもでした。また我が強く、注意集中が持続しないなど、言語以外の問題をもっていました。

(1)　来院までの経過

　U君に初めて会ったのは、3歳のときです。妊娠中・出産時とも大きな問題はなかったとのことです。**ダウン症**のため、定頸4ヵ月、始歩1歳6ヵ月と運動発達の遅れが見られました。8ヵ月ころ、喃語が聞かれたようですが、その後ことばにはならなかったようです。1歳9ヵ月のとき、聴力検査を受け、COR（条件詮索反応聴力検査）にて40dBで、難聴と診断され、補聴器を勧められたそうです。しかし、日常生活場面では、問いかけへの反応もあり、ことばの理解も進んできていたので、親御さんは納得できず、補聴器は装用しなかったとのことでした。1歳8ヵ月より、保育園に通園し、ダウン症児の療育プログラムであるポーテージプログラムの指導を受けていました。

(2)　言語発達経過

　初診時（3歳）、発達質問紙による全体発達状況は、1歳8ヵ月レベルでした。色や形のマッチングは可能で、日常の簡単な言語指示は理解できましたが、個々の名称の理解・表出は数語でした。動作模倣は多少できましたが、我が強く、課題への拒否がありました。言語理解・表出ともに遅れが見られましたので、まずは、①物と音との関係に気づかせて、言語理解力を育てる、②指示に従って課題を行なう（行動のコントロール）ことを目標にしました。3歳8ヵ月ころまでに、名詞・動詞などの理解が可能になり、3歳10ヵ月には、ことばを聞いて動作で表現するようになりました。4歳になって単音節の復唱が一部できるようになりましたが、単語レベルの復唱はできませんでした。そ

こで、キュードスピーチと文字を使って、単語レベルの表出を促すようにしました。**キューサイン**の使用はU君の発語意欲を促したようで、キューサインと音は正しく対応していないものもありましたが、キューサインを使いながら、単語を発話するようになってきました。また文字への興味も強く、5歳10ヵ月には、音―文字対応が習得でき、文字を読みたがるようになりました。その後、3音節程度の文字単語の意味が理解できるようになりました。また自発話も増え、絵の呼称や質問には応答するようになってきました。U君の絵の呼称は不明瞭なのですが、音節数を指で示したり、文字を読ませたりすると明瞭度がよくなるという特徴をもっていました。

(3) ダウン症児の運動発達

　ダウン症児は、筋の緊張が弱い（低緊張）こともあり、運動発達の遅れが見られます。低緊張の問題は、粗大運動だけでなく、手指の微細運動、口腔周辺の動きにも影響します。ダウン症児に多く見られる舌が絶えず出ているなどは、この低緊張の影響を受けています。U君はよだれはあまりなかったのですが、口唇は開いたままのことも多く、舌も時々出ている状態でした。舌の出し入れはできましたが、左右の口角へつけるなどは始めスムースにはできませんでした。ダウン症児の評価に当たっては、運動発達、特に手指の微細運動や口唇・舌などの運動を評価しておくことが大切です。

(4) ダウン症児の聴覚の発達

　ダウン症児には聴覚の障害がもつ子どもが多く見られます。ダウン症児は、外耳道が狭かったり、耳小骨に奇形があるなどが指摘されています。そのため、耳垢が溜まりやすく、伝音性の難聴を引き起こしたりします。聴力検査は刺激に注意を向けるかどうかで測定されるものです。知的障害をもつ子どもたちは聴神経の成熟が遅かったりするため、同年齢の定形発達児の聴性反応に比べ、10〜20dBくらい、反応が落ちていることが多く見られています。また、外界の人・物・音への興味関心が薄いので、CORなどの検査では聴こえても反応しないこともありますので、難聴と診断されてしまうこともあります。聴覚の問題があれば、言語音の習得には遅れや歪みがでてきますので、きちんと評価しておくことが大切です。U君の場合、1歳9ヵ月のCORによる検査の結果で難聴を指摘され、補聴器の装用を進められています。補聴器の装用については、音への興味関心が薄いのだから、早めに音を入れてあげるほうがよいという考え方もありますが、ダウン症児を含め、知的障害児の場合は、その他の発達状態を総合して判断することが必要だと思います。特に補聴器の装用などについては、難聴についての説明、今

C 発達障害児の構音の指導

なぜ、補聴器装用が望ましいのか、補聴器をつけることの意味などを親御さんの気持ちに沿いながら話し、提案していくことが大切です。

(5) ダウン症児の言語発達

　ダウン症児の言語発達には、いくつかのパターンがあります。言語は知的機能に支えられて習得されていくものです。したがって、知的機能が障害されていれば、言語習得にも問題がでてきます。知的障害の言語発達の評価に当たっては、知的レベルと言語理解と言語表出の発達状態を見ていくことが大切です。ダウン症児たちの中には、①定型発達児に比して言語発達の遅れはあるものの、知的レベルと言語理解と言語表出がバランスよく発達しているタイプ、②知的レベルに比して、言語理解と言語表出の発達が遅れているタイプ、③知的レベルと言語理解に比して、言語表出の発達が遅れるタイプがあります。この中で3番目の言語表出の遅れが大きいタイプには、音がなかなか出てこない子どもや発声はあるのですが、不明瞭で何を表現しているかが分からないという子どもがいます。U君も③のタイプに入ると思われます。

(6) 発語の明瞭さと音韻認識

　ダウン症児の単音節の構音の明瞭度は、知的レベルが同程度の定型発達児や他の知的障害児の構音に比べて低いことが指摘されています。単音節で不明瞭であれば、単語レベルで不明瞭になるのは予想されることですが、ダウン症児の場合は、単音節の明瞭度と単語レベルの明瞭度の差が大きいことが指摘されています。すなわち、単音節レベルでは構音ができるのに、単語レベルになると極端に構音ができなくなる子どもが多いということです。また、定型発達児や他の知的発達障害児の構音は、日本語の音として聞き取れて記述しやすいのですが、ダウン症児の場合は、表出されている音を日本語の音として聞き取ることが難しく、またどこに音節の区切りがあるのかが聞き取りにくいという特徴をもっています。こうした構音特徴の問題の背景には、低緊張からくる構音運動の問題も考えられます。しかし、その場合には、単語を構成する音節数は正しくとらえられ、音の置換や子音の省略として表出されてくるのではないかと考えられます。そういうタイプのダウン症児もいますが、どうもそれだけでは説明できない子どももいます。近年、ダウン症児の構音の不明瞭さは、**音韻認識**や音韻体系の未発達と関連するのではないかということが指摘されています。ダウン症児は単語を意味的にとらえてしまい、単語を構成する個々の音への注意が向きにくいのではないかと考えられます。U君が、単語を表出する時に、**キューサイン**や文字を介すると明瞭度が上がったのは、キュ

ーサインや文字によって、単語を構成している音が分解されることを視覚的に提示され、その結果、音が認識しやすくなったためではないかと思われます。また、ダウン症児は、聴覚的な記憶（ワーキングメモリー*1）の不十分さも指摘されています。それを補うためには、視覚的な刺激（サイン*2や文字）が有効なのではないかと思われます。

(7) ダウン症のまとめ

　ダウン症は、知的障害の典型的な障害です。ダウン症児の発達特徴としては、運動発達の遅れと言語発達の遅れが指摘されています。また、言語の中でも特に構音の不明瞭さが指摘されています。知的レベルが高い子どもの方が一般的に構音も良好な傾向はみられますが、必ずしも知的レベルと構音の明瞭さは関係していません。その背景には聴覚機能や**音韻認識**の問題が関係しているように思われます。また、運動機能の問題もかかわっていると思われます。したがって、ダウン症児の指導に当たっては、構音だけに目を向けるのではなく、知的発達・言語理解と表出・聴覚機能・音韻認識・運動機能などの発達状況を押さえて、総合的に判断していくことが大切です。

3　構音運動に問題をもつ知的障害の事例

> 　8歳3ヵ月のVさんは水頭症のある子どもで、特別支援学級の2年生です。発声はあるものの、その構音は母音も分化していないような発声でした。落ち着きもなく、課題への集中も短かったのですが、文字への関心は強く、文字を提示すると集中することができました。

(1) 言語発達経過

　Vさんは、お母さんの妊娠中から、水頭症を指摘されていたそうで、帝王切開で生まれました。頸のすわりは3ヵ月だったそうですが、歩き始めは1歳10ヵ月と運動の発達はかなり遅れていました。喃語はあったそうですが、泣くことも少なく、発声がほとん

---

*1　作業記憶とも呼ばれているもので、いくつかの情報を保持し、課題を効率的に達成するためのシステムのことです。たとえば、算数の問題で、「500円持って買い物にいきました。150円のリンゴをかったら、おつりはいくらでしょう」という問題を解くためには、「500円」と「150円」という数字を覚えておき、その上で500－150と減算をします。この一連の作業を行なうときに必要となる記憶のことをいいます。

*2　手の形、位置、動きによって、意味を示すものです。聴覚障害児者のための手話と同じようなものですが、一般人や発達障害児者が使うものを「サイン」と呼んでいます。音声言語と違って、視覚的な表現手段であり、しかも物の形や動きに近く、具象的であり、1つのサインが1つの単語を表しています。発達障害児によく使われているものにマカトンサインがあります。

C　発達障害児の構音の指導

ど聞かれなかったとのことでした。幼児期は発達障害児の通園施設に通園し、年長のときは普通の幼稚園で過ごしたそうです。特別支援学級に入学し、言語指導を受けたことにより、声を出すようになり、6歳で始語が出現し、7歳で2語文が出たとのことです。

(2)　初診時の状態

　田中ビネー検査Vで、生活年齢8歳3ヵ月、精神年齢2歳5ヵ月、IQ30と知的発達はかなり遅れていました。検査の内容をみますと、1歳代の項目はすべて通過していましたが、2歳代の項目では、動物の見分け、語彙（物）、身体部位の指示、縦線を引くが通過しているだけでした。3歳代の項目はすべて不通過でした。

　言語面では、名詞・動詞・色名・色＋名詞・動作主＋動詞については、語彙数は多くはないものの、理解は可能でした。ただ、物の用途・特徴などの理解はできていませんでした。一方、表出面は、名詞がいくつかでていましたが、音節数はなんとかとらえられるものの、発音は不明瞭で、母音も分化していない状態で、イントネーションでそれらしく分かるという程度でした。自発的な発声は少なく、声は喉詰め発声でした。自己表現としてのジェスチャーもほとんど使用されていませんでした。

　口腔機能面については、よだれがまだあり、食物はあまり噛まないで食べることが多いとのことでした。また、氷や飴は噛んでしまい、口の中で舐めていることができないとのことでした。意図的に口唇を閉鎖することや舌を突出したり、左右の口角へつけることなどはできませんでした。ストローで吸うことはできましたが、吹くことはなかなかうまくいかないようでした。また笛はかすかに音が出る程度でした。

　視知覚認知面の発達は良好で、平仮名は幼稚園のころに覚えたとのことで、3音節の文字単語についての理解が可能で、こちらが単語を聞かせると、その音を聞き取り、単文字を並べて、単語を構成することもできました。書くことはまだできていませんでした。

　行動面は、注意集中が短く、我が強かったのですが、課題には応じ、特に文字課題についての集中持続力は高いものでした。

(3)　指導方針

　知的には重度の遅れがあり、言語理解・表出ともに遅れていましたが、表出面の遅れが大きく、特に構音が不明瞭でした。また口腔機能の発達が悪く、構音の不明瞭さに影響しているのではないかと思われました。一方、文字言語の習得は良好で、音―文字対応が習得できており、簡単な文字単語の理解・構成が可能で、構音はできていないもの

の、音の聞き取りや記憶は良好であると思われました。そこで、①語彙および文レベルの理解力・表現力を拡大する、②口腔機能と構音の改善を目指すこととしました。

(4) 指導方法
1) 得意な文字言語を利用して、表現力を拡大する。

　Vさんは理解面にも問題がありましたので、新しい語彙や文の理解を促す指導を行ないました。音─文字対応がついており、3音節くらいでしたら、単文字カードを並べて単語を作ることができていましたので、構成した文字単語を音声表現することができる**トーキングエイド**を利用して、単語だけではなく、文レベルで表現できるように促しました。これらの指導により、語の概念の理解が進んだだけでなく、絵カードを見せながら、3語文の音声を聞かせると、よく覚えていて助詞を挿入した3語文をトーキングエイドで打つことなどもできるようになりました。また、絵カードを利用した表出指導だけではなく、質問─応答、すなわち、「今日学校で何をしたの？」という質問に対して、トーキングエイドを使って、「こくご」などと応答するようにしました。また、書くことに興味をもっていましたので、トーキングエイドだけではなく、自分で単語を書いて表現するなども行ないました。

　表現力を伸ばすことが目的ですから、題材にはこだわらず、子どもが経験してきた家族写真などを利用し、語彙や文レベルの表現を促すようにしました（**図Ⅶ-6**）。

2) 構音の改善を目指す

　Vさんは、母音も分化しておらず、意図的な口唇閉鎖ができなかったり、舌の出し入れなどもスムースにはできない状態でしたから、まず口唇を閉鎖することを促しました。

図Ⅶ-6　トーキングエイド

そのために、唇に薄いウエハースを小さく切ってはり、それを上下の唇ではさむ・そして、口の中に取り込むとか、上唇に貼ったウエハースを舌で舐めて取るなど、口唇と舌の機能訓練などを行ないました。また、ストローを使って、ブローイングさせたり、ハーモニカを吹かせるなど、口腔機能を高めるような指導も行ないました。母音の分化を図るため、口形図をしっかり見せながら、模倣するように促しました。

⑸　まとめ

　こうした指導により、発語意欲は増し、声をよく使うようになり、文レベルの発語も聞かれるようになり、自発的に**トーキングエイド**や書字で表現するようになりました。しかし、構音については、母音は分化したものの、その他の子音の構音は習得できませんでした。バ行の構音では、口唇を閉鎖することは分かっているのですが、口唇閉鎖が意図的にできず、自ら手を使って、口唇を閉じようとする様子もみられました。Vさんは、音の認知も可能で、どのような音を表出すればよいかも分かっているのですが、その音を表出する構音運動を意識的に行なうことができなかったのだと思われます。

⑹　口腔運動の問題が大きい（脳障害が疑われる）知的障害児の発達特徴

　Vさんは、母親の妊娠中から水頭症を指摘されるなど、脳に何らかの障害を抱えていることが予想されました。MRIでは、側脳室後角の拡大・脳梁の部分欠損・海馬の左右不均衡など脳形成の異常が指摘されていました。先天的な脳梁欠損の場合は損傷部位と症状との直接的な関係はない場合が多いようですが、後天性の場合には、部位により、顔面筋や舌の失行などがみられることがあるとのことです。Vさんの症状を失行といってよいのかは分かりませんが、無意識にはできている行為が意識的にできないようなことから、失行的な問題があるのかもしれません（失行についてはコラム1を参照）。今のところ、脳機能の問題との関連はまだはっきりしていません。ただ、発達障害児の中には、知的障害を引き起こした原因が特定できない子どもたちが多くみられます。また、○○症候群と診断されても、その言語や認知面などの発達特徴が分からない障害が多くみられます。したがって、一人ひとりの子どもの発達特徴を整理し、その症状とMRIなどを含めた医学的診断とを対応させながら、それぞれの障害を整理していくことが大切だと思います。Vさんのように、その背景に脳の障害がある場合もありますから、医者との連携で、こうした分野についての情報を集めていくことも大切です。

D 発達障害をもつ子どもたちの構音の指導に当たって

　発達障害の原因はさまざまであり、その言語の問題も多様です。そうした状況の中で、構音の問題は大きな比重を占めていることは事実です。言語理解もあり、発声もあり、イントネーションでだいたい何を言っているのか分かるのですが、母音がどうにか聞き取れるくらいで、子音は置換というより省略されているような発話だったり、時には母音の分化すら曖昧であるような発話の子どもがいます。そうした子どもに対し、構音に重点を置いた指導をしようとするとなかなかうまくいきません。自由会話ではおしゃべりするのに、いざ復唱させようとすると、下を向いて、声すら出さなくなってしまうという子どももいます。また、構音位置や構音方法を指導しても、その動きが模倣できないということもしばしば起こります。また音が作れるようになってもいろいろな単語に般化していかないということもしばしばあります。就学前後から2年生くらいまでの子どもは、落ち着きもなく、構音の指導がなかなか進まないことも見られます。しかし、そうした子どもたちでも3・4年生になると指導への構えが出てくることが多く見られます。それでは、それまでは指導しなくても良いのかというとそうではありません。まずは、構音に直接アプローチするのではなく、構音指導の前提となる言語力・音の聞き取り・注意の集中持続力・模倣する力・学習意欲などを形成することが大切です。具体的には、①語彙や文の理解や表出を高める、②音―文字対応を習得させる、③文字や**キューサイン**を使って、単語を構成する音に注目させ、その聞き取りを高める、③模倣を無理に要求せず、構音を意識させずに発話させる、④子どもの発話はしっかり受け止め、不自然にならない程度に正しい構音で復唱して、子どもに聞かせる、⑤子どもたちの好きなキャラクターや題材、生活の中で使用頻度の高い語彙の発話を取り上げて指導する、などがあげられます。

　いずれにしても、学習することが楽しいことであり、できたという自信をもたせる、などを心がけて指導にあたることが大切です。

　なお、指導によって改善を期待できないこともしばしばあります。その場合には、構音の不十分さを補うような手段（文字で表現するなど）も併用することを進めながら、人とうまくコミュニケーションをとることの楽しさを実感させることが大切だと思います。

D　発達障害をもつ子どもたちの構音の指導に当たって

文　献

原恵子（2001）健常児における音韻認識の発達．聴能言語学研究18(1), 10-18.
石田宏代（1999）ダウン症児の発語の明瞭さと音韻認識との関連．特殊教育学研究36(5), 17-23.
石田宏代・大石敬子編（2008）言語聴覚士のための言語発達障害学．医歯薬出版.
玉井ふみ・深浦順一編（2010）言語発達障害学．医学書院.

VIII

吃音を伴う構音障害児の評価と指導

A 吃音について

　吃音に構音発達の遅れを伴う子どもは多く存在します（早坂，2003他）。本章ではまず、吃音の診断・評価と指導および支援法について概要を述べた後、吃音を伴う構音障害児の指導と、指導・支援の実際について、事例を通して紹介します。

　吃音（本章では発達性吃音）は、発話の流暢性の障害です。吃音は発症率5％程度、有症率1％程度（就学後1％、思春期以降0.8％）（DSM-IV-TR）と発達期における主要な言語障害のひとつです。2語文の初出以降、発語の数や長さが急速に増える時期、2～4歳代に発症（発吃）することが多いです。

　発吃後、就学前後ころ（発吃後約3年以内）までに約75～80％が自然治癒する傾向にあります。たとえば、男児より女児、吃音の家族歴のある児よりない児、言語発達に遅れのある児よりない児のほうが自然治癒率は高い傾向にあります（Yairi & Ambrose, 2005）。

　吃音の原因については、いまだ明らかではありません。現在までのところ、体質（遺伝、聴覚言語処理など何らかの脳の異常）の要因は大きく、環境や心理面などが絡み、症状が進展していくと考えられています

　吃音の主な言語症状（吃音様非流暢性）として、音の繰り返し、引き伸ばし、とぎれ（例：「さ・かな」「さか・な」）、ブロック（阻止）などがあげられます。一方、正常非流暢性として、挿入やいいなおしなどがあります。随伴症状は発語困難に伴って生起する身体の緊張や運動（例：渋面、頭を動かす）のことです。二次的症状として、工夫（例：拍子をつけて言う、間投詞［例：「えーと」「あのー」］を繰り返す、他の語を代用する、発話を回避する）や情緒性反応（例：表情をこわばらせる、小声になる）があります（日本音声言語医学会吃音検査法小委員会「吃音検査法〈試案1〉」）。

　吃音症状の生起には変動性（波）があります。発吃後間もない幼児については変動性が大きく、症状が気にならないときも多いです。ストレスや不安は吃音を悪化させることが示されています（DSM-IV-TR）。子どもが自身の発話の困難に気づくようになると、予期不安や、上記の工夫、回避反応が生じてきます。

B 診断・評価

1　吃音検査法

　日本音声言語医学会吃音検査法小委員会の吃音検査法〈試案1〉は、自由会話、課題場面、被刺激場面から構成されています。課題場面には、絵単語呼称、文による絵の説明、文章による絵の説明、単語音読、文音読、文章音読、質問応答、モノローグ（高学年の学童以上で実施、学校生活・将来の職業などに関するスピーチ）があります。被刺激場面（復唱、斉唱）は、症状の可変性を知り、指導の指針とするものです。検査の種類は、幼児用、学童用、成人用の3種です。

　吃音の言語症状については、吃音に特徴的なもの（A）、発話直前にみられる症状（B）、正常者にもよく見られるもの（C）、プロソディなどに現れた症状（D）、その他（E）に細分されます。吃音症状生起率（％）の算出は、言語症状について、吃音症状生起数／総文節数×100で行なわれます。この吃音検査法については、改訂版が近く刊行される予定です。

2　吃音の診断基準

　吃音の診断基準について、統一的なものはいまだ確立されていません。本章では、DSM-Ⅳ-TRの吃音の診断基準を**表Ⅷ-1**に示します。なお、単音節の単語の反復（繰り返し）について、日本語では単音節語は少なく、吃音の診断基準としては適さないかもしれません。

3　吃音重症度評定尺度（Scale for Rating Severity of Stuttering）

　吃音重症度評定尺度（アイオワ式吃音重症度評定尺度）では、吃音頻度（吃音生起語数／総語数×100）や持続時間、非流暢性のパターン、随伴症状など、発話サンプルの全体的な印象に基づいて、0（吃音がない）から7（非常にひどい）までの8段階で評定します（**表Ⅷ-2**）。

B 診断・評価

表Ⅷ-1　DSM-IV-TR の吃音の診断基準

A．正常な会話の流暢さと時間的構成の困難（その人の年齢に不相応な）で、以下の1つまたはそれ以上のことがしばしば起こることにより特徴づけられる。
　(1) 音と音節の繰り返し
　(2) 音の延長
　(3) 間投詞
　(4) 単語が途切れること（例：1つの単語の中の休止）
　(5) 聴き取れる、または無言の休止（音を伴った、あるいは伴わない会話の休止）
　(6) 遠回しの言い方（問題のことばを避けて他の語を使う）
　(7) 過剰な身体的緊張とともに発せられることば
　(8) 単音節の単語の反復（例：「て・て・て・てがいたい」）
B．流暢さの障害が学業的または職業的成績、または対人的コミュニケーションを妨害している。
C．言語─運動または感覚器の欠陥が存在する場合、会話の困難がこれらの問題に通常伴うものより過剰である。

表Ⅷ-2　吃音重症度評定尺度

0．吃音がない。
1．非常に軽度─全体の語の1パーセント未満の割合で吃る。
　（体の）緊張はほとんどない。非流暢性は概して1秒未満。非流暢性のパターンは単純。身体、腕、脚、頭部の目立った随伴動作はない。
2．軽度─1〜2パーセントの語で吃る。緊張はほとんど認められない。非流暢性が1秒間つづくことはほとんどない。非流暢性のパターンは単純。身体、腕、脚、頭部の目立った随伴動作はない。
3．軽度から中等度─約2〜5パーセントの語で吃る。緊張は認められるが、ひどく人の注意をひくほどではない。ほとんどの非流暢性は1秒以上つづくことはない。非流暢性のパターンは単純。ひと目をひくような随伴動作はない。
4．中等度─約5〜8パーセントの語で吃る。ひと目をひく緊張がたまにある。非流暢性の持続は平均1秒くらい。非流暢性のパターンはときに複雑な音や顔をゆがめる行動を伴う。ひと目をひくような随伴動作がたまにみられる。
5．中等度から重度─約8〜12パーセントの語で吃る。それと気づくほどの緊張が一貫してみられる。非流暢性の持続は平均2秒くらい。ときどき異常な音や顔のゆがめ、ときどきひと目をひくような随伴動作。
6．重度─約12〜25パーセントの語で吃る。緊張が目立つ。非流暢性の持続は平均3〜4秒。異常な音や顔のゆがめが目立つ。ひと目をひく随伴動作。
7．非常に重度─26パーセント以上の語で吃る。非常に顕著な緊張。非流暢性の持続は平均4秒以上。異常な音や韻のゆがめが非常に目立つ。とても顕著な随伴動作。

4　関連した諸検査

　関連した諸検査として、たとえば、保護者を通して、新版 S-M 社会生活能力検査、TS 式幼児・児童性格診断検査、気質検査（日本語版幼児気質尺度、日本語版幼児行動様式質問紙）、TK 式診断的新親子関係検査（両親用）など、幼児に対しては上記に加え、TK 式幼児発達検査などを実施します。対象児に知能検査（WISC、田中ビネー）や ITPA 言語学習能力診断検査、絵画語い発達検査（PVT-R）などを実施します。構音の問題が疑われる場合、構音検査も実施します。

C 吃音児の指導・支援

吃音を含む言語（コミュニケーション）障害の深刻さは、**図Ⅷ-1**のように、x軸（言語症状）、y軸（聞き手の反応）、z軸（本人の反応）の3つの軸から成る立方体の体積でみていきます（Johnson et al., 1967）。3つの軸はそれぞれに関連し合います。立方体の体積は、時間の経過とともに変化します（伊藤，1998）。

x軸（言語症状）へのアプローチは、話し方や吃音に直接働きかける言語指導（**直接的言語指導**、直接法）です。①流暢性を促進させ、なめらかな発話を目標とする方法（流暢性促進［形成］法；Fluency Facilitation［Shaping］Treatment）（遠藤，1979他）と、②吃音を軽減させ、楽な吃り方を目標にする方法（吃音緩和［軽減］法；Stuttering Modification Treatment）（Dell，1979他）、そして①と②を統合した方法（Guitar，2006他）、があげられます。

y軸（聞き手の反応）へのアプローチは、保護者や学級担任らの身近な大人に対する環境調整法です。幼小児の指導では、**環境調整法**のみで対応する場合も多いです。環境調整法には、生活環境の調整と言語（コミュニケーション）環境の調整があります。

生活環境の調整として、吃音症状の増加に影響していると考えられるもの（ストレスとなっているものや人間関係など）で可能なものについては調整していきます。

言語環境の調整として、保護者や学級担任といった身近な大人の吃音児に対することばかけやかかわり方（コミュニケーションの方法）を修正してもらうための働きかけもし

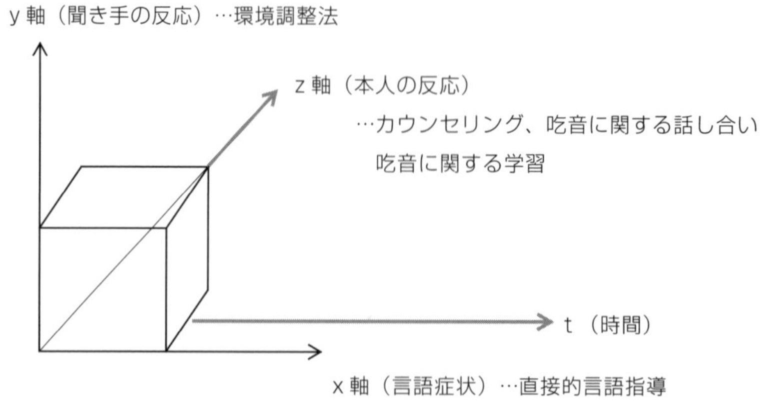

図Ⅷ-1 吃音を構成する3つの要素（Johnson et al., 1967；伊藤，1998）**と対処法**

ていきます。吃音児に直接的言語指導を実施する場合、並行または先行して環境調整法を行うことが不可欠とされます。

　z軸（本人の反応）へのアプローチとして、吃音の意識のある子どもの場合、**カウンセリング**や吃音に関する話し合いなどにより子ども自身の障害（吃音）のとらえ方を変容させていきます。また、コミュニケーション態度の変容、自尊感情や自己肯定感の形成のためのアプローチ、体験談を聴く・読む、吃音に関する学習も大切になります。NPO法人全国言友会連絡協議会のホームページからリーフレット（ことばの臨床教育研究会）を始め、吃音の理解と支援に関するさまざまな情報を得ることができます。

　y軸およびz軸へのアプローチについては、生涯発達心理学の視点からみた吃音者のライフステージ各期の困難（表Ⅷ-3）や性別なども考慮し、個に応じた対応も必要です（見上，2012）。

表Ⅷ-3　吃音者のライフステージ各期で想定される困難

発吃（2～4歳代）治癒せず学齢期以降に持ち越されたら…	
小学校入学　ギャングエイジ（仲間内の関係）	「国語」の学習開始／音読、発言・発表の機会増／吃音の指摘、からかい 友人からの評価が気になる→吃音を隠す、避ける傾向の現れ…内面化の端緒
前思春期 思春期	内面化／吃音を隠したい（でも話したい…葛藤）／異性を意識 自尊感情・自己肯定感・アイデンティティの形成（吃る自分が本当なのか、吃らない自分が本当なのか…）に影響 進路への不安
青年期	就職活動（面接）→就職→（異動・転職） （結婚）→（育児）
壮年期	（異動「管理職」・転職・退職）

D 構音障害（機能性構音障害）を伴う吃音児の指導方法

1 吃音のある子どもに対する構音指導の留意点

　吃音のある子どもに対する構音指導の実施に際し、Conture ら（1993）の提唱した吃音と構音指導の双方に焦点を当てた同時指導などをふまえ、**表Ⅷ-4**のような点に留意する必要があると思われます。誤り音を含むモデル発話の提示に際し、構音指導では「はっきり、明瞭」に提示するのに対し、吃音指導では「そっと、柔らかな声」で（発話が多少不明瞭になる場合あり）、各音を引き伸ばし気味に提示することが多いです。構音指導の実施により発語筋の緊張が高まるなど、吃音が悪化することもあります。そのため、構音指導のモデル発話では、「そっと、柔らかな声」という点にも留意するようにします。

　構音指導の実施に伴い、吃音症状が悪化する場合があります（早坂，1996他）。そのため、吃音と構音障害の双方の指導を行なう際には、構音指導実施により吃音の悪化がみられないかについて十分注意しながら、慎重に指導を進めていく必要があります。吃音と構音障害を併せ有する子どもについては、手先および身体全体が不器用であったとい

表Ⅷ-4　吃音のある子どもに対する構音指導の留意点など

①構音の誤りが生じた場合、明瞭性に配慮しながらも、そっと、柔らかな声で、ゆっくりとした発話に留意し、**インリアル法**のリフレクティングを試みる（例：子ども「チュ・チュ・チュ・ちゅーみき」→指導者「つ〜み〜き〜だ〜ね〜」）。
②①については保護者に説明し、家庭においても実施してもらうとよい。
③①②で様子をみながら、構音の改善がみられない音については、吃音の重い子どもの場合、吃音指導を優先させ、吃音症状がある程度落ち着いてから構音指導を実施する。
④構音指導では、まず口形音声模倣により誤り音や誤り音を含む語の指導を行なう。
⑤④で誤り音が改善しない場合、遊びの要素をとり入れて構音位置付け法を導入する。
⑥④⑤の実施後、吃音指導（そっと、柔らかな声で、ゆっくり、各音を引き伸ばし気味の発話）でその回の指導を終えるとよい。
⑦④⑤の実施後に吃音が悪化した場合、吃音指導主体①に戻す。
⑧子どもが吃音よりも構音の誤りを気にしているようであれば、上記に留意しつつ構音指導に重きを置く。
⑨発話運動調節機能向上の面では、構音の改善に伴い、吃音も改善する場合がある。
⑩構音が改善されると自信になり、吃音の軽快に好影響を及ぼす場合がある。

う報告（早坂，2003他）もあり、全体的な発達もみていく必要があります。

2　分析・評価

(1)　吃　音

　指導回ごとに、指導場面における吃音重症度の評定を吃音重症度評定尺度（**表Ⅷ-2**）などにより行ないます。家庭場面における吃音重症度の評定は、吃音重症度評定尺度などにより保護者が行ないます。指導経過については、指導および家庭場面の吃音重症度とともに、特記事項なども記載しながら整理を行ないます。

　吃音検査は、指導および家庭場面における経過（吃音の軽快状態の安定）をみながら、指導実施日の指導開始前に適宜行なうようにします。

(2)　構　音

　指導回ごとに、指導場面における構音の評定を行ないます。家庭場面においては、保

表Ⅷ-5　吃音に構音障害を伴う指導事例の概要

	早坂（1996）	大橋・西出・西（1981, 1982）
発吃年齢	主訴は構音障害、吃音を伴う可能性あり	3歳ころ
指導期間	4歳4ヵ月～5歳3ヵ月	7歳（小学校1年1学期）～8歳（2年2学期）
発達面	運動面がやや未熟	全体的発達に遅れの傾向
構音の誤り	[s][ts]→[t]、[dz]→[d] [r]→[d]（語頭）、[r]の省略（語中） 語中の[m][n]が不明瞭	[s][ʃ][ts]→[t][tʃ]、[dz]→[dʒ] [h][ɸ][ç]の省略
指導方法	**吃音**：遊びの中でインリアル法（モニタリングとリフレクティング）を用いた指導と環境調整（母親指導）。 **構音**：両親からの誤りの指摘により心理的に不安定。指導開始時より遊びの要素をとり入れて実施。最初の7ヵ月…構音器官の運動訓練、聴覚弁別の訓練。次の5ヵ月…聴覚弁別、sとtsの指導（構音位置付け法）。	**吃音**：ことば遊びの中で自然な形で流暢性を促す指導と環境調整（母親指導、学級担任への連絡）。ブロックへの対応（脱力、楽な話し方）。 **構音**：吃音の状態をみながら1年2学期より実施。最初はhとɸの指導。級友から構音の誤りの指摘やからかいがあり、次いでʃ→s→ts, dzの指導（構音位置付け法）。
経　過	1年間の指導で構音は改善、吃音は構音指導の過程で一時悪化したが消失。	構音は小学校2年2学期までに改善、吃音は軽快したが残存。ことばの状態の改善により子どもに成功感や自信が生じた。

C　構音障害（機能性構音障害）を伴う吃音児の指導方法

護者に構音の状態の観察を求めます。指導経過については、上記吃音の経過に構音の状態を加えます。

　構音検査（Ⅳ章参照）は、初診時に加え、誤り音の改善と吃音の軽快状態をみながら、指導実施日の指導開始前に適宜行なうようにします。

3　吃音に構音障害を伴う子どもの指導・支援の実際

　吃音のある幼児については、早期指導の効果と予後の良好さも報告されています。年少の吃音児の指導では環境調整法を中心とし、**遊戯療法**などの間接的なアプローチと併用するケースが多いです。しかし、このような間接法のみでは十分な効果が得られにくい吃音の進展した子どもに対しては、直接的言語指導を導入・実施し、より積極的に流暢性の発達を支援していくことが大切になるでしょう（見上, 2002, 2007他）。

　日本における吃音に構音障害を伴う子どもの指導事例については、**表Ⅷ-5**のように報告されています。

　表Ⅷ-5の2例より、吃音に構音障害を伴う就学前後の子どもの指導では、遊び（遊戯療法）の中でインリアル法をとり入れるなど自然な形で流暢性を促す指導と環境調整法（間接法）で吃音の経過をみながら、構音指導を導入・実施するというアプローチの有効性が示唆されます。

E 事例

今回、吃音が進展し、構音障害を伴う1例に対して、本章でこれまで述べきた指導方法を用い、就学前から小学校低学年期にかけて指導を行った経過を報告します。

1 対象児

発吃2歳10ヵ月の男児W君。初診時年齢は5歳3ヵ月（保育所年長）。両親、本児、妹（3歳・保育所年少）、祖父母の6人家族。初語は1歳0ヵ月、2語文の初出は1歳6ヵ月。吃音の家族歴なし。運動面を含む全体的発達は良好でした。年長進級（5歳0ヵ月時）後（クラス替えあり）、一時吃音が悪化し、初診に至りました。

初診時の諸検査結果については、TK式幼児発達検査によるDQ91、新版S-M社会生活能力検査によるSQ106、TS式幼児・児童性格診断検査では「攻撃・衝動的」な傾向、ITPA言語学習能力診断検査によるPLQ108。田研式親子関係診断テストでは母親は全て安全地帯、父親は「溺愛型」が危険地帯でした。

構音の誤り（k→t、g→d、s→ʃ、ʃ→s、ts→tʃ、dz→dʒ）がみられました。

初診時のアイオワ式吃音重症度評定尺度による重症度6。モーラの繰り返し、母音部のひき伸ばし、ストレスなどが高生起。随伴症状あり（顔を歪めるなど）。発話困難の意識若干あり。工夫あり（例：「アオ」→「ブルー」）。語頭母音（特に[a][o]）で吃音の生起が高い傾向がみられました。

日本音声言語医学会吃音検査法小委員会（1981）の吃音検査法〈試案1〉による課題別吃音症状（言語症状）生起率（吃音生起数／総文節数×100）は**図Ⅷ-2**の通りで、全体的に高生起でした。生起した吃音症状のタイプ（**図Ⅷ-3**）、随伴症状生起率（随伴症状生起数／総文節数×100））（**図Ⅷ-4**）から質的にも重いことがうかがえました。

2名の評定者間の吃音症状評定の一致率（一致した吃音数／一致した吃音数＋不一致の吃音数×100）は91.5%でした。

E 事 例

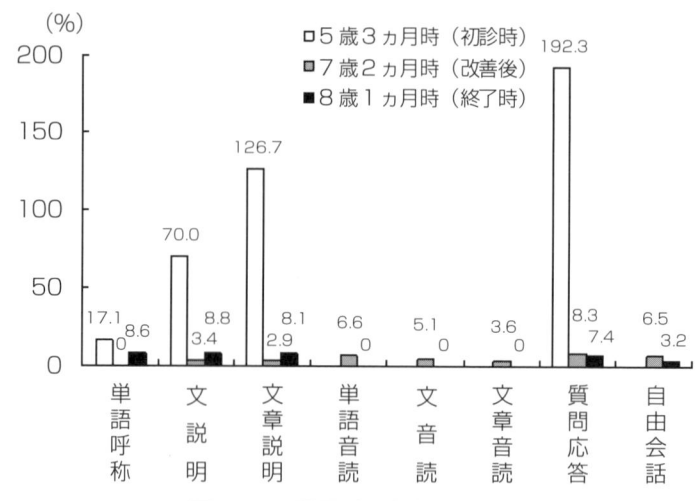

図Ⅷ-2　課題別吃音症状生起率

課題	5歳3ヵ月時（初診時）	7歳2ヵ月時（改善後）	8歳1ヵ月時（終了時）
単語呼称	17.1	0	8.6
文説明	70.0	3.4	8.8
文章説明	126.7	2.9	8.1
単語音読	6.6	0	0
文音読	5.1	0	0
文章音読	3.6	0	0
質問応答	192.3	8.3	7.4
自由会話	6.5	3.2	—

図Ⅷ-3　吃音症状タイプ生起率

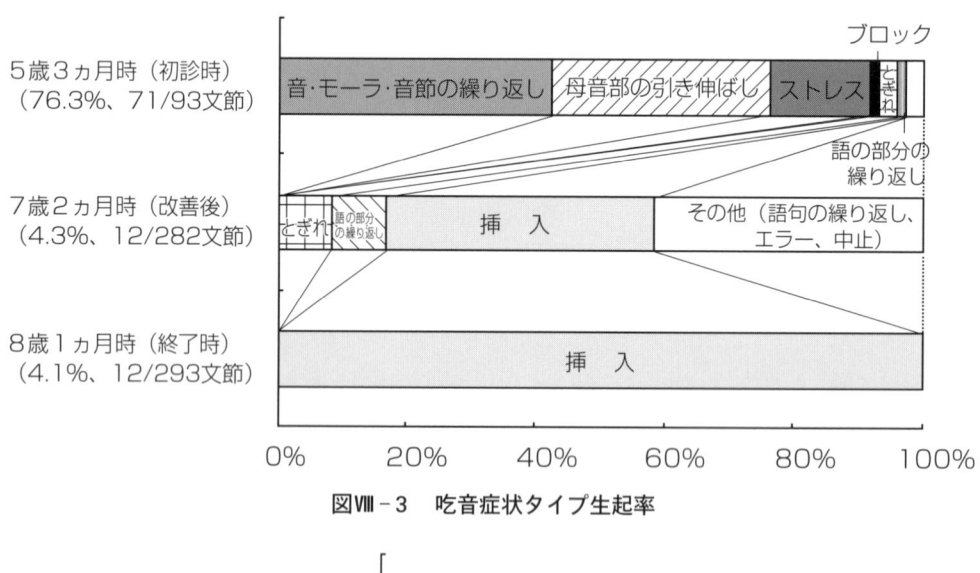

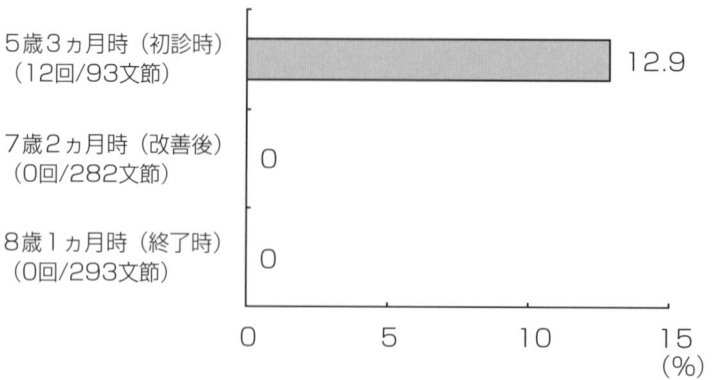

5歳3ヵ月時（初診時）（76.3%、71/93文節）：音・モーラ・音節の繰り返し／母音部の引き伸ばし／ストレス／ブロック／とぎれ／語の部分の繰り返し

7歳2ヵ月時（改善後）（4.3%、12/282文節）：とぎれ／語の部分の繰り返し／挿入／その他（語句の繰り返し、エラー、中止）

8歳1ヵ月時（終了時）（4.1%、12/293文節）：挿入

図Ⅷ-4　随伴症状生起率

- 5歳3ヵ月時（初診時）（12回/93文節）：12.9％
- 7歳2ヵ月時（改善後）（0回/282文節）：0
- 8歳1ヵ月時（終了時）（0回/293文節）：0

2　指導方法

　吃音指導は、直接的言語指導（15〜20分程度）、遊戯療法（40〜45分程度）と並行しての**保護者面接**（30〜40分程度）から構成されました。
　構音指導は、吃音の直接的言語指導と遊戯療法のなかで対応し、保護者面接では構音に関する内容を含めました。

(1)　吃音指導
1）直接的言語指導

　環境調整や心理療法（子どもの場合、遊戯療法が多い）など発話そのものへの働きかけのないアプローチのみでは改善されにくい、吃音を意識し、重症度の高い子どもに対しては、直接法を用いた指導の導入・実施も必要になるでしょう。年少児への直接法実施の際には、たとえばゆっくりとした発話をカメの動きにたとえたり、「ゆっくり話してみよう」などの直接的な言語教示は最小限にし、遊戯的要素を取り入れ、楽しくことば遊びをしていく中で、発話流暢性の発達を促すといった技法の導入が求められるでしょう（見上, 2002, 2007他）。

　また、流暢性の日常生活場面への拡がりを目指すにあたり、吃音児とともにその家族もそっと、柔らかな声で、ゆっくりと発話する習慣を形成する、家庭でも言語指導課題の遂行を通して援助していくことが大切になります。

　①ゆっくりとした発話（導入）

　カメの玩具（図Ⅷ-5）の動きに「ゆっくり（そっと、柔らかな声で、ゆっくり、各音を引き伸ばし気味に）」をたとえた発話指導を実施しました（見上, 2002, 2007他）。玩具の背に手を置き、発話に合わせて机上をゆっくりと進ませました（図Ⅷ-5）。このような方法を用いると、子どものゆっくりとした発話を引き出しやすいように思われます。ゆっくりとした発話法の経験という面で、保護者にも本指導に加わってもらうとよいでしょう。

〈教示の例〉

指導者「（玩具を見せて）これはカメさんなんだけど、これからカメさんでお話をするゲームをしましょう」「私がするのをよく見てください」「（玩具をゆっくり動かしながら）り〜ん〜ご〜（約1.5モーラ／秒）」「では、私と一緒にやってみましょう」

指導者・子ども「（玩具をゆっくり動かしながら斉唱で）り〜ん〜ご〜」

指導者「上手だね〜（拍手してほめる）」「（しばらく斉唱で実施後）今度は私の真似をし

E 事例

図Ⅷ-5　カメの玩具を用いたゆっくりとした発話指導

　　　てやってみましょう」「(玩具をゆっくり動かしながら) す～い～か～」
子ども「(玩具をゆっくり動かしながら) しゅ～い～た～ (す～い～か～)＊」
　＊最初は子どもの発話時に、指導者も玩具を動かしながら軽く声をそえるとよい
指導者「す～い～か～(構音の誤りがあれば適宜リフレクティング)、と～っても上手だ
　　　ね～(拍手してほめる)」

　指導者のモデル発話を模倣・復唱、あるいは斉唱させるという形から開始し、方法を
習得し流暢性が促されてきたら(流暢発話が続いた場合)、単語呼称など単独で発話させ
るようにしました。さらに流暢性が持続した場合、玩具などを指標とした発話ではなく
自らのペースでの発話を求め、単語呼称などを実施しました。以下②、③についても同
様に実施するようにしました。
　②柔らかな発話
　呼気にのせるように、柔らかな起声・声で、ゆっくりと各音をひき伸ばし気味に発
声・発話を求めました(基本的には①と同様の発話法)。指導開始時を始め適宜指導者が
モデル発話を示すようにしました。単母音・単音節、連続母音、単語、文へと段階的に
実施していきました。単母音、連続母音については、1回の呼気でできるだけ長く発声
を持続させるよう求めました(例:「あ～」と3秒程度以上持続発声)。単語および文につ
いては、絵の呼称・説明(『ことばのテストえほん』[日本文化科学社]などを使用)や音
読(主に就学以降)などを行ないました。音読では、説明や会話に比べて流暢性が促さ

れやすく、就学前であっても仮名文字の音読が可能であれば音読による指導を実施するとよいでしょう（見上，2007）。

　単語および文の音読課題については、指導回ごとに作成し、その時節でよく使用することばや対象児にとって吃音頻度の高いことばを中心に収録するようにします。1つの課題語・文について、できるだけ一息または区切りのよい箇所で息継ぎをしながら音読するよう求めます。さらに、吃音頻度の高い音を含む文（特に文頭及び語頭に含む文）について、ゆっくりとした音読を求めます。音読用の文については、『構音訓練のためのドリルブック』（協同医書出版社）『言語治療用ハンドブック』（日本文化科学社）などから採用するとよいでしょう。

　③質問応答

　前述の発話法をふまえ、質問応答形式で、指導者がゆっくりと質問し、ゆっくりとした発話で応答を求めます。流暢性が促されてきたら、やや遅いまたは普通の発話速度で実施するようにします。

　④吃音頻度や苦手意識の高い発話の指導

　自由会話で、対象児が報告した吃音頻度や苦手意識の高いことば（例：健康観察の返事、日直の号令、挨拶のことば）や当日の指導場面で吃音の生起したことば、発話時に工夫がみられたことばについて、指導者がゆっくり、柔らかな発話でモデルを示し、模倣・復唱、斉唱させるなどして指導を行ないます。苦手なことばの流暢性の促進は、行動・心理面にも好影響を与えます。

　⑤自由会話

　前記言語指導の合間または後に、保護者も交え、日常生活上の話題について指導者と自由会話を行ないます。主に、近況について指導者が対象児に質問するという形式で実施します（前記③質問応答とは別）。指導者は、ゆっくりまたは普通よりやや遅い発話速度で話すようにします。自由会話の吃音の状態をみて、前記②③の指導を実施することもあります。年少児については、インリアル法のモニタリング（音声模倣：子どものことばや声をそのまままねる）やリフレクティング（反応模倣：子どもの構音の誤りや吃音をさり気なく正しく言い直して返す）にも留意するようにします。

2）カウンセリング的対応

　吃音の意識の高い子どもへのカウンセリング的対応については、上記「自由会話」に含めて実施します。対象児に最近の吃音や発話の状態など（例：「ことばの調子はどうですか」「発表（音読）はしましたか」）、言いにくいことば（「言いにくいことばはありますか」）、困っていること（「困っていることはありますか」）について問うようにします。

E 事 例

「吃音に関する話し合い」を含めることもあります。筆者には吃音がありますが、子どもに自身の経験や体験を話すこともあります（吃音の話し合いや筆者の体験談…W君では不実施）。

3）遊戯療法（児童中心遊戯療法）

遊戯療法（児童中心遊戯療法［非指示的遊戯療法］）については、筆者の臨床指導の場合、主に学生指導者が担当し、直接的言語指導終了後、30～45分程度行ないました。吃音児に対する児童中心遊戯療法（若葉，2000）をふまえてW君とかかわりました。心理的問題のある年少の吃音児の遊戯療法において、攻撃行動の表出は、吃音の軽減に寄与していたという報告（若葉，2000他）があります。

遊戯療法時の指導者の発話速度については、対象児より少し落とし（若葉，2000）、柔らかな発話を用いるよう留意します。また、年少児については、インリアル法をふまえてかかわるとよいでしょう。

4）保護者指導

保護者には言語指導場面に同席してもらい、随時指導に参加してもらいました。直接的言語指導終了後に保護者面接を30～40分程度実施しました。

保護者面接は、1週間ごとの家庭における対象児の状態に関する質問紙（［当該の1週間で総合的にみた］日常生活場面の吃音症状・吃音重症度、母子・父子・同朋・友人関係、日常生活や学校での状況などの本児の状態に関する質問紙）（若葉，1999）の記載内容をふまえて進め、保護者の疑問・質問に答えたり、環境調整のあり方について話し合ったりします。筆者の臨床指導では、家庭場面における吃音重症度の評定は、吃音重症度評定

表Ⅷ-6　通常の学級担任の教師、保育所の保育士による配慮・支援事項（見上，2008）

配慮・支援事項	具体的な配慮・支援の内容
担任との人間関係	話をよく聞く、遊び相手をする、吃音児の長所などをほめる、吃音児への配慮・支援について学級担任と教科担任との連携をはかる、など
吃音の理解	言語障害の通級による指導担当教師や言語聴覚士との連携、クラスで吃音や吃音のある子どもの理解を促す（吃音児と相談のうえで実施）、リーフレット（ことばの臨床教育研究会）などの活用、など
対人関係の調整	「友人ができにくい」「友人関係悪化時」など担任が間をとりもつ、級友などからの「吃音の指摘」「からかい」への対応、など
吃音症状抑制のための配慮・支援	音読・発表・号令などを斉唱・斉読・群読で行なう、ゆっくり穏やかに話しかける、言い終えるまで待つ、スピーチなどの制限時間超過の許容、型にはまった応答（健康観察時の返事など）に柔軟性をもたせる、クラスに「吃ってもよい」という雰囲気をつくる、など

尺度（**表Ⅷ-2**）に基づき保護者に行なってもらっています。また実施した言語指導法や指導時のＷ君の状態について解説を行なうようにしました。面接時、筆者の吃音の経験や体験（対象児と同時期の体験談や心理面など）について、保護者に話すこともあります。

直接的言語指導で用いた教材・教具は持ち帰ってもらいます（カメの玩具や発話課題の印刷物など）。保護者には、家庭でも無理のない範囲で、本言語指導の発話法をＷ君と一緒に試みてもらうよう伝えています。また、1日のうち余裕をもってかかわることのできる10〜20分程度でかまわないので、一対一で子どもと向き合って遊びや話し相手などをしてほしいと伝えています。保護者にはそのときに、ゆっくりと話しかけ、吃音生起時のリフレクティングによる対応についても留意してもらいます。

担任の保育士や教師との連携については、保護者から担任に、子どもが吃音の指導を受けていることを伝え、さらに基本的な配慮事項（**表Ⅷ-6**）を伝えてもらうようにしました。

(2) 構音指導

構音指導は、吃音の直接的言語指導のなかで**表Ⅷ-4**に留意して対応しました。構音の誤りにインリアル法のリフレクティングで対応し、構音の変化を観察することとしました。この方法で改善がみられない音については、吃音症状がある程度落ち着いてから口形音声模倣、構音位置付け法を実施することとしました（構音位置付け法…Ｗ君では不実施）。遊戯療法場面では、構音の誤りにリフレクティングで対応することとしました。

保護者面接に構音に関する内容を含めました。一般的な構音の発達と指導の留意点など（Ｄ「1　吃音のある子どもに対する構音指導の留意点」、**表Ⅷ-4**）について知らせました。家庭では、保護者にゆっくりと話しかけるよう、構音の誤りへのリフレクティングによる対応についても留意してもらうこととしました。これらの内容については、保護者から担任の保育士や教師に、伝えてもらうようにしました。

3　経　　過

指導は5歳3ヵ月より月1回、7歳5ヵ月時より隔月1回程度の頻度で計24回実施しました。**図Ⅷ-6**に指導場面および家庭場面の吃音重症度および構音の変化と家庭・学校場面における特記事項を示しました。Ｗ君は本指導に楽しく意欲的に取り組めました。大部分の指導回において、両親、妹とともに来所しました。

E　事　例

(1)　指導場面
1) 吃　音

　直接的言語指導（以下、言語指導）において、W君は玩具を動かしながらの指導に興味をもって取り組みました。本発話法の習得は早く、流暢性は速やかに促されました。構音の面も考慮し、指導者のモデル発話では、誤り音の構音を明瞭に示すとともに、音から音への移行をゆっくり、母音部をひき伸ばし気味に、柔らかく（力を入れ過ぎないよう）提示しました。指導者のこのような発話法について、両親に解説しました。

　指導場面の吃音重症度は、第2回指導（5歳4ヵ月）時に0になり、5歳11ヵ月時まで1～0の範囲を推移しました。

　第5回指導（後述のように構音指導実施）終了後、保護者より吃音が増加したとの連絡がありました。そのため、第6～8回指導（5歳7ヵ月～5歳10ヵ月時）では吃音指導のみに戻しました。6歳6ヵ月時より単語および文音読による指導を開始し、6歳8ヵ月時より言語指導時にカメの玩具を使用しなくなりました。

　W君は遊び（遊戯療法）の時間を毎回とても楽しみにしていました。5歳4ヵ月から6歳0ヵ月時まで指導者に対し支配的に接する、攻撃行動（ブロックなど積み上げて倒すなど）が顕著にみられました。就学後は、遊戯療法場面で穏やかになりました。指導場面の吃音重症度は、就学後の6歳2ヵ月時以降1～0の範囲に軽快し安定しました（図Ⅷ-6）。

　7歳2ヵ月（小学校2年）時の吃音検査では、正常範囲の非流暢性が大部分となりました。7歳11ヵ月（2年修了前）と8歳1ヵ月（3年始業後）時に「（学校などで）困ったことはない」「（音読では調子が）いい」と報告しました。8歳1ヵ月時の吃音検査で、吃音症状の消失を確認、家庭でも吃音がみられなくなったとのことで、保護者の希望もあり、指導終了となりました（今後は何かあれば連絡してもらうことにしましたが、その後連絡はありませんでした。吃音検査の結果から治癒がうかがえました）。

2) 構　音

　指導場面の構音の状態については、初診時に置換のあったすべての音について正しく構音できる場合が増えました。第5回指導（5歳7ヵ月）時までに、s,ʃ,ts,dzについては、リフレクティングによる対応だけで改善しました。[ke][ko]については各々[te][to]に一貫して置換がみられました。指導場面および家庭場面の吃音重症度の軽快をふまえ、第5回指導の吃音指導の後、口形音声模倣による構音指導を短時間（約1分）実施しました。[ko]に焦点を当て、指導者の顔を見て、まねをして言うよう伝え、単音節[ko]と単語の復唱を実施しました。[ko]について、単音節復唱では構音可能で、単

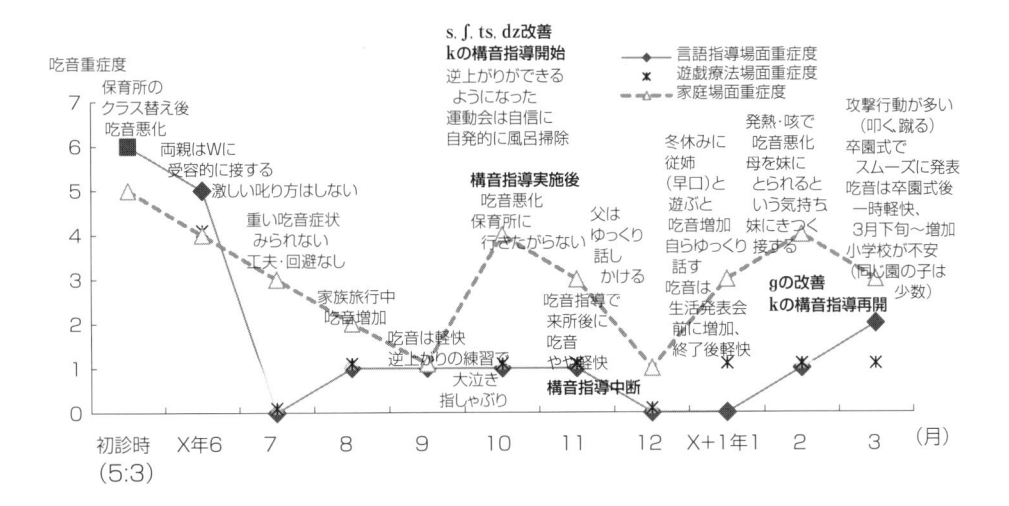

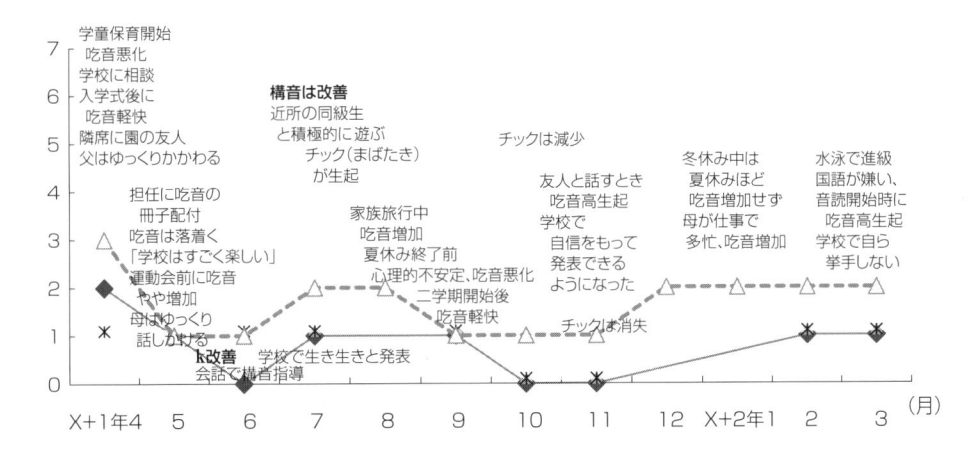

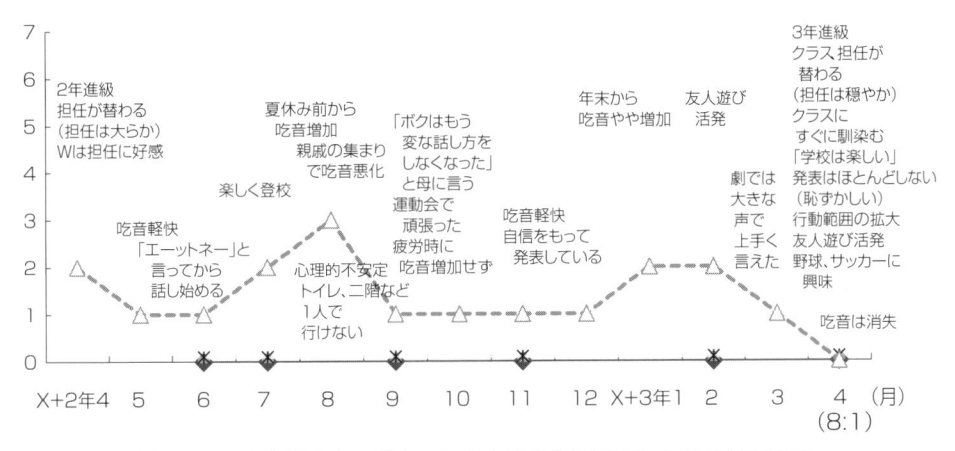

図Ⅷ-6 吃音重症度、構音の変化と日常生活場面における特記事項

E 事 例

語では浮動性が生じました。

　第9回指導（5歳10ヵ月時）時にgの改善を確認しました。第9回指導の吃音指導後に、[ke][ko]について、単語の復唱（柔らかな声でモデル発語を示し口形音声模倣）により構音指導を実施したところ（約5分）、明瞭に構音できる場合が増えました。その後、構音指導は実施しませんでしたが、6歳2ヵ月時に指導場面において、kの構音の改善を確認しました。

(2) 家庭・保育所・学校場面

　指導開始後、両親は本児に受容的に接する、激しい叱り方はしない、ゆっくり話しかける、などの点に留意してW君とかかわるようになりました。カメの玩具を持ち帰りました（家庭における発話練習は少なかったようです）。本指導開始後、引き伸ばしや随伴症状、工夫・回避反応（例：言いかけて止める）は一時消失しました。5歳4ヵ月時に引き伸ばしの生起など、吃音症状は増加したものの、初診前に比べると顕著に軽い状態でした。

　W君の吃音は、就学前や長期休業終了前、母親とのかかわりの減少時（不安）、旅行（興奮）、疲労時などに増加する傾向がありました。保護者から学校へ、入学式前にW君の吃音について連絡し、入学後学級担任に吃音に関する冊子を配付しました。

　構音指導を実施した5歳6ヵ月時の指導終了後より日常生活場面における吃音の増加がみられました。次の5歳7ヵ月時の指導後より吃音は軽快に転じました。

　指導開始後、家庭場面の吃音重症度は、就学前までは4～1の範囲に軽快、就学（6歳0ヵ月）後は3～1の範囲（主に2～1）にさらに軽快し、安定しました。

　会話におけるkの構音は、6歳2ヵ月時に改善が確認されました。就学以降、友人との遊びが活発になりました。小学校2年の7歳5ヵ月時に自身の発話の改善についてW君から母親に初めて話しました。前記の吃音の増加がみられた場面状況においても、吃音の増加は少ない、またはみられなくなってきました。小学校3年進級前より吃音は消失しました。

4 考 察

　指導開始後、W君の吃音は軽快に転じました。指導を通して、吃音の顕著な改善（消失、治癒）と構音の改善に到りました。このような経過から、見上（2002, 2007）などと同様に、吃音の進展した幼児に対して、遊戯的要素をとり入れ、苦手語音に焦点を当てた言語指導を核とし、遊戯療法、環境調整とともに実施することの有効性が示唆さ

れました。言語指導に構音指導の側面も含む（Conture et al., 1993）ことの効果も示唆されました。構音指導実施後に吃音が増加したことで、次の回では吃音指導のみとしました。その結果、吃音症状は軽快に転じ、吃音指導のみに切り換えたことの効果が示唆されました。構音指導実施後の吃音の増減については、同様に吃音増加後に消失に到った早坂（1996）の事例と同じく、予防的視点もとり入れながら、長期的にみていく必要があります。

　W君については、両親面接や学級担任への連絡などを通しての環境調整の効果も考えられます。遊戯療法場面では、攻撃行動の表出など遊戯療法本来の意義とともに、言語指導場面に比べ吃音重症度が低い回が多く、見上（2007）の事例と同様に、言語指導で得られた流暢性の自然発話（遊戯療法場面）への拡がりにも寄与したのではないかと考えられます。加えて、遊戯療法は、本指導（来所）への動機づけにもなったと考えられます。

　W君は構音および吃音の改善後、自身の話し方の変容について母親に話しました。正常な発話運動が遂行されるためには、運動の速度、正確さ（構音）、力、協調性、リズムが不可欠であり、これらは流暢性の基礎要因となります（大橋, 1991）。構音の改善は、発話運動の調整、流暢性の発達に加え、大橋ら（1981, 1982）、久保田ら（1998）の事例から、心理面の好転にも寄与し得ると思われます。

　吃音児の構音障害については、吃音の悪化を懸念し、構音指導をためらう言語聴覚士や教師が多いと思われます。先行研究やW君の経過から、吃音症状に留意しながら構音指導を行なうことは可能であり、構音の改善は吃音児に自信を与えるうえでも有意義であると考えられます。W君の指導では吃音指導を構音指導に優先させましたが、両指導の比重については、対象児の状態に応じて検討していくことが必要です。吃音を伴う構音障害児の指導事例の報告は少なく、指導方法については、改善例の集積とともに検討していくことが必要です。

文　献

Conture, E. G., Louko, L. J., & Edwards, M. L. (1993) Simultaneously treating stuttering and disordered phohology in children: Experimental treatment, preliminary findings. American Journal of Speech-Language Psthology, 3, 72-81.

Dell, C. W. (1979) Treating the school age stutterer: A guide for clinicians. Speech Foundation of America. 長澤泰子訳（1995）学齢期の吃音指導. 大揚社.

遠藤眞（1979）吃音児. 川島書店.

Guitar, B. (2006) Stuttering: An integrated approach to its nature and treatment (3rd ed.). Baltimore,

E 事 例

MD: Lippincott Williams & Wilkins，長澤泰子監訳（2007）吃音の基礎と臨床―統合的アプローチ．学苑社．

早坂菊子（1996）吃音の予防に関する一考察―構音障害を主訴とする症例の検討から．音声言語医学，37, 289-297.

早坂菊子（2003）吃音児の能力・性格に関する諸特性について．障害児教育実践センター研究紀要，1, 1-5.

伊藤元信（1998）言語聴覚障害学総論．財団法人医療研修推進財団監修言語聴覚士指定講習会テキスト．医歯薬出版，161-166.

Johnson, W., & Moeller, D. 1967 Speech hadicapped school children (3rd ed.), New York: Harper & Low.

久保田功・楠本季佐子（1998）吃音と機能的構音障害を併せ持つ1小児に対する言語指導．聴能言語学研究，15, 150.

見上昌睦（2002）吃音の進展した小児に対する言語指導の試み．聴能言語学研究，19, 18-26.

見上昌睦（2007）吃音の進展した幼児に対する直接的言語指導に焦点を当てた治療．音声言語医学，48, 1-8.

見上昌睦（2008）吃音児に対する通常の学級の教師、保育所の保育士による配慮および支援．コミュニケーション障害学，25, 156-163.

見上昌睦（2012）　学校教育期における吃音児者に対する指導及び支援法に関する研究．東京学芸大学博士論文．

大橋佳子・西出雅美・西啓子（1981）構音障害を伴う吃音児童の言語指導に関する実践的研究．金沢大学教育学部教科教育研究，17, 161-175.

大橋佳子・西出雅美・西啓子（1982）構音障害を伴う吃音児童の言語指導に関する実践的研究―続報．金沢大学教育学部教科教育研究，18, 141-155.

大橋桂子（1991）子どものどもりを中心に．小児保健シリーズNo.26（改訂版）子どもとことばの発達．社団法人日本小児保健協会，46-57.

若葉陽子（1999）早発性吃音の治癒過程に関する研究　名古屋大学博士論文．

若葉陽子（2000）遊戯療法．都筑澄夫編　吃音．建帛社，45-52.

Yairi, E., & Ambrose, N.G.（2005）Early childhood stuttering: For clinicians by clinicians. Austin, TX: Pro-Ed.

索　引

〈ア行〉
アテトーゼ型　178
誤りのパターン　90
一貫性　68
咽頭　24
咽頭壁　24
咽頭弁形成術　150
インリアル法　234
運動障害性構音障害　176
運動障害による構音障害　14,176
オーラルコントロール　190
音―文字対応　223
音位転換　65
音の誤り　168
音の繰り返し　226
音の産生方法　75
音韻　43,207
音韻環境　93
音韻認識　186,209
音韻プロセス　90
音声記号　45
音声言語　52,141
音節脱落　65
音節とモーラ　41
音節の分解・抽出・同定の指導　83
音素　43
音別の指導方法　88

〈カ行〉
開鼻声　141
回避反応　226
学習障害（LD）　206
顎裂部骨移植　138
環境調整法　230
間接的なアプローチ　234
器質性構音障害　11,134
吃音検査法　227
吃音重症度評定尺度　227
吃音を伴う構音障害児の指導　226
機能性構音障害　8,62
キュードスピーチ　213
筋緊張　178,180,195
協調運動　177
クーイング　54

系統的構音指導　76,151
言語環境　74
言語発達　73
言語表出　218
言語理解　218
構音（もしくは調音）　22
構音位置　24
構音器官　24
構音器官の形態と運動能力の評価　71
構音検査　65
構音指導の適応条件　74
構音障害の分類　62
構音発達　53
構音方法　27
構音類似運動　69
口蓋　24
口蓋化構音　65,144,155
口蓋垂　24
口蓋裂　134
口蓋裂言語の治療・指導　150
口蓋裂の手術　137
後期獲得音　58
口腔　24
口腔内評価　141
咬合　171
硬口蓋　24
咬合不正　134
高次脳機能（記憶や注意など）　206
口唇口蓋裂　135
口唇裂　135
後続母音　68
後天性運動障害　177
喉頭　20
広汎性発達障害　206
声　69
語音の聞き取りの指導　82
語音弁別　82,94
呼気鼻漏出による子音の歪み　141
呼吸・発声　188
国際音声記号（IPA）　23
骨延長　138
語内位置　68

〈サ行〉
サイン　213

嗄声　69
子音　23
視覚的フィードバック　97
弛緩型　178
歯間化の音の誤り　171
歯茎　241
歯茎音　26
自己音声モニタリング　83
自己修正　105
自然改善　147
失調型　178
指導の終了　79
指導の留意点　79
自閉症スペクトラム　17
ジャーゴン　56
出生前診断　137
小顎症　148
情報収集　63
省略　64
身体の運動パターンや姿勢　178
随意運動発達検査　71
随伴症状　226
声帯　20
声帯振動　20
声道　25
精密検査　74
声門破裂音　65,144,152
接近音　28
摂食嚥下機能　183
舌運動訓練　114,168
舌挙上訓練（ポッピング）　120
舌小帯　164
舌小帯伸展術　168
舌小帯短縮症　134,164
舌先／舌尖　25
舌尖の挙上度分類　166
舌平らの訓練　116,156
舌の随意運動検査　167
前言語期　52
先天性鼻咽腔閉鎖不全症　135
早期獲得音　58
促音　39
側音化構音　65,144,159
粗大運動　178

〈タ行〉
対象音の選択　75
ダウン症　216

多感覚的な音の意識化　111
脱力　155
チーム治療　138
置換　64
知的機能（認知や象徴機能）　206
知的障害　219
長母音　41
直接法　230
低出生体重児　178
同音反復　65
同化　65
統語　207
頭部X線規格写真（セファログラム）　143
トーキングエイド　221
とぎれ　226
特異的言語発達障害　206
特異な構音操作による誤り／構音障害（いわゆる異常構音）　65,144
トリーチャー・コリンズ症候群　137

〈ナ行〉
内視鏡検査（鼻咽腔ファイバー検査）　143
軟口蓋／軟口蓋音　24
喃語　54
二次手術　150
二重母音　33
22q11.2欠失症候群　137
日本語の音声　33
粘膜下口蓋裂　135
脳障害による運動障害　179
脳性まひ　177

〈ハ行〉
破擦音　27
はじき音　28
撥音　38
発音補助装置　150
発声　20
発声発語器官の評価　139
発達障害児の構音　206
発達障害を伴う口蓋裂児の構音指導　163
発達途上にみられない誤り　65
発達途上にみられる誤り　64
発話障害　176
発話の流暢性　226
パラタルリフト　150
破裂音　27
反射的発声　54

反復喃語　56
鼻咽腔構音　65,144,162
鼻咽腔閉鎖機能の評価　140
鼻音　27
引き伸ばし　226
鼻腔　24
歪み　64
鼻息鏡　141
被刺激性　69
フィードバック　79
付加　65
不随意運動　183
プレスピーチアプローチ　183
ブローイング検査　141
プロソディ　69,134
ブロック　226
変動性（波）　226
母音　23

〈マ行〉
摩擦音　28

無声音　28
明瞭性　69

〈ヤ行〉
柔らかな発話　238
遊戯療法　234
有声音　28
指文字　97

〈ラ行〉
流暢性促進（形成）法　230
両唇音　26
瘻孔　138
ロバン・シークエンス　137

〈ワ行〉
ワーキングメモリー　219

著者紹介

加藤　正子（かとう　まさこ）【編集、Ⅲ章、Ⅴ章A～D】
前愛知淑徳大学医療福祉学部教授、前昭和大学講師
専門：口蓋裂の言語、小児の構音障害、構音・音韻発達
主な著書：『口蓋裂の言語臨床　第3版』（共編著、医学書院）『発声発語障害学』（共著、医学書院）『構音と音韻の障害』（共訳、協同医書出版社）

竹下　圭子（たけした　けいこ）【編集、Ⅳ章A～C】
前神奈川県立こども医療センター発達支援科言語聴覚室
専門：小児の言語聴覚障害、小児の構音障害
主な著書：『言語治療マニュアル』（分担執筆、医歯薬出版）『発声発語障害学』（分担執筆、医学書院）『構音と音韻の障害』（共訳、協同医書出版社）

大伴　潔（おおとも　きよし）【編集、Ⅰ章、Ⅳ章D、コラム1】
東京学芸大学名誉教授
専門：言語・コミュニケーション発達の評価と支援、言語障害学、特別支援教育
主な著書：『特別支援教育における言語・コミュニケーション・読み書きに困難がある子どもの理解と支援』（共編著、学苑社）『LC-R　言語・コミュニケーション発達スケール（改訂版）』（共著、学苑社）『よくわかる言語発達』（分担執筆、ミネルヴァ書房）

斎藤　純男（さいとう　よしお）【Ⅱ章】
拓殖大学外国語学部教授

山下　夕香里（やました　ゆかり）【Ⅳ章E、Ⅴ章E、F】
昭和大学歯科病院口腔機能リハビリテーション科兼任講師、
前帝京平成大学健康メディカル学部言語聴覚学科教授

高見　葉津（たかみ　はつ）【Ⅵ章、コラム2】
前東京都立北療育医療センター訓練科言語室

石田　宏代（いしだ　ひろよ）【Ⅶ章】
元多摩北部医療センター、前北里大学医療衛生学部准教授

見上　昌睦（けんじょう　まさむつ）【Ⅷ章】
福岡教育大学教育学部特別支援教育研究ユニット教授

特別支援教育における
構音障害のある子どもの理解と支援　　　　　　　　　　©2012

2012年5月15日　初版第1刷発行
2023年9月20日　初版第8刷発行

　　　　　　　　　編著者　　加藤正子・竹下圭子・大伴潔
　　　　　　　　　発行者　　杉本哲也
　　　　　　　　　発行所　　株式会社　学苑社
　　　　　　　　　東京都千代田区富士見2−10−2
　　　　　　　　　電話(代)　03（3263）3817
　　　　　　　　　fax.　　　03（3263）2410
　　　　　　　　　振替　　　00100−7−177379
　　　　　　　　　印刷・製本　藤原印刷株式会社

検印省略　　　　　　　　乱丁落丁はお取り替えいたします。
　　　　　　　　　　　　　　定価はカバーに表示してあります。

ISBN978-4-7614-0746-9

側音化構音
わかりやすい 側音化構音と口蓋化構音の評価と指導法
舌運動訓練活用法

山下夕香里・武井良子・佐藤亜紀子・山田紘子【編著】

B5判●定価 3960円

指導が難しいとされてきた側音化構音と口蓋化構音のわかりやすい評価から具体的な指導法までを解説。指導の悩みQ&Aも多数収録。

構音障害
構音障害の指導技法
音の出し方とそのプログラム

涌井豊【著】

A5判●定価 3738円

具体的な指導ステップ・プログラムとその効果的な遊びをセットにし、イラストを多用し平易に解説。親、教師必携のテキスト。

LCSAの解説書
アセスメントにもとづく 学齢期の言語発達支援
LCSAを活用した指導の展開

大伴潔・林安紀子・橋本創一【編著】

B5判●定価 3080円

言葉に課題のある学齢児を想定し、LCSAを用いて明らかになる言語面のプロフィールから支援の方向づけを行い、指導の方法を解説。

LCスケールの解説書
言語・コミュニケーション発達の理解と支援
LCスケールを活用したアプローチ

大伴潔・林安紀子・橋本創一【編著】

B5判●定価 3080円

認知や社会性などの研究領域の知見も交えて、発達過程の理解を深めるための情報を整理。子どもに合った支援につなげるために。

言語・コミュニケーション
人とのかかわりで育つ 言語・コミュニケーションへのアプローチ
家庭・園・学校との連携

大伴潔・綿野香・森岡典子【編著】

A5判●定価 2640円

子どもの発見や喜びを伝えたくなるような環境の作り方から、支援者同士が子どもの経験を豊かにするためのかかわり方を解説。

シリーズ きこえとことばの発達と支援
特別支援教育・療育における 聴覚障害のある子どもの理解と支援

廣田栄子【編著】

B5判●定価 4180円

子どもの学習上の課題について、「幼児期から児童期への発達の移行」に焦点を当て、近年の知見を元に言語習得の支援について解説。

税10%込みの価格です

学苑社
Tel 03-3263-3817　Fax 03-3263-2410
〒102-0071 東京都千代田区富士見2-10-2
E-mail: info@gakuensha.co.jp　https://www.gakuensha.co.jp/